오각형 인간

균형 있게 성장하는 5가지 인생 공식

오각형 인간

2025년 6월 12일 초판 1쇄 발행

지은이   이은경
펴낸이   김종욱

교정·교열   조은영
디자인   송여정
마케팅   백인영
영 업   류서진

주 소   경기도 파주시 회동길 325-22 세화빌딩
신고번호   제382-2010-000016호
대표전화   032-326-5036
구입문의   032-326-5036 / 010-6471-2550 / 070-8749-3550
팩스번호   031-360-6376
전자우편   mimunsa@naver.com
ISBN   979-11-87812-41-8 (03700)

오각형 인간

균형 있게 성장하는 5가지 인생 공식

이은경 지음

미문사

차
례

01 [MIND]
어떻게 마인드 세팅을 할 것인가 마인드

02

[CHALLENGE]
도전 없인 결과도 없다 도전

03

[MONEY]
피해 갈 수 없는 영원한 숙제 돈

04   [HEALTH]
건강 없인 아무것도 해낼 수 없다 건강

05 [WORK]
지배할 것인가 지배당할 것인가 일

에필로그

출간 작가 10인 외 『오각형 인간』 기대평

추천하지 않아도, 때가 되면 알려질 책입니다. 무명이지만, 머지 않아 빛날 이름입니다. 글은 진실했고, 이야기 속 삶의 지혜는 깊었습니다. '불리함 속에서 나는 어떻게 살아야 하는가?' 하는 인생의 고민 가운데, 이 책은 삶의 '구체적'인 길이 되어 줄 것입니다.

– 책과강연 대표기획자 이정훈

『오각형 인간』은 종이에 생명을 불어넣기 전부터 사람들의 마음에 도달한 책이다. 열 분의 출간 작가들이 전한 진심 어린 기대평은 단순한 추천을 넘어, 이 책이 지닌 울림과 가능성에 대한 증명이다. 열악한 환경 속에서도 지혜의 삶을 개척해 온 저자의 경험은 이 시대를 살아가는 모든 이에게 깊은 영감을 줄 것이다. 지면을 타고 세상에 나오기 전에 이미 추천받은 책 『오각형 인간』! 이제는 그 이름이 당신의 삶에도 선명히 새겨질 차례이다.

– 미문사 발행인 김종욱

'10인분의 삶'을 살아온 저자는 남다른 가정 환경에도 불구하고 투정하거나 낙담하는 법이 없다. 항상 자신의 자리에서 최선의 선택으로 목표를 달성해 왔다. 마인드, 도전, 경제, 건강, 일의 다섯 영역에서 삶을 변화시킨 습관과 목표를 구체적인 전략과 진솔한 경험으로 풀어낸다. 저자의 꾸준한 새벽 습관, 긍정적 자기 암시, 끊임없는 도전은 독자들에게 강한 실천 의지를 불러일으킨다. 한 사람이 단시간에 이룬 놀라운 성취를 통해 자기 계발의 진정한 의미를 일깨우는 명쾌한 인생 지침서로, 누구라도 당장 변화를 시작하고 싶게 만드는 책이다.

『오십, 내 안의 데미안을 만나다』 저자 김성희

꿈의 실현은 선택받은 자의 것이 아니라, 선택하기로 마음먹은 자의 것임을 보여주는 책. 이은경, 그는 언제나 스스로 삶을 선택하고, 그 선택을 확신으로 만들어 왔다. 그가 낸 수많은 물길은 곧 바다에 닿을 것이다. 이미 그가 그렇게 하기로 마음먹었으므로. '인생은 대단한 모험이거나, 아무것도 아니거나 둘 중 하나'라던 헬렌 켈러의 명언을 제대로 증명해 낸 사람 이은경. 자, 당신은 선택받을 것인가, 선택할 것인가?

『당신이 글을 썼으면 좋겠습니다』 저자 전유정

저자는 한마디로 참 야무진 사람이라는 생각을 했다. 또한 '하려는 자에게는 방법이 보이고 하지 않으려는 자에게는 변명이 보인다.'라는 말도 생각났다. 저자는 빈틈이 없고 단단하고 굳센 사람이기에, 삶에 변명을 대지 않고 오히려 삶을 개척했다. 인생의 주인공으로 살려면 어떻게 해야 하는지, 저자의 경험을 통해 해답을 알려주는 속 시원한 책이다. 진정한 자유란 두려움을 마주하고 그것을 넘어서야만 얻을 수 있다는 걸 배웠다. 변화가 필요한 시기에 이 책을 만나 용기를 얻게 되어 내게는 고마운 책이다. 이 책은 자신의 꿈을 구체적으로 이루려는 젊은이뿐 아니라, 새로운 도전에 주저하는 중장년층에도 필요한 책이다.

『어느 날 갑자기 내 아이가 장애인이 되었습니다』 저자 박현경

죽음 앞에서 마지막 남길 문장을 고민하는 저자의 인생을 들여다보며 가슴이 뭉클해집니다. 매일의 습관을 만들고 미리 예견한 미래를 위해 벽돌 쌓듯 삶을 꾸려가는 그녀는 참 단단한 사람입니다. 어릴 적부터 자신과 철저한 약속을 지켜낸 모습엔, 토닥이며 따스한 응원을 남기고 싶습니다. 계속된 삶의 물음표를 채우기 위해 다섯 가지 키워드를 일궈낸 노력을 보며 제 딸에게도 꼭 전하고 싶은 이야기입니다. 이 책은 어떤 원석보다 아름다운 오각형의 보석이며, 이 시대를 살아갈 용기와 희망을 건네주는 참된 빛이 될 것으로 확신합니다.

『너에게 난 어떤 엄마야?』 저자 박현정

이은경 작가의 글 속에 살아 있는 그 정신과 에너지는 성장과 변화를 원하는 사람들에게 최고의 길잡이가 될 것입니다. 환경과 조건을 극복하고 내면의 목소리에 귀를 기울이며 꿈을 찾아가는 과정은 어떤 위인전보다 큰 울림과 감동을 줍니다. 함께 걸으며 가녀린 어깨를 안아 주고 싶습니다. 가까운 미래에 꿈을 이루고 기뻐하는 모습을 그리며 언제나 마음을 다해 응원하고 사랑하며 축복하겠습니다.

『보통의 가족이 가장 무섭다』 저자 김미혜

암을 주제로 두 권의 책 집필을 끝낸 뒤, 나는 건강하기만 하면 된다는 좁은 생각에 갇혀 조금씩 닳아가고 있다 느껴졌다. 하지만 오각형 인간, 이은경은 달랐다. 어린 시절부터 지금까지 그 많은 시간을 늘 고민하고, 무언가에 도전하고, 쟁취하고, 발전시켜 온 그녀의 오각형 삶을 들여다보며 처음엔 숨이 막혔다. 원고를 읽다가 "이제는 제발, 쉬어요. 작가님!" 외치고 싶었지만, 계속해서 책을 읽을수록 이게 웬일인지, 그녀의 오각형이 내 마음에 은근하게 스며들었다. 계속 밑줄을 긋게 되고 나에게 던지는 질문이 늘어나면서 정말 오랜만에 책을 읽으며 가슴이 뛰었다. 나에게 부족했던 축들이 조금씩 생겨나는 것이 느껴질 때쯤 그녀의 진솔한 이야기에 녹아들면서 그녀를 응원하고 추종하게 된다. 이 책을 덮을 때쯤 당신의 마음속에도 선 몇 개가 더 생겨나면서 '어? 나도 이렇게 한번 살아봐야겠어!' 하는 마음의 동요가 분명히 일 것이다. 잠시 정체되고 닳아가고 있다고 느끼던 차였다면 더욱더.

『매일매일 암과 멀어지는 힐링푸드, 근력운동』 저자 오유경

결핍을 동력 삼은 지자의 도전기에 감탄하다가 어느 순간 안쓰러웠다. 완벽하지 않아도 괜찮다고, 가끔은 해야 하는 일과 하고 싶은 일 중에 하고 싶은 일도 선택해 보라고, 때로는 잘하는 일을 그냥 즐겁게도 해봐도 좋다고 말해 주고 싶었다. 그러나 책장을 덮는 순간 그런 말은 넣어두기로 했다. 약점을 직면하는 태도가 그녀에게는 즐거움이자 삶 그 자체였다. 나는 듯이 가는 그녀의 삶에 찬사를 보내며, 그녀의 당찬 이야기가 인생의 '나주 시골길'을 지나는 누군가에게 '엄마의 목소리'와 같은 빛으로 다가가길 바란다.

『나는 듯이 가겠습니다』 저자 김진화

이 책은 자기 계발 서적 중 실전을 보여주는 책으로 단연 으뜸이다. 저자의 경험을 바탕으로, 막막한 현실 속에서도 포기하지 않고 매일 조금씩 실천해 나가는 힘의 중요성을 전한다. 단순한 동기부여를 넘어서, 어떻게 실행할 것인가에 대한 구체적인 방법과 루틴을 제시하며 독자에게 용기와 믿음을 심어 준다. 성공은 하루아침에 오지 않지만, 자신을 단련하고 건강한 삶을 기반으로 목표를 향해 나아간다면 누구나 변화의 주인공이 될 수 있다는 메시지가 진하게 담겨 있다. 지금 힘든 여정을 걷고 있는 청소년과 성인 모두에게 희

망의 길을 보여주는 지침서가 될 책이다.

『나의 중년은 청춘보다 아름답다』 공저 저자 김혜경

읽는 동안 책에 몰입해 자리를 뜰 수가 없었다. 다 읽고 난 느낌은 한 오각형 인간이 아니라, 다섯 사람의 전기를 읽은 듯 내용이 꽉 차고 마음이 충만했다. 한 사람이 어떻게 이렇게 많은 일을 할 수 있을까 의문이 들었다. 모든 사람이 이렇게 살 수는 없겠지만, 저자의 삶을 본보기 삼아 주어진 자리에서 더 성실하게 열심히 살아야겠다고 다짐하게 만드는 책이다. 자신이 원하는 대로 삶을 만들어 가는 저자의 삶은 많은 사람들에게 귀감이 되고 선한 영향력을 끼쳐 밝고 건강한 사회를 만드는 데 큰 역할을 할 수 있으리라 생각한다. 꿈을 꾸는 많은 이들에게 강력히 추천하고 싶은 책이다.

『전자책 엄마와 함께 미국 유학』 저자 박화선

삶의 균형이 무너질 때, 어디서부터 다시 시작해야 할지 막막한 이들에게 이 책은 단단한 나침반이 되어 준다. 『오각형 인간』은 마인드, 도전, 돈, 건강, 일이라는 다섯 축을 통해 인생의 균형을 회복하는 법을 말한다. 저자는 가난과 두려움, 약한 체력과 불확실한 삶 속에서도 직접 부딪치고 깨달으며 자신만의 삶의 해답을 찾아왔다. 이 책은 단지 이론서가 아니라, 그녀가 삶 속에서 쌓아 올린 생생한 체험의 기록이다. 누구보다 진실하고, 그래서 더 깊이 와닿는다. '왜 살아야 하는지 그 이유를 아는 사람은 어떤 어려움도 이겨낼 수 있다.' 이 말을 이 책을 집어들 당신에게 들려주고 싶다.

『딥시커의 시대』 저자 이상호

오각형 방향으로 걷는 오르막길

인생이 평탄하기만 하다면 우리는 결코 성장할 수 없을 것이다.
더 나은 삶을 향해 한 걸음 내딛고자 한다면, 때로는 가파른 오르막
길을 선택하는 용기가 필요하다. 편안한 평지를 두고 험난한 비탈길
을 오르는 여정은 분명 고단하다. 숨이 턱 끝까지 차오르고, 다리는
후들거리며, 포기하고 싶은 순간과 끊임없이 마주하게 된다. 하지만
그 과정을 견뎌내고 정상에 올랐을 때, 우리는 한층 더 단단해진 자
신을 마주하게 된다.

우리 모두에게는 내면 깊숙이 자신이 진정으로 원하는 삶의 모습이 있다. 그것은 때로 희미한 속삭임처럼, 때로는 가슴 한편을 울리는 외침처럼 우리에게 다가온다. 나는 그 내면의 소리에 귀 기울이며 살아왔다. 현재의 안정과 편안함에 안주하는 대신, 끊임없이 더 나은 나를 찾아 도전하는 삶을 선택했다. 그 과정에서 깨달은 것은, 진정한 성장은 우리가 잘하는 것을 더 잘하게 되는 것이 아니라, 우리의 약점과 부족함을 직면하고 개선해 나갈 때 이루어진다는 것이다.

물리치료사로 11년을 보내며 나는 수많은 환자의 회복을 돕고 지켜보았다. 환자들에게 더 나은 삶을 제공하는 과정에서 큰 보람도 느꼈다. 하지만 장기간 반복되는 업무 속에서 더 이상 성장하지 못한다는 한계를 느끼자, 나는 새로운 도전이 필요했다. 환자들의 변화를 돕는 것이 내 일이었지만, 정작 나는 제자리걸음을 하고 있다는 생각이 들었다. "나 지금 이대로 괜찮은가?"라는 질문에 내면의 목소리는 지금이 한 걸음 내디딜 때라고 말했다. 그렇게 나는 보건직 공무원으로 새로운 길을 택했다. 익숙함을 벗어나 불확실한 길로 나아가는 과정은 쉽지 않았지만, 결국 그 선택이 나를 다시 앞으로 나아가게 했다.

우리 삶의 완성도는 마치 나무의 둥근 나이테처럼 여러 영역이 조화롭게 성장할 때 이루어진다. 단단한 마인드, 명확한 목표 의식,

건전한 경제관념, 튼튼한 체력, 안정적인 직장 생활. 나는 이 다섯 가지 영역을 '인생의 오각형'이라 부른다. 이 오각형의 요소가 균형을 이룰 때 비로소 우리는 진정으로 원하는 삶에 한 걸음 더 가까워질 수 있다. 나는 이 각각의 영역에서 끊임없이 나의 부족함을 마주하고, 그것을 개선하기 위해 불편함을 선택해 왔다.

어린 시절의 물 공포증을 극복하기 위해 수영을 배우기로 한 결정도, 체력의 한계를 뛰어넘기 위해 등산을 시작한 것도, 경제적 자립을 위해 경제와 재테크를 공부하기 시작한 것도 모두 같은 맥락이었다. 익숙하고 편안한 것에 안주하는 대신, 나는 항상 나를 성장시킬 수 있는 불편함을 선택했다. 그리고 그 선택들이 모여 지금의 나를 만들었다.

이 책은 단순한 성공 스토리가 아니다. 평범한 내가 내면이 보내는 메시지에 충실하게 귀 기울이며, 끊임없는 도전을 통해 진정한 나 자신을 찾아가는 여정이다. 당신도 분명 내면 깊숙이 자신이 꿈꾸는 삶의 모습이 있을 것이다. 그 꿈을 향해 한 걸음 내딛는 것이 두렵고 불안하겠지만, 그 도전이야말로 당신을 성장시키는 원동력이 될 것이다.

지금 이 순간도 누군가는 흔들린다. 돈 앞에서, 건강 앞에서, 일이

주는 무게 앞에서 망설이고 있다. 나 역시 그랬다. 하지만 어느 날 깨달았다. 모든 걸 바꾸기 위해 거창한 변화가 필요한 건 아니라는 것을. 아주 작은 각도의 변화, 그것이 인생의 방향을 바꾼다.

이 책은 그 작은 각도를 어떻게 잡아가야 하는지에 대한 이야기다. 흔들릴 수밖에 없는 인생에서 직접 부딪치고 넘어지며 얻은, 살아 있는 경험을 나누고자 한다. 그래서 더더욱, 책을 덮은 후에도 여운이 오래 남기를 바란다.

특히, 의지력이 부족해 새로운 시작이 두려운 사람, 약한 체력 때문에 도전을 망설이는 사람, 바쁜 일상에서 시간 관리에 어려움을 겪는 사람, 그리고 경제적 기반 없이는 꿈도 꿀 수 없다고 생각하는 모든 이에게 이 책이 구체적인 길잡이가 되어 줄 것이다. 당신의 내면에 잠든 꿈을 깨우고, 그것을 현실로 만들어 가는 여정에 이 책이 든든한 동반자가 되길 바란다. 또한, 내가 편안함을 넘어 불편함을 선택하며 겪은 도전과 그 과정에서 얻은 성장의 경험이 당신에게도 작은 용기와 실천의 힘이 되기를 기대한다.

지금 이 페이지를 넘기는 순간, 당신의 인생 오각형도 서서히 그려지기 시작할 것이다. 그 중심에는 '나'가 있다. 그리고 당신의 오각형은, 누구와도 닮지 않은 단 하나의 구조로 완성되어 갈 것이다.

헬렌 켈러가 "인생은 대담한 모험이거나, 아무것도 아니다(Life is either a daring adventure or nothing at all)."라고 말했듯이 지금, 이 순간, 당신의 내면이 이끄는 대담한 모험을 시작해 보는 것은 어떨까? 우리는 함께 이 오르막길을 오르며, 어제보다 나은 오늘의 나를 만들어 갈 것이다.

이야기는 언제나, 작은 선택에서 시작된다.

01

[MIND]
어떻게 마인드 세팅을 할 것인가 마인드

66

모든 위대한 생각은 걷는 동안 떠오른다.
- 빅토르 위고 -

인생은 폭풍이 지나가기를 기다리는 것이 아니라,
빗속에서 춤추는 법을 배우는 것이다.
- 존 오리어리 -

책을 읽는다는 것은
자신의 가능성을 열어 두는 것이다.
매일 아침 책을 펼치는 순간,
우리는 새로운 나를 만나게 된다.
- 무라카미 하루키 -

99

01

나는 새벽이 좋다

내 몸은 자동으로 새벽에 반응한다. 알람이 울리기도 전에 먼저 눈이 떠지거나, 알람이 울리는 첫 음과 동시에 바로 잠에서 깨어난다. 이 시간을 활용해서 하고 싶은 일들을 시작한 지 꽤 오래되었다.

애플의 창업자 스티브 잡스는 매일 아침 거울을 보며 자신에게 물었다고 한다. "만약 오늘이 내 인생의 마지막 날이라면, 나는 오늘 하려고 하는 일을 하고 싶을까?" 그는 이 질문을 통해 매일 새벽을 의미 있게 시작했고 이는 그의 혁신적인 삶의 원동력이 되었다.

나 역시 그와 비슷한 방식으로 나 자신에게 질문을 던진다. "오늘이 내 인생의 마지막 날이라면, 나는 어떤 태도로 하루를 맞이해야 할까?" 그 대답은 늘 단순하지만 분명하다. 나는 후회 없는 하루를 살고 싶다. 의미 없는 고민에 시간을 낭비하기보다 내게 주어진 시간 속에서 해야 할 일과 하고 싶은 일을 온전히 받아들이며 살아가고 싶다. 일상의 루틴조차 단순한 반복이 아니라, 나를 성장시키는 과정임을 기억하며 작은 순간들까지도 충실히 살아내려 한다.

카잔차키스의 『그리스인 조르바』 마지막 책장을 덮으며 나는 문득 생각에 잠겼다. '내 인생의 마지막에 나는 어떤 말을 남길 수 있을까?' 나는 죽음 앞에서 단 하나의 문장을 남기고 싶다. "내 인생, 충실히 걸어왔다. 후회 없이 살아냈기에, 아름다웠던 이 길의 끝을 담담히 걸어가려 한다." 이 말을 진심으로 남길 수 있도록 나는 매일 새벽을 맞이한다.

새벽 기상을 좋아하게 된 건 26살, 수영 강습을 받기 시작하면서였다. 이전에는 주로 저녁에 운동했지만, 저녁에는 변수가 많았다. 퇴근이 늦어지거나 약속이 생기면 내 의지와 상관없이 운동을 가지 못하는 날들이 생겼다. 그래서 새벽 수영을 선택했고, 수영 강습을 받은 3년 동안 단 한 번도 빠지지 않고 꾸준히 할 수 있었다. 새벽 시간은 온전히 내 의지대로 관리할 수 있다는 것이 큰 장점이었다.

새벽은 내게 시간 관리 측면만이 아니라, 정신적으로도 의미 있는 시간이다. 나는 일출 보는 것을 굉장히 좋아한다. 여행을 가면 일출 명소가 있는 지역의 여행이라면 반드시 일출 일정을 계획에 포함한다. 새해 첫날 일출을 보며 한 해의 목표를 마음속에 새기고 의지를 다지듯이, 평범한 날의 일출도 내게는 특별한 의미가 있다. 떠오르는 태양을 보며 마음이 뜨거워지는 순간은 언제나 새로운 시작에 대한 설렘을 주고 나에게 주어진 하루를 어떻게 보낼지 다짐하게 한다.

시작이라는 단어가 주는 두근거림은 언제나 특별하다. 하루의 가장 첫 시작점인 새벽, 그 시간은 누구의 방해도 받지 않고 온전히 나만의 시간을 가질 수 있는 소중한 순간이다. 이렇게 시작한 하루는 나머지 일정들도 훨씬 더 긍정적으로 흘러간다. 새벽 기상이라는 핵심 습관이 다른 생활 습관에도 영향을 미쳐 하루를 성공적으로 이끌어가는 원동력이 되는 것이다.

새벽이라는 시간은 내게 사색의 시간을 제공한다. 세상이 아직 분주하게 움직이기 전의 고요한 순간 속에서, 나는 나 자신과 마주한다. 새벽은 나에게 하루를 어떻게 살아갈 것인지 묻는 시간이며 가장 맑은 정신으로 나를 돌아볼 수 있는 순간이다. 이 시간만큼은 온전히 나를 위한 것이기에, 나는 새벽을 사랑한다.

우리에게 주어진 하루라는 시간은 모두에게 공평하게 24시간이지만, 그 시간을 어떻게 쓰느냐에 따라 각자의 삶은 전혀 다른 모습으로 펼쳐진다. 특히, 새벽이라는 시간은 마치 백지와 같다. 오늘 하루를 백지에 채운다는 것은 아직 아무것도 그려지지 않은 흰 종이에 나만의 그림을 그려가는 일이다. 하루를 시작하는 이 순간, 아직 아무런 흔적도 남지 않은 그 백지 위에 나는 오늘을 어떻게 채워나갈지를 생각한다. 어쩌면 그 백지 위에 내가 그릴 그림은 작은 변화들이 모여 큰 결과를 만들어내는 과정일 수도 있다. 오늘 내가 한 걸음 내딛는 작은 순간들이 내 삶에 어떤 큰 영향을 미칠지 모른다.

"오늘도 하루의 여백을 아름다운 색으로 채워나가자."라는 새벽의 다짐은 오늘을 더욱 의미 있고 가치 있게 만들어 준다. 하루가 끝나갈 무렵, 나는 백지 위에 내가 그려 놓은 모습들을 돌아본다. 계획했던 대로 하루를 채웠는지, 아니면 예기치 않은 일들이 나의 그림을 흔들었는지. 그런데도 중요한 것은 내가 그 속에서 어떤 선택을 했고 다시 어떤 선택을 하기로 결심했는가이다. 백지 위에 그려진 오늘의 그림은 나의 성장과 변화의 발자취가 될 것이며 결국 이 그림들이 모여 나의 삶이 완성될 것이다.

02

습관의 자동화

    습관의 힘은 우리의 삶을 완전히 바꿔 놓을 수 있다. 특히, 남들보다 2~3시간 일찍 시작하는 아침은 단순히 시간을 앞당기는 것 이상의 변화를 불러온다. 하루를 시작하는 이 시간이 내게 주는 영향은 상상 이상이다. 아무도 깨어나지 않은 고요한 새벽은 마치 세상이 잠든 사이, 내가 나만의 리듬을 만들어 가고 있다는 특별한 감정을 준다. 그 고요함 속에서, 나는 온전히 나만의 시간을 채울 수 있다.

    매일 새벽 일정하게 일어난다는 것은, 분명 쉽지 않은 도전이다.

특히, 이를 하루도 빠짐없이 이어간다는 것은 단순한 기상 시간의 변화를 넘어 삶의 주도권을 쥐는 일이다. 동양의 철학자들이 새벽을 '천기(天氣)가 가장 맑은 시간'이라 불렀듯이, 이 시간에 깨어나 호흡하고 사유하는 것은 하루의 기(氣)를 바로 잡는 소중한 순간이다.

새벽 기상을 포함한 모든 행동을 꾸준히 이어가기 위해서는 그것이 자연스러운 습관이 되어야 한다. 습관은 한 번의 결단이 아니라, 매일 반복되는 행동 속에서 만들어지고 몸에 익숙해진다. 인간은 본질적으로 자연의 일부이며 자연의 흐름을 따를 때 가장 편안해진다. 마치 물이 낮은 곳으로 흐르듯, 어떤 행동이 습관이 되면 더이상 의식적인 노력 없이도 자연스럽게 그 일을 하게 되는 것이다.

이러한 흐름 속에서 내 하루는 새벽 4시, 고요 속에서 눈을 뜨는 순간부터 시작된다. 이부자리를 정돈하고, 필사와 낭독으로 마음을 가다듬은 뒤, 목표를 시각화하는 시간을 갖는다. 운동으로 몸을 깨우고, 긍정의 글을 읽으며 하루를 준비한다. 출근을 준비하면서 듣는 강의, 상큼한 과일과 건강한 주스로 시작하는 아침까지, 이 모든 순간이 하나의 흐름처럼 자연스럽게 이어진다.

이후에도 하루의 리듬은 계속해서 이어진다. 업무 시작 전 아침의 독서 시간, 점심 후의 산책과 사색의 순간, 저녁의 영어 학습, 도서관에서의 글쓰기, 집으로 돌아와 잠들기 전 짧은 독서와 다음 날을 준비하는 계획까지. 많은 이들이 이런 일정을 어떻게 소화하느냐고 묻지만, 이것은 더 이상 '해야 하는 일'이 아닌 '되어 버린 습관'이기에 가능한 일이다.

새벽에 시작된 나의 사색은 하루 중 걷기를 통해 더욱 깊어진다. 프랑스의 작가 빅토르 위고가 "모든 위대한 생각은 걷는 동안 떠오른다."라고 말했듯이, 점심 후의 산책은 단순한 운동이 아닌 깊은 사색의 시간이 된다. 회사 근처 종합운동장이나 산책로를 걸으며 나는 하루의 중심을 잡고 마음의 힐링과 새로운 아이디어를 얻는다. 걷는 동안 떠오르는 생각들은 나를 더 나은 방향으로 이끌어 준다.

충만했던 하루는 잠들기 전, 짧은 독서와 다음 날을 위한 계획으로 마무리된다. 독일의 철학자 쇼펜하우어의 말처럼 '독서는 다른 사람의 사유로 자신의 정신을 채우는 것'이며 하루의 끝자락에서 나는 다시 한번 성장하는 나를 만난다.

새벽의 고요 속에서 우리는 온전히 시간의 주인이 될 수 있다. 그 고요함은 단순히 시간을 보내는 것이 아니라, 우리의 의식을 깨우고 삶의 깊이를 더하는 중요한 순간이 된다. 매일 아침 해가 떠오르듯, 우리의 의식도 새롭게 깨어난다.

이처럼 겉으로는 복잡해 보이는 일과들이 자동화된 습관으로 인해 실제로는 나를 더 단순하고 집중된 삶으로 이끌어 준다. 하루가 자연스럽게 흘러가며 고민 없이 움직이는 나의 흐름 속에서 나는 매일 조금씩 더 나은 사람으로 성장한다. '오늘 하루만 쉴까?'라는 생각이 들 때, 그 '오늘만'이 습관을 깨뜨릴 수 있다. 그 한 번이 나를 계속 나아가게 할 수도 있고, 그 한 번이 모든 노력을 무너뜨릴 수도 있다. 그래서 가장 중요한 것은 바로 '한 번'이다. 모든 일은 그 첫걸음에서 시작된다. 오늘 하루를 넘기지 않고 꾸준히 이어가는 것, 그것이 습관을 완성하는 길이다. 결국, 우리의 삶은 매일의 작은 선택들이 모여 만들어진 거대한 흐름이며 그 흐름의 시작점에는 언제나 새벽이라는 선물이 있다.

03

기상 후 루틴 습관

오늘도 어김없이 새벽 4시, 고요 속에서 알람 소리가 울린다. 세상이 잠든 이 시간, 나는 하루를 시작하는 첫 발걸음을 내디딘다. 새벽 기상을 시도해 본 이들이라면 누구나 공감할 것이다. 의지와 현실 사이에서 벌어지는 작은 전쟁, 알람을 끄고 다시 이불 속으로 파고들고 싶은 유혹. 그 달콤한 순간, 한순간이라도 더 잠을 자고 싶은 마음은 누구나 한 번쯤 느껴본 감정일 것이다. 하지만 그 유혹을 넘기지 않으면, '5분만 더'라는 유혹이 결국 '한 시간'으로 이어지고, 그 작은 순간들이 모여 결국 나의 하루를 흐트러뜨린다.

이를 극복하기 위해 나는 작은 전략을 세웠다. 침대에서 일어나 몇 걸음을 걸어야만 닿을 수 있는 위치에 알람을 둔 것이다. 이미 몸을 일으켜 침대에서 벗어난 상태라면, 다시 이불로 들어가고 싶은 유혹과 싸우기가 한결 수월해진다.

알람을 끄고 나면 나만의 작은 의식이 시작된다. "나는 할 수 있다. 나는 할 수 있다. 나는 뭐든 할 수 있다." 이 세 문장을 외치는 동안, 나의 손은 자연스럽게 이불을 정돈한다. 이불의 구겨진 주름을 펴는 동안 마음의 주름도 함께 펴지는 듯하다. 찰스 두히그는 아침에 침대를 정리하는 작은 습관 하나가 하루의 생산성과 행복에 놀라운 영향을 미친다고 말했다. 2년 전부터 시작한 이 작은 습관이 내 아침의 중요한 의식이 되었고 이제는 나의 루틴으로 자리 잡았다.

이불을 정돈하고 나면 책상에 앉아 명언 필사 및 책 낭독, 블로그 글을 올리며 나만의 자기 계발을 이어나간다. 방을 벗어나 거실로 향하면, 고요한 새벽 공기가 나를 반긴다. 나만이 깨어 있는 이 시간, 나만의 특별한 순간이 시작된다. 창밖으로는 아직 어둠이 깃들어 있지만, 그 어둠 속에서 새로운 하루의 가능성이 서서히 피어오른다. 이때 나는 공복에 들기름 한 스푼을 섭취하며 하루의 루틴들을 시작한다.

12시간 이상의 공복 상태에서 우리 몸은 혈당이 낮아지고 지방 분해에 최적화된다. 이때 섭취한 들기름의 리놀렌산은 지방 연소를 촉진하고, 풍부한 오메가-3 지방산은 뇌 건강과 심혈관 질환 예방에 도움이 된다. 특히, 들기름에 함유된 불포화지방산은 포만감을 높여 하루, 온종일 식욕을 적절히 조절하는 데 도움을 준다. 이런 작은 습관 하나가 건강한 몸과 마음의 균형을 잡아주는 소중한 아침 의식이 된 것이다.

이렇게 시작하는 새벽은 마치 고요한 호수와 같다. 잔잔한 수면 위로 떨어지는 물방울처럼, 작은 습관들이 하나둘 더해지며 하루의 파동을 만들어 간다. 이 파동은 점차 퍼져나가 하루 전체의 리듬이 된다. 때로는 힘들고 지칠 때도 있지만, 이 고요한 시간 속에서 나는 내가 원하는 삶의 모습을 그려 나간다.

내가 만들어낸 이 소중한 시간 속에서, 하나하나의 습관들은 마치 한 편 한 편의 글을 완성하듯 이어진다. 하나하나의 습관이 모여 하루라는 글을 만들어내고, 그 글들이 차곡차곡 쌓여 인생이라는 하나의 책을 완성한다. 작은 습관들이 모여 하루의 기틀을 만들고 그 기틀 위에서 더 큰 목표를 향해 나아갈 수 있는 것이다. 이것이 바로 새벽이 주는 특별한 선물이 아닐까.

04

포스트잇으로 도배한 나의 꿈과 목표

매일 새벽, 고요한 시간 속에서 나는 나만의 작은 의식을 치른다. 형형색색의 포스트잇에 나의 꿈과 목표를 정성스럽게 새기는 일이다. 1달 후의 모습, 1년 후의 모습, 그리고 궁극적으로 이루고 싶은 원대한 꿈들을. 하나하나의 글자에 마음을 담아 써 내려가다 보면 어느새 그 꿈들이 선명하게 마음속에 그려지기 시작한다.

처음에는 작은 목표부터 하나씩 써나가기 시작했다. '전자책 제작 완성', '애드센스 승인 성공'과 같은 세부적인 작은 계획들이었다.

하지만 그 작은 성취들이 모여 더 큰 꿈을 품게 했고, 이제는 내 방 벽면 하나가 온통 꿈들로 가득하다. 파스텔 톤의 포스트잇들이 만들어 내는 이 작은 무지개는, 때로는 나의 희망이 되고 때로는 방향을 잃지 않도록 나침반이 되어 준다. 신비로운 것은 이렇게 써 내려간 계획들이 하나둘 현실이 되어간다는 점이다. 의식의 흐름대로 써 내려간 글자들이 물질세계에 모습을 드러낼 때면, 마음의 힘이 얼마나 강력한지를 새삼 깨닫게 된다. 우리의 현실은 우리가 품은 생각이 투영된 것이다. 내가 마음속에 품고, 포스트잇에 적고, 그것을 반복적으로 시각화하는 동안 내 현실은 점차 그 꿈을 향해 달려가고 있다.

예를 들어 '1월 31일, 책 원고 완성. 감사합니다'라고 쓴 포스트잇은 단순한 종잇조각이 아닌, 나와 우주의 약속이 된다. 그리고 이 약속은 자연스럽게 실천으로 이어진다. 하루에 몇 시간을 글쓰기에 할애할지, 어떤 공간에서 글을 쓸지, 어떤 책을 읽으며 영감을 얻을지, 모든 것이 물 흐르듯 자연스럽게 계획되어 간다. 그 결과, 내가 계획했던 목표들은 어느덧 현실이 되어가고 있다.

물론 항상 계획대로 되는 것은 아니다. 때로는 설정한 기한을 넘기기도 하고, 예상치 못한 장애물에 부딪히기도 한다. 하지만 그때마다 나는 실패가 아닌 새로운 시작이라 여기며, 더욱 선명한 글자로 기한이 적힌 나의 계획과 꿈을 다시 적어 내려간다. 지연된 시간은 더 깊은 준비의 시간이었음을 믿으면서.

'유지경성(有志竟成)'이라는 한자 성어가 있다. 이는 뜻이 있는 자는 반드시 이룬다는 의미로, 매일 아침 포스트잇에 꿈을 적어내는 행위는 바로 이 뜻을 세우는 일이다. 그리고 그 뜻이 담긴 작은 종이들이 모여 신비한 기운을 만들어내고 있다. 내 방의 벽면은 이제 단순한 벽이 아닌, 꿈이 현실로 변모하는 마법의 공간이 되었다.

시각화의 힘은 과학적으로도 입증되어 있다. 우리의 뇌는 실제 경험과 상상된 경험을 크게 구분하지 않는다. 매일 아침 성공한 모습을 선명하게 그리는 것은 뇌에 새로운 신경 회로를 만드는 일이며 이는 실제 성공의 토대가 된다. 때로는 불가능해 보이는 꿈도 매일 반복되는 시각화와 긍정 확언을 통해 나의 의식 속에 단단히 뿌리를 내리고 마침내 현실로 모습을 드러낸다.

이렇게 매일 아침 꿈을 종이에 옮기며 마음에 새기고 그것을 바라보며 미소 짓는 작은 의식들이 모여 나의 현실을 만들어 간다. 새벽이 선물하는 고요한 시간 속에서, 나는 오늘도 나의 우주를 한 장 한 장 그려 나간다. 매일 조금씩 이루어지는 꿈들을 통해 나는 나만의 인생을 만들어 가고 있다.

05

새벽이 나에게 더욱 익숙한 이유

새벽 4시 반, 아직 어둠이 채 걷히지 않은 시간. 스무 살의 겨울 방학, 나는 매일 그 시간의 알람 소리와 함께 눈을 떴다. 이제는 희미해진 기억들 속에서도 그때의 새벽 공기는 여전히 선명하다. 그 기억을 떠올리자, 내 눈가가 금세 촉촉해진다. 가난이라는 무거운 짐을 지고 있었지만, 그 무게마저도 나를 더 단단하게 만드는 디딤돌이 되리라 믿었다. 언니들과는 다른 길을, 조금이라도 더 나은 미래를 향한 길을 가고자 했다.

내 마음 깊은 곳에는 내가 진정 원하는 길이 있었지만, 현실이라는 벽 앞에서 오랜 시간과 비용이 필요한 미대 진학은 마음속에 묻어야 했다. '언젠가는'이라는 작은 위로와 함께 차선책으로 선택한 것이 물리치료과였다. 간호학과도 고려했지만, 엄마가 다치거나 아플 때마다 내가 아픈 것처럼 저혈압 증세가 찾아왔고 하얗게 질린 얼굴로 누워야만 했던 경험들이 떠올랐다. 타인의 고통에 몰입하는 이 마음은 매일 수술실과 응급실을 오가야 하는 간호사의 길이 맞지 않아 보였다.

"꿈꾸는 사람들, 믿는 사람들, 용기 있는 사람들, 긍정적인 사람들, 계획하는 사람들, 실천하는 사람들, 구름 속에 머리를 두고 발은 땅을 디딘 성공한 사람들과 함께 걸어가라." 윌프레드 피터슨의 이 말처럼, 나는 현실에 발을 딛되 꿈을 잃지 않으려 했다. 그래서 찾은 것이 물리치료사라는 직업이었다. 생명과 직결된 위급한 상황보다는 환자의 일상을 더 나은 방향으로 이끄는 역할을 한다는 점에서 나의 성향과 맞았다. 지금 돌이켜보면, 이는 단순한 차선책이 아니었다. 매 순간 더 나은 삶을 향해 나아가고자 하는 나의 가치관과 완벽하게 맞닿아 있는 선택이었다.

원하던 길은 아니었지만, 한번 선택한 길이라면 최선을 다하자는 신념 아래 모든 열정을 쏟아붓기로 했다. 그렇게 대학 생활 내내 나는 전액 장학금을 놓치지 않았다. 학기 중에는 책과 씨름하며 밤을 지새웠고, 방학이 되면 생활비와 책값을 벌기 위해 친구들이 가장 힘들다고 꺼리는 참치 공장으로 향했다. 여름 방학에 했던 편의점 아르바이트의 두 배가 넘는 일당은 내게 선택이 아닌 필수였다.

새벽 공기를 가르며 달리는 통근 버스 안에서 고단함에 잠들기도 하고 창밖을 바라보며 나만의 미래를 그려보기도 했다. 하지만 공장에 도착하면 그런 상상은 금세 사라졌다. 공장 안에서의 시간은 마치 멈춰 있는 것 같았다. 하루, 온종일 서서 같은 동작을 반복하는 일, 쉴 새 없이 움직이는 기계처럼 박스를 접는 일, 무거운 상자를 나르는 일, 모든 순간이 인내의 시간이었다. 특히, 2인 1조로 참치 상자를 접던 날의 기억은 아직도 생생하다. 서로 마주 보면서도 말 한마디 나눌 여유조차 없었다. 하루, 온종일 박스를 접고 또 접었다. 기계적인 속도로 손을 움직이는 동안, 우리는 그저 시간을 버티고 있었다.

그날 밤, 집으로 돌아온 나는 곧바로 잠들었다. 다음 날 새벽을 위해 잠시라도 더 눈을 붙여야 했기 때문이다. 하지만 다음 날 아침, 팔꿈치는 마치 녹슨 기계처럼 굳어서 펴지지 않았다. 반복된 동작으로 인한 관절의 비명이었다. 하루를 쉬어야만 했지만, 그것이 전부였다. 다음 날이면 또다시 일어나 공장으로 향해야 했다. 한 달의 방학 동안, 젊음이라는 이름으로 그렇게 버텨냈다.

겨울에는 추위에 떨며 일했고 여름에는 현기증을 호소하며 휴게실에 누워야 하기도 했다. 혈당이 떨어져 쓰러질 수도 있는 환경이었지만, 그곳에서 제공하는 최소한의 응급조치는 오직 정수기 위에 수북이 쌓인 포도당 알약뿐이었다. 내일도, 모레도 같은 하루가 반복될 것을 알면서도 나는 이를 악물고 버텼다.

그 시절, 알람 소리는 두려움의 신호였다. 그 소리가 울리면 악몽 같은 하루가 시작되었고 나는 억지로 눈을 떠야만 했다. 하지만 그때의 나에게는 한 가지 확신이 있었다. 이 시간이 반드시 나를 더 단단하게 만들어 줄 것이라는 믿음. 그리고 '엄마, 조금만 기다려~ 졸업하면 내가 행복하게 해줄게. 우리 평생 같이 살자.'라는 다짐.

대학 생활을 즐기는 또래들과 달리, 나는 매일 마음속으로 이런 다짐과 함께 공부하고 일하며 빨리 졸업하기만을 기다렸다. 매일 나를 기다릴 엄마를 생각하며, 걱정되는 마음을 이겨내며, 그렇게 그 시절을 보냈다.

20년이 지난 지금, 여전히 새벽 4시에 알람이 울린다. 하지만 그 소리가 주는 의미는 완전히 달라졌다. 예전의 알람이 고된 하루의 시작을 알리는 두려운 신호였다면, 지금의 알람은 새로운 도전과 성장을 향한 설렘의 신호이다. 이제는 새벽이 오히려 기다려진다.

고요한 새벽 시간은 내가 나의 주인이 되어 하루를 디자인할 수 있는 소중한 선물이 되었다.

지난 시간의 흔적을 더듬어 보면, 그때의 고난은 지금의 행복을 만드는 자양분이었다. 힘들었던 순간들이 있었기에 지금의 감사함이 더욱 깊어진다. 새벽의 의미가 이토록 달라질 수 있다는 것, 그것이야말로 인생이 우리에게 들려주는 가장 아름다운 멜로디가 아닐까. 새벽은 더 이상 내게 견뎌야 할 시간이 아니다. 이제 새벽은 나를 깨우는 시간이자, 나의 미래를 스스로 개척하는 시간이 되었다. 어둠이 가시기 전, 누구보다 먼저 하루를 시작하는 이 시간 속에서 나는 과거의 나와 마주하고 현재의 나를 다지며 더 나은 미래를 준비한다.

"가장 어두운 시간도 단 60분뿐이다."라는 말처럼, 모든 고난의 시간은 결국 지나가기 마련이다. 어제의 고난이 오늘의 빛을 만들고 오늘의 노력이 내일의 새벽을 더욱 찬란하게 비출 것이다.

긍정적인 자기 암시의 힘

새벽 공기가 차갑게 느껴지는 아침, 나는 오늘도 거울 앞에 선다. 내 눈을 바라보며 하루의 첫 말을 건넨다. "이은경! 잘하고 있어, 넌 앞으로도 잘 해낼 거야." 이렇게 시작하는 하루는 어떤 어려움이 찾아와도 그것을 이겨낼 힘을 준다.

인생이라는 긴 여정에는 늘 예기치 못한 순간들이 기다리고 있다. 때로는 사소한 실수로, 때로는 큰 실패로, 혹은 갑작스러운 건강 문제나 실직, 경제적 어려움 등 크고 작은 일들로 후회와 좌절의 순간을 겪기도 한다. 하지만 이런 순간들을 어떻게 마주할 것인가는 온전히 우리의 선택에 달려 있다. 힘든 순간에도 긍정을 찾고자 한다면, 그 속에서 예상치 못한 깨달음과 성장의 기회를 발견할 수 있다. 반면 후회와 한탄 속에 머문다면, 우리는 영원히 그 순간의 포로가 되고 말 것이다.

나는 모든 순간에서 배움을 찾고자 했다. 또한 모든 일은 필요하므로 내게 온 것이라 믿었다. 그래서 나는 어느 순간부터 이런 질문들을 습관처럼 던지기 시작했다. '이 순간, 이 일이 내게 찾아온 이유는 무엇일까? 이 경험이 내게 가르치고자 하는 것은 과연 무엇일까? 나는 이 상황에서 어떤 자세를 취해야 할까?' 마치 일기를 쓰듯, 매 순간을 성찰하는 이 습관은 내 삶의 나침반이 되어 주었다.

초등학교 시절부터 나는 남들과는 다른 환경 속에서 자랐다. 부모님의 보호 아래 평범한 학창 시절을 보내는 대신, 모든 것을 스스로 결정하고 해결해야 했다. 하지만 지금 돌아보면, 그 시간이 내게 준 선물이 있다. 어떤 어려움 앞에서도 흔들리지 않는 단단함, 그리고 나 자신을 믿는 힘이 바로 그것이다.

어제보다 더 나은 오늘을 만들기 위해, 그리고 내가 꿈꾸는 삶을 향해 나아가기 위해, 나는 매일 아침 '생각의 정원'을 가꾼다.

내 생각이 어떤 씨앗을 심느냐에 따라 나의 하루, 나아가 인생이 달라진다는 것을 깨달았기 때문이다. 마치 정원사가 잡초를 뽑아내 듯, 나는 의식적으로 부정적인 생각들을 걸러내고 그 자리에 긍정과 희망의 씨앗을 심는다.

매일 새벽, 고요한 시간 속에서 나는 또 하나의 나만의 의식을 치른다. 운동으로 몸을 깨운 후, 정성스럽게 작성한 '긍정 확언문'을 읽으며 내 무의식 깊은 곳으로 스며들게 한다. 전반적인 마인드, 경제적 목표, 건강, 그리고 사랑하는 엄마에 대한 확언들…. 한 문장 한 문장을 깊이 새기며 오늘의 하루와 미래를 향한 긍정의 힘을 채워간다.

이 순간 나는 『온 파이어』의 저자, 존 오리어리를 떠올린다. 전신 3도 화상으로 생존 가능성이 희박했던 그가 어떻게 절망을 희망으로 바꿀 수 있었을까? 그의 어머니 말이 결정적인 전환점이 되었다. "존, 이대로 죽는 게 낫겠니? 그건 누구의 선택도 아닌 너의 선택이야." 이 한마디가 존의 의지를 불태웠고 지금은 전 세계에 희망의 메시지를 전하는 강연가가 되었다.

"인생은 폭풍이 지나가기를 기다리는 것이 아니라, 빗속에서 춤추는 법을 배우는 것이다." 존의 이 말은 내 책상 위에 항상 붙여둔 문장이다. 그의 통찰은 매일 아침 나를 일으키는 힘이 된다. 나는 이런 긍정의 힘이 단순한 위안이나 일시적인 격려 이상의 것임을 깨달았다. 과학적으로도 긍정적인 자기 암시는 우리 뇌의 신경 회로를 실제로 변화시킨다고 한다. 매일 아침 정성껏 작성한 긍정 확언문 낭독, 거울을 보며 하는 긍정적인 자기 대화는 나의 뇌에 새로운 길을 만들어 가는 과정이다.

특히, 아침 시간의 자기 암시가 중요한 이유는 이 시간에 우리의 뇌가 가장 수용적인 상태에 있기 때문이다. 잠에서 깨어난 직후의 뇌는 마치 젖은 흙과 같아서, 어떤 생각의 씨앗이든 쉽게 뿌리를 내릴 수 있다. 그래서 나는 이 시간을 특별히 소중히 여기며 하루를 시작하기 전 나만의 긍정 의식을 행한다.

내가 매일 읽는 긍정 확언문은 이렇다.

"나는 내가 간절히 꿈꾸고, 생각하고, 말하고, 행동하는 그 무엇이든 반드시 해낼 수 있는 무한 잠재력과 지혜, 의지와 강철 체력을 모두 가지고 있어 거침과 의심 없이 나의 길을 꾸준히, 끝까지 걸어나간다. 나는 나의 꿈과 목표를 위해 오늘 할 수 있는 일에 집중하며 오늘의 하루에 최선을 다하고 오늘 현재를 매우 소중히 여기는 멋진 사람이다. 나는 내가 선택한 이 길에 강한 확신을 가지고 매우

기쁘고 즐겁게 하나하나 모두 이뤄나간다. 나의 세상은 언제나 나 스스로 내가 만든다. 매일 아침 머리끝에서 발끝까지 내 온몸 구석구석 모든 세포가 건강하게 깨어나고 완벽하게 재생된다. 나는 오래오래 건강하고 아름다운 젊음을 유지한다. 나는 최상의 컨디션을 유지하며 항상 상쾌한 기분을 만끽한다. 언제 어떤 순간이든 온 우주는 엄마의 건강과 안전을 지켜주고 매 순간 함께한다. 오늘도 내 삶의 멋진 주인으로서 가슴 벅찬 나의 무대를 즐기며 건강하고 매우 행복한 오늘의 하루를 보낸다. 감사합니다."

처음엔 짧은 3문장으로 시작했던 긍정 확언문은 어느덧 한 문장씩 추가되어 70문장이 넘어가고 있다. 이렇게 한 문장씩 완성한 긍정 확언문을 소리 내어 읽으면서, 나는 그 의미를 깊이 새기고 마음으로 받아들인다.

중요한 것은 이러한 자기 암시가 단순한 반복이 아니라, 진정한 믿음과 함께해야 한다는 점이다. 마치 씨앗을 심을 때 그것이 자랄 것이라 믿는 것처럼, 우리의 긍정적인 생각도 반드시 결실을 볼 것이라고 믿어야 한다. 이러한 믿음과 함께할 때 우리의 자기 암시는 진정한 변화의 힘을 가지게 된다. 물론 이런 긍정의 힘이 모든 문제를 마법처럼 해결해 주지는 않는다. 하지만 그것은 우리가 문제를 바라보는 관점을 바꾸어 주고 해결책을 찾아가는 과정에서 더 큰 힘을 발휘하게 해준다. 마치 어두운 길을 걸을 때 작은 손전등이 있고 없음의 차이처럼, 긍정적인 생각은 우리의 앞길을 비추는 빛이 된다.

오늘도 나는 거울 속 내 모습에 말을 건넨다.
"이은경, 지금까지 잘했고, 앞으로도 넌 잘할 수 있어."

이 작은 자기 암시가 하루의 시작을 밝히는 작은 등불이 되어 나를 더 나은 곳으로 이끌어 줄 것이다. 그리고 이 글을 읽는 당신에게도 말하고 싶다. 당신도 충분히 잘하고 있다고. 지금, 이 순간, 당신이 겪는 어려움도 결국은 더 나은 곳으로 당신을 이끄는 과정이 될 것이라고. 우리 함께 빗속에서 춤추는 법을 배워 가보자고. 그리고 그 춤을 추는 동안, 우리는 조금씩 더 강해지고, 지혜로워지고, 아름다워질 것이다.

07

모닝 독서로 찾아가는 나만의 길

　창밖으로 아침 햇살이 스며들기 시작하는 8시, 나는 책상 앞에서 조용히 책을 펼친다. 어느덧 2년이 넘어가는 시간 동안 이어온 모닝 독서의 시간이다. 매일 아침 8시부터 9시까지, 이 한 시간은 하루 중 가장 귀중한 '나만의 시간'이 되었다. 출근 준비에 쫓기듯 흘려보낼 수 있는 이 황금 같은 시간을 나는 책과 깊은 대화로 채우기로 결심했다. 주말에도 틈틈이 책을 읽지만, 평일 아침의 이 정해진 시간만큼 집중도가 높을 때는 없다. 마치 오래된 친구와의 약속처럼, 매일 이 시간이 되면 자연스럽게 손이 책을 향해 뻗는다.

아직 몇몇만이 출근한 조용한 사무실 속에서 나는 하루를 시작하는 첫 페이지를 넘긴다.

처음 이 습관을 시작했을 때는 단순했다. 새로운 지식을 얻고 다른 사람의 생각을 이해하는 것만으로도 충분히 가치 있는 시간이라 여겼다. 하지만 책 읽기가 거듭될수록 나는 점차 다른 차원의 경험을 하게 되었다. 책 속에서 마주하는 것은 단순한 정보가 아닌, 바로 '나 자신'이었다. 책 속에서 인생의 고민, 답들을 찾아 나가는 나를 발견한 것이다.

책은 마치 현명한 스승처럼 나에게 끊임없이 질문을 던지는 듯했다. "너는 무엇을 위해 살아가고 있니?", "네가 진정 원하는 것은 뭐야?", "지금 걷고 있는 길이 네가 정말 가고 싶은 길이 맞아?" 이런 내면의 질문과 마주하며 나는 깊은 성찰의 시간을 가졌고 어린 시절부터 마음 한편에 조심스럽게 묻어두었던 열망과 다시 마주하게 되었다. 그 과정에서 책은 단순한 독서 자료를 넘어 인생의 나침반이 되어 주었다. 삶의 고민이 찾아올 때면 나는 어김없이 책을 펼친다. 때로는 정확히 내 고민에 대한 답이 적혀 있어 가슴이 쿵 내려앉기도 하고, 때로는 책을 읽는 과정에서 스스로 답을 찾아가며 작은 깨달음의 순간을 만나기도 한다.

특히, 지금처럼 인생의 큰 전환점을 준비하는 시기에 책은 더없이 소중한 동반자가 되어 주었다. 퇴사를 준비하는 과정은 결코, 쉽지 않다. 장기적인 전략을 가지고 퇴사를 계획하고 준비하는 일은 직장 내에서는 결코 터놓고 이야기할 수 없는 비밀이 되어야 했다. 이 조직에 끝까지 남을 동료들 앞에서 나의 다른 꿈과 열망을 이야기할 수는 없었다.

이런 상황 속에서 자연스럽게 나는 새로운 인간관계를 만드는 일을 멀리하게 되었다. 기존의 관계에서도 나의 진짜 생각과 계획을 온전히 털어놓을 수 없는 상황에서의 대화는 어딘가 모르게 어색하고 설명할 수 없는 답답함이 있었다. 그래서 점차 혼자만의 시간이 더욱 소중해졌다.

그렇게 나는 빈 시간에 책을 읽고, 운동하고, 글을 쓰는 등 자기계발의 시간으로 채워나갔다. 더 나아가 이 시간은 나를 찾아가는 소중한 성찰의 순간이 되었다. 말 그대로 '자발적 고독'을 선택하고 그 속에서 새로운 기쁨을 발견한 것이다.

많은 사람은 '외로움'과 '고독'을 혼동한다. 둘 다 혼자 있을 때 느끼는 감정 상태라는 점에서 비슷해 보이지만, 그 본질은 완전히 다르다. 외로움이 타인과의 관계 단절로 인한 부정적 감정이라면,

고독은 자발적으로 선택한 혼자만의 시간을 통해 자신을 돌아보고 성장의 기회로 삼는 긍정적인 상태다.

독일의 철학자 폴 틸리히는 "혼자 있는 아픔은 외로움이고 혼자 있는 즐거움은 고독이다."라고 말했다. 이 말은 내 경험과 정확히 일치한다. 미국의 정신의학자 스택 설리반이 말한 것처럼, "외로움은 강제적 소외 상태이고 고독은 자발적 소외 상태"인 것이다. 하이데거의 통찰은 더욱 깊다. "고독은 인간의 근본적 감정이다. 타인과 어울리는 일상은 본래적 삶이 아니며 일상으로부터 떨어진 고독한 삶이 본래적 삶이다. 그래서 인간은 고독의 상태에 있을 때 비로소 자기 자신을 찾을 수 있다." 매일 아침 책과 함께하는 나의 시간은 바로 이 '본래적 삶'을 향한 여정이었다.

쇼펜하우어는 "사람은 혼자 있을 때만 진정한 자신이 될 수 있다."라고 말했다. 고독은 우리에게 두 가지 선물을 준다. 하나는 타인과 함께하지 않는다는 자유로움이고, 다른 하나는 자기 자신과 온전히 함께한다는 충만함이다. 이것이야말로 진정한 자유의 시작점이 아닐까.

매일 아침의 독서 시간은 이런 고독의 가치를 실천하는 시간이다. 처음에는 단순히 지식을 쌓는 시간이라 생각했던 것이 이제는 나를 더 깊이 이해하고 성장시키는 소중한 의식이 되었다. 이 한 시간 동안 나는 완전히 자유롭다. 책을 펼치는 순간, 세상의 소음은 멀어지고 내면의 목소리가 또렷해진다. 책 속 문장들이 내 생각과 맞닿을 때 나는 나를 더 깊이 들여다보게 된다. 때로는 문득 스치는 한 줄의 문장이 오래된 기억을 깨우고, 때로는 새로운 시각을 열어 아이디어를 더해 준다. 이렇게 모닝 독서를 통해 나는 내 생각을 정리하고 가치관을 다듬으며 나만의 길을 조금씩 만들어 간다. 독서는 마치 거울처럼 나를 비추고 또 나를 더욱 확장하는 과정이었다. 그래서일까, 책을 덮고 나면 늘 새로운 한 걸음을 내딛고 싶어진다. 그렇게 매일 아침, 나는 책을 통해 나를 찾아가고 있다.

이제 나는 이 시간이 없는 하루를 상상할 수 없다. 그래서 의도적으로 이 고독의 시간을 지켜낸다. 이것은 단순한 습관이 아닌, 나를 위한 약속이자 의식이 되었다.

책상 위에 놓인 책들은 이제 더 이상 단순한 종이 뭉치가 아니다. 그것은 나의 가장 친밀한 대화 상대이자 가장 현명한 스승이며 가장 믿음직한 동반자다. 매일 아침 이들과 만나는 시간을 통해 나를 새롭게 발견하고 깊은 통찰이 마음속에 자리 잡는다.

우리는 모두 각자의 인생을 살아가고 있다. 때로는 타인의 기대에 부응하기 위해, 때로는 사회의 관습을 따르기 위해 우리의 진정한 목소리를 잃어버리기도 한다. 하지만 고독의 시간 속에서, 특히 책과 함께하는 이 고요한 아침 시간 속에서, 나는 다시 내 목소리를 찾을 수 있다. 그래서 나는 이 모닝 독서의 습관을 평생 이어가고 싶다. 이것은 단순한 바람이 아닌, 확고한 다짐이다. 왜냐하면 이제 나는 안다. 책 속에서 만나는 진정한 나 자신과의 대화야말로 이 세상에서 가장 값진 시간이라는 것을. 그리고 이 시간이 쌓여 결국 내가 걸어가야 할 길을 밝히는 등불이 된다는 것을.

매일 아침 8시, 나는 여전히 책을 펼친다. 그리고 이 나만의 시간 속에서, 나는 조금씩 더 단단해지고 더 깊어지며 더 나은 내가 되어간다. 이것이야말로 진정한 성장의 순간이며 자아를 찾아가는 가장 아름다운 여정이다. 모든 위대한 변화는 작은 실천에서부터 시작된다. 나의 하루를 바꾼 모닝 독서는 결국 나의 인생을 바꾸는 작지만, 강력한 실천이 되었다. 이 시간은 고독하지만 전혀 외롭지 않고 홀로지만 오히려 충만한 나만의 소중한 시간이다. 당신도 이런 특별한 시간을 가져보는 건 어떨까?

"책을 읽는다는 것은 자신의 가능성을 열어 두는 것이다. 매일 아침 책을 펼치는 순간, 우리는 새로운 나를 만나게 된다."
– 무라카미 하루키

1장. 마인드

새벽 루틴 · 긍정 확언 · 필사 및 글쓰기 · 모닝 독서

✳ 실천 확언

내 생각이 어떤 씨앗을 심느냐에 따라 나의 하루, 나아가 인생이 달라진다.

✳ 오늘부터 실천

① 새벽 ○시 기상 + 긍정 확언하기
② 하루 3줄 짧은 글쓰기
③ 아침 30분 독서 후 오늘 할 일 1가지 정하기

✳ 오각형 인간 MIND 점검 (1~5점)

① 새벽 루틴을 꾸준히 지키고 있다.
② 무슨 일이든 할 수 있다는 믿음을 가지고 있다.
③ 생각을 글로 정리하고 있다.
④ 하루에 책 한 페이지라도 읽고 있다.
⑤ 감정에 끌려가기보다 중심을 잡으려 한다.

변화를 위한 다짐 및 계획

_____

_____

_____

_____

_____

_____

_____

_____

_____

_____

_____

_____

_____

변화를 위한 다짐 및 계획

02

[CHALLENGE]
도전 없인 결과도 없다 도전

"

당신이 무엇을 할 수 있는지 아는 사람이 되지 말고
당신이 할 수 없는 일을 극복하는 사람이 되어라.
- 벤저민 프랭클린 -

위대한 일을 이루기 위해 우리는 행동할 뿐 아니라
꿈꾸어야 하고, 계획할 뿐 아니라 믿어야 한다.
- 아나톨 프랑스 -

당신이 가진 꿈은 우연히 찾아온 것이 아니다.
그것은 당신이 이 세상에 가져오기로 결심한 것이다.
- 할 엘로드 -

"

01

꿈의 강력한 메시지를 듣다

    그때가 7살 정도였을까? 나는 매일 밤 같은 꿈을 반복적으로 꾸곤 했다. 꿈속에서 나는 하늘을 나는 법을 배우려고 애쓰고 있었다. 영화처럼 자유롭게 하늘을 훨훨 나는 모습이 아니라, 온몸에 힘을 주고 안간힘을 다해 날갯짓하면 겨우 몇 미터를 떠 오를 수 있었다. 언제나 꿈의 배경은 집 거실에서 연습한 후, 옥상에서 내려다보이는 하천을 건너가려는 모습이었다. 꿈에서조차 그렇게 간절히 날아오르려 노력하던 내 모습은 단순한 환상이 아니었다. 이제 와서 돌아보니, 그것은 자유와 성장을 향한 강렬한 열망을 반영한 것이었다.

신정철의 『메모 습관의 힘』이란 책을 읽으며 오래전 잊고 있던 그 꿈에 대한 기억을 다시 떠올렸다. 저자는 꿈을 무의식이 의식 세계로 던지는 메시지라고 설명했다. 수용되지 못한 감정, 스스로 인정하기 싫은 모습이 무의식 속에 억압되어 있다가 우리가 잠들면 꿈에 등장한다고 한다. 꿈은 '그림자'를 의식화하고 수용할 수 있는 소중한 기회를 던져주는데, 꿈이 주는 이러한 메시지를 들을 수 있는 사람만이 그 기회를 잡을 수 있다는 것이다. 책을 읽으며 어린 시절의 이 꿈이 단순한 환상이 아니라, 나에게 삶의 방향성을 제시하려는 무의식이 보낸 신호였음을 깨달았다.

요즘 유일한 모임인 독서 모임 회원의 교수님과 꿈 이야기를 나눈 적이 있다. 교수님은 그 꿈이 "성장과 성취를 갈망하는 의지를 상징한다."라고 말씀해 주셨다. 실제로 꿈 해석에서도 하늘을 날기 위해 애쓰는 모습은 역경을 헤쳐 나가려는 강한 의지를 보여주며 앞으로 희망과 새로운 가능성이 열림을 뜻한다고 한다. 또한 자기 능력을 더욱 믿을 수 있게 되면서 본인의 자질을 통해 원하는 목표를 달성하는 데 도움이 되고, 자아의 자유로운 발현과 독립적인 삶을 원하며 새로운 경험과 도전을 통해 성장하고자 하는 욕망을 반영한다고 한다.

이 꿈 해석은 내가 살아온 삶과 놀랍도록 닮아 있었다. 나는 늘 성장과 도전을 갈망하며 살아왔다. 초등학교 때부터 미술에 재능이 있었지만, 경제적 어려움과 현실적인 여건으로 인해 꿈을 접어야만 했다. 고등학교 때부터 가장의 역할을 해야 했던 나는, 현실적인 선택 앞에 물리치료사가 되었고 11년간 병원에서 성실히 근무했다. 그러나 더 이상의 성장 없는 한계를 느끼자, 좀 더 나은 길 그리고 성장을 갈망하는 내면의 목소리가 들려왔다. 더 나은 미래를 위해 새로운 도전과 성장의 기회로 공무원 시험을 준비했고 8개월의 노력 끝에 합격했다. 하지만 공무원 생활을 시작한 뒤, 평생직장이라는 안정감 속에서도 오히려 평생 다녀야 한다는 생각이 답답함으로 바뀌어 갔다. 그 시기 나는 다시 한번 내면에서 꿈틀대던 꿈의 소리에 귀 기울이게 되었다. 그리고 그때부터 나의 방향성은 완전히 달라졌다.

어린 시절부터 이메일 주소나 아이디에 늘 사용해 왔던 'free'라는 단어가 떠올랐다. 이 단어는 단순한 자유를 넘어, 시간적·공간적·정신적·경제적 자유를 모두 포함하는 나만의 소중한 가치였다. 이는 선택의 순간에 자유로울 수 있고 상황에 자유로울 수 있으며 시간과 공간, 만나는 사람들, 내가 진짜 원하는 것 등 모든 의미의 자유를 포괄하는 개념이다. 내가 진정 원하는 것은 정해진 것에 의해 이끌리는 삶이 아닌, 내 선택으로 주도하는 삶, 내가 원하는 인생의 주인이 되는 삶이었다. 이 깨달음은 내 삶의 방향을 명확히 설정해 주었다.

2030년 1월 1일, 나는 이 모든 개념을 포괄하는 완전한 자유를 이루기로 결심했다. 5년 후, 조기퇴직을 하고 나만의 가치를 담은 브랜드를 구축하여 전국적, 세계적으로 뻗어나가는 성공한 CEO로 성장할 것이다. 또한, 꿈을 현실로 바꾸는 꿈 코치 강연가로, 세상의 모든 긍정과 희망을 그리고 표현하는 화가로, 그리고 자기 계발·부자·성공학 분야의 베스트셀러 작가로 거듭날 것이다. 이를 위해 나는 매일매일을 내가 해야 할 일들로 루틴화하며 꿈과 목표를 향해 한 걸음씩 나아가고 있다.

나는 주변 사람들의 이야기를 떠올리며 나를 더 알아가기 시작했다. 그동안 누구를 만나 얘기를 나누든지 또는 나를 오래 지켜봐 온 사람들은 한결같이 나를 보면 열심히 살아야겠다는 생각이 든다고 말한다. 한 번은 다른 기관에서 파견 나온 직원과 이틀간 함께 근무한 적이 있었는데, 며칠 후 업무 쪽지로 메시지를 보내왔다. "주사님과 근무하고 난 이후 저도 열심히 살아야겠다는 생각이 들었어요. 그래서 조금씩 실천하고 있어요. 정말 감사합니다."라는 내용이었다. 또 한 번은 아는 동생과 식사를 마치고 돌아오는 길에 이런 내용의 카톡을 받았다. "언니하고 대화하고 나니, 긍정 기운이 넘쳐서 당장 뭐라도 할 수 있을 것 같아." 대학교 졸업 후 한 학교 오빠는 "너 때문에 나도 열심히 해서 좋은 결과 얻었다."라며 감사의 인사를 전해온 적도 있다. 다니던 운동 센터에서 진행하는 바디챌린지에서는

5주간 하루도 빠짐없이 인증하는 나를 보고 회원들이 자극받아 끝까지 챌린지를 마무리할 수 있었다며 고맙다는 말을 전하기도 했다.

이처럼 내 삶이 사람들에게 긍정적인 영향을 미칠 수 있다는 사실을 깨닫는 순간, 나는 강한 확신을 얻었다. '이것이 내가 추구해야 할 가치가 아닐까?' 그리고 그 시기, 어느 날 새벽 잠에서 깨어난 순간, 나는 문득 이런 영감이 떠올랐다. '단순히 어린 시절의 꿈을 실현하기 위해 화가가 되는 것을 넘어, 세상의 모든 긍정과 희망을 그리고 표현함으로써 세상에 긍정적인 영향력을 전달하는 사람이 되어야겠구나.' 이런 구체적인 생각이 미치자, 그날 새벽 나는 기분 좋은 두근거림에 한참을 사로잡혀 있을 수밖에 없었다.

사람들에게 긍정과 희망을 전하는 삶. 나는 그날 새벽부터 이 가치를 평생의 목표로 삼기로 결심했다. 내가 직접 삶으로 보여주었던 긍정의 힘과 말들이 사람들에게 조금이나마 좋은 영향을 주었듯, 나를 통해 변화하고 힘을 얻어 고맙다는 말을 건네는 이들에게서 나 또한 좋은 영향을 받고 있음을 강력히 느낄 수 있었다. 이런 상호작용은 내가 나아갈 방향을 더욱 분명하게 밝혀 주었다. 짧게 만난 동료에게 또는 오랜 친구에게 그리고 내가 속한 모임의 사람들에게 더 나아가 세상 모든 사람에게 "당신도 할 수 있다."라는 긍정과 희망의 메시지를 전하고 싶다. 내 경험을 통해 많은 사람이 희망을 품고 자신의 꿈을 현실로 이루는 길로 나아갈 수 있기를 바란다. 이를 통해 내가 얻는 큰 보람이 바로 내가 추구하는 진정한 행복으로 가는 길임을 믿는다. 단지 나만을 위한 삶이 아닌, 세상에 의미 있는 가치를 남기는 삶으로.

이 꿈과 목표를 이루는 데 있어 나를 지탱하는 힘은 지치지 않는 체력과 의지력이다. 나는 매일 1시간의 새벽 운동 루틴으로 하루를 시작한다. 하루도 빠짐없이 목표를 향해 나아가는 이 생활은 이미 내게 완전한 습관이 되었다. 또한 나의 오랜 좌우명과도 같은 '진인사대천명'이라는 말은 매 순간 나를 움직이게 한다. 무슨 일이든 하늘이 감동할 정도로 노력한다면, 결과는 반드시 좋을 수밖에 없다는 나의 신념이 나를 지치지 않고 끝까지 앞으로 나아가게 만든다. 이 말은 단순한 위로가 아니라, 내가 직접 경험하고 체득한 삶의 진리다. 어떤 상황에서도 최선을 다해 노력한다면 설령 원하는 결과를 얻지 못하더라도 그 과정에서 배우고 성장한 나 자신을 발견할 수 있었다. 그리고 그 성장 자체는 또 다른 결과이며 더 나은 길로 나를 이끌어 줄 수 있음을 믿는다.

돌이켜 보면, 하늘을 날아오른다는 인간으로서 불가능해 보이는 일을 위해 애쓰던 어린 시절의 꿈은, 내가 할 수 있는 쉽고 편안한 것을 선택하기보다, 내가 할 수 없는 어렵고 힘든 것을 먼저 선택해 왔던 나의 삶과도 매우 닮아 있다. 그 선택은 단순한 도전을 넘어 더 큰 성취와 성장을 위한 것이었다. 오르막길을 오르는 용기와 일치하는 삶. 나는 앞으로도 쉬운 것 대신 어려운 것을, 편안함 대신 불편함을, 평지 대신 오르막길을 선택하며 매 순간 도전하고 그 과정을 통해 성장해 나갈 것이다. 진정한 성장은 오직 어려움을 마주하며 그 것을 극복할 때 얻어진다는 사실을 알기 때문에.

나는 이제 확신한다. 내게 주어진 5년이라는 시간은 단순한 기다림이 아니라, 나를 계속 성장시켜 나가는 과정이 되리라는 것을. 그리고 나는 이제 알 수 있다. 순간순간의 선택이었다고 생각했던 내가 걸어온 모든 길이 결국은 나의 꿈이 던지는 강력한 메시지에 따라 움직여 온 것임. 앞으로도 나는 내 삶을 변화시키며 더 높은 곳을 향해 날아오를 것이다. 언제나 내 인생의 진정한 주인공은 바로 나 자신이라는 사실을 마음속에 깊이 새기며 오늘도 나는 평지 대신 가파른 오르막길을 선택하며 꿈을 향해 한 걸음 더 나아간다.

아빠는 돌아가시기 몇 해 전부턴 더욱 술만 찾으셨다. 삶의 무게를 이기지 못하고 현실을 잠시나마 잊고자 했던 그 행동이 알코올 중독으로 이어졌고 끝내 건강을 잃어 간경화로 돌아가셨다. 그렇게 세상에 남겨진 엄마, 엄마를 돌봐야 했던 나. 내 나이 18살, 고등학교 2학년 겨울 때의 일이다.

지금은 나주 혁신도시로 완전히 새로운 모습으로 변모한 그곳엔 내가 고등학생부터 대학생 때까지 살던 낡은 시골집이 존재했었다.

그조차도 우리 명의가 아니었기에 혁신도시로 큰어머니 댁에서 보상받을 때, 우리는 세입자 명목으로 1,500만 원만을 받을 수 있을 뿐이었다.

나는 여수에서 태어났지만, 중학교 3학년 때 살던 여수집을 정리하고 부모님 고향인 나주 본가로 이사하게 되었다. 폐가처럼 비어 있는 낡은 시골집을 몇 날 며칠 부모님이 고생해서 우거진 풀들을 전부 쳐내 겨우 사람이 살 수 있도록 갖추셨다고 한다. 나는 중학교 졸업까지 몇 개월 남지 않은 시점이었기 때문에 이사 당일 따라가진 못했다. 여수에 남아 몇 개월간의 하숙 생활을 마친 후에야 나주로 넘어갈 수 있었다.

나주 시골집은 화장실 한번을 가기 위해서도 현관을 열고 나와 마당을 가로질러 입구 끝까지 나가야 하는 위치에 있었다. 그 화장실은 여름 장마철엔 똥물이 출렁이고 넘쳐흐르는, 그런 두려운 푸세식 화장실이었다. 아주 어린 시절 얼핏 듣기로 친할아버지는 그 화장실에 빠지시고 그 이후 급격히 몸이 안 좋아져 돌아가셨다고 했다. 난방은 됐지만, 온수로는 연결이 안 되어 씻을 때마다 물을 솥에서 끓여 찬물과 섞어 사용해야 했다. 학교에 가기 위해 정해진 시간 마을버스를 놓치면, 1시간을 걸어 나가서 타야 하는 그런 위치의 시골집이었다.

그렇게 나주 생활 2년간 아빠는 술만 드시다 결국 우리 곁을 떠나셨다. 시골집 마당에서 가족, 친척들 위주의 조촐한 장례가 치러졌고 그날 저녁 심신이 약해진 나는 아무것도 아닌 작은 소리에도 화들짝 놀라 비명을 질러대곤 했다.

그 이후, 나는 기초생활 수급자로 고등학교 교과서를 학교에서 무료로 배부받았다. 따로 챙겨가게 했다면 더 좋았겠지만, 모든 상황이 나를 배려하는 건 아니었다. 교실 앞에 여러 권의 책들 속에서 한 권씩 집어 들며 챙겨오던 순간은 왠지 모르게 나를 주눅 들게 했다. 맨 앞줄에 앉았는 데도 책을 들고 자리로 돌아가는 그 짧은 순간이 유난히 길게 느껴졌다.

야간 자율학습 후, 밤 10시에 버스를 타고 내리면 집까지 또 1시간을 걸어 들어가야 했다. 길 양옆은 온통 논과 밭, 어느 구간은 나무들로 우거졌고 여기저기 공동묘지도 보였다. 길이 으슥하고 무서워 경찰들의 순찰이 자주 행해지는 그런 시골길이었다. 어둠과 씨름하고 피곤함을 이기며 내 발걸음 소리만이 고요하게 들리거나, 가끔 지나가는 자동차 소리가 전부였다. 가끔은 지나가는 자동차나 순찰차가 가는 길까지 태워주시기도 했는데, 그런 날은 평소보다 집에 일찍 도착할 수 있었다.

그 길을 절반 이상 걸어오면, 어둠보다 더 두려운 존재가 기다리고 있었다. 길가 공장에 묶이지 않은 개. 아무리 멀리 돌아가고 싶어도 이 길을 지나야만 집에 닿을 수 있었다. 발소리를 듣기라도 한 듯, 공장 안쪽에서부터 날카롭게 짖는 소리가 들려왔고 사람이 그 앞을 지나가면 더욱 거세게 짖으며 앞으로 뛰어나왔다. 그 순간 나는 뒤를 돌아보거나 걸음을 멈출 수도 없이 개가 다시 돌아갈 때까지 최대한 침착한 척 앞으로 걸어갈 뿐이었다. 하지만 내 심장은 언제나 미칠 듯이 뛰고 있었다.

그날도 조금만 더 가면 그 구간이 다가오려고 하자 내 심장이 먼저 반응했다. 박동 소리가 점점 커지는 와중에 내가 잘못 들은 것일까, 나를 부르는 소리가 어둠 속에서 언뜻 들려왔다. 엄마였다. "엄마야? 진짜 엄마야?" 나는 안도의 눈물과 함께 여기까지 걸어 나와준 엄마가 너무 대단했다. '엄마도 무서웠을 텐데, 내가 얼마나 걱정되었으면 혼자 그 먼 길을 걸어 나왔을까.' 엄마도 조금 전 공장에서 짖어대는 개로 인해 무서워서 혼났다고 했다. 그날 밤은 혼자가 아닌 둘이었기에, 무서운 개가 뛰쳐나와도 두려움을 이길 수 있었다.

그렇게 힘들었던 고등학교 시절이 지나고 나는 언니들과 달리 대학을 가기로 결심했다. 나 혼자서라도 더 나은 길을 찾아가기 위해서였다. 가장 걱정이었던 건 내가 대학을 졸업하고 자리를 잡을 동안 혼자 나를 기다려야 했던 엄마였다. 그래서 대학 시절 내내 나는 졸업만을 간절히 기다려야 했다. 당장 돈을 벌어야 마땅했던 상황에서 당장은 고생스럽더라도 장기적으로 더 나은 길을 가는 것이 맞다고 생각했다.

당시 상황이 아니었다면 나는 미대를 선택했을 것이다. 하지만 미대는 경제 활동을 할 수 있기까지 더 많은 시간과 비용이 필요했다. 그래서 가고 싶었던 미대는 포기해야 했지만, 졸업 후 자격을 취득하면 바로 취업이 가능했던 물리치료과를 선택해 1차 수시 원서를 넣었다. 담임 선생님은 내가 공부를 더 해서 수능을 보길 바라셨지만, 나는 단호했다.

"선생님, 제 뜻대로 할게요. 제 뜻대로 하게 해주세요." 그렇게 담임 선생님의 만류에도 불구하고 나는 대학에 다니면서도 주말마다 엄마에게 자주 가볼 수 있는 위치의 지방 전문대학에 1차 수시를 넣었고 이후는 수능 공부를 위한 야간 자율학습에서 빠질 수 있었다. 정규 수업 시간이 끝나면 나는 바로 평일엔 피자집에서, 주말엔 김밥천국에서 아르바이트했다. 그렇게 나는 어렵게 첫 대학 등록금을 마련할 수 있었고 대학에 들어가서는 1등을 놓치지 않아 매 학기 전액 장학금을 받으며 졸업할 수 있었다.

폭설이 오는 날 뉴스에서 안 좋은 기사라도 뜨는 날이면, 나주에 있는 우리 집 지붕이 폭설에 무너진 건 아닌지 불안에 떨어야 했다. 그날따라 아무런 연락도 되지 않는 엄마가 걱정되어 눈길에 엄마를 찾아갔던 기억은 아직도 생생하다. 그날로 나는 좁은 고시원에 주인 아주머니 몰래 엄마를 데려와 맛있는 음식도 먹고 영화관도 가며 달콤한 1주일을 보냈다. 졸업까지만 기다려 달라고 나는 또 마음속으로 다짐했다. 힘든 시절 엄마와 나는 서로에게 등불 같은 존재였다. 나는 엄마를 생각하며 힘을 얻었고 엄마는 주말마다 내가 오기만을 간절히 기다리며 그 시절을 견뎌냈다.

엄마는 선천적으로 장애를 가지고 태어나셨다. 어린아이의 지능을 가진 지적 장애. 어릴 때는 알지 못했다. 단지 학교에 다니지 못해 글씨를 모르는 것이라고만 생각했다. 그래서 외할머니를 많이 원망했었다. 다른 이모들은 전부 학교에 보내고 엄마만 학교에 보내지 않은 것을. 그런데 나중에야 알게 됐다. 엄마도 학교에 잠깐 다닌 적이 있었는데, 친구들에게 매일 맞고 놀림 받는 상황이 싫어서 외할머니가 더 이상 학교에 보내지 않으셨다고 했다. 그래도 엄마는 계속 학교에 다니고 싶었다고 했다. 나는 이 얘기를 다름 아닌 엄마 입에서 듣게 됐다. 아이 같은 엄마도 다 기억하고 있구나. 그 아픈 기억을…. 이 얘기는 내 마음속 깊은 곳에 자리 잡았다.

내가 초등학교에 들어가고 글씨를 배우기 시작하면서 엄마에게
도 본인 이름 석 자 정도는 알려 주고 싶어 공책과 연필을 쥐여주고
글씨 연습을 시켰다. 자음과 모음을 조합해서 자유자재로 글씨를 쓸
수 있도록 알려 주는 건 무리였다. 하지만 그림처럼 엄마 이름 석 자
를 여러 날 동안 반복적으로 쓰도록 하니, 결국엔 그 모양을 기억하
고 쓸 수 있게 되었다. 그렇게 내 이름, 언니들 이름을 하나씩 알려
주어 가족들 이름은 쓸 수는 없지만, 구분은 할 수 있게 되었다.

아무도 엄마에게 무언가를 알려 주려고 시도하지 않았다. 나는
엄마에게 숫자와 시계 보는 법을 알려 줬고 혼자서 가까운 동네 길
은 찾아다닐 수 있도록 엄마를 데리고 다니며 조금씩 길을 알려 주
기 시작했다. 대신 익숙해질 때까진 절대 혼자 돌아다녀선 안 된다
고 신신당부하며. 잘 찾아다니던 길도 순간 길을 잃어버려 경찰에
신고해야 했던 적도 많았다. 밤새 찾지 못하고 새벽에야 발견된 날
도 여러 날이다. 그렇게 엄마가 집에 돌아오지 못하는 날이면 나는
항상 걱정과 두려움에 떨어야 했다.

나에겐 늘 두 가지 관점이 있었다. 나의 관점과 엄마의 관점. 엄
마는 때때로 정확한 의사 표현이 어렵기도 했기 때문에 나는 늘 여
러 방식으로 엄마에게 질문을 던졌다. "엄마, 수제비 먹고 싶어, 칼
국수 먹고 싶어?" 하면 "칼국수!"라고 하다가도, "그럼, 칼국수 먹고

싶어, 수제비 먹고 싶어?"라고 다시 물으면 "수제비!"라고 하셨다. 나는 여러 질문을 통해 엄마의 진짜 마음을 찾으려 노력했고 엄마가 진정으로 원하는 것이 무엇일지 고민했다.

동네 체육대회가 열린다는 아파트 안내 방송이 나올 때면, 엄마도 다른 어르신들과 어울려 즐길 수 있기를 바랐다. 혼자서는 갈 수 없는 엄마를 위해 체육대회에 모셔다드리고 함께 손뼉 치며 즐길 수 있도록 도왔다. 병원 근무 시절, 수요일에는 일찍 퇴근하는 날이었지만, 집에서 쉬기보다는 엄마와 함께 나들이를 나갔다. 함께 맛있는 음식을 먹고 드라이브하며 행복해하는 엄마를 보는 게 좋았다.

길을 지나가다 꽃 축제를 한다는 현수막을 발견할 때면, 나 자신이 아니라 이곳에서 좋아할 엄마를 먼저 떠올렸다. 장윤정 콘서트나 어린이 가족 뮤지컬을 한다는 광고를 봤을 때도, '엄마가 보면 좋아하시겠다.'라고 생각하는 것이 자연스러웠다. 어린 시절부터 나는 엄마의 관점에서 세상을 바라보는 게 익숙했다. 그렇게 엄마의 처지에서 생각하다 보니, '엄마가 가장 원했던 것은 자유가 아닐까.'라는 생각이 들었다. 언제든 원하는 곳으로 스스로 갈 수 있는 자유, 그리고 혼자서도 뭐든 해낼 수 있는 자유.

초등학교 시절, 학교를 마치고 집으로 들어오던 어느 날이었다.

마당 한구석에서 햇볕을 쬐고 있는 엄마의 모습을 아직도 잊을 수 없다. 작은 병아리처럼 순수하고 사랑스러웠지만, 제한된 공간 속에 머물러야 하는 모습이 안쓰러웠다. 집을 벗어나지 못한 채, 옥상 계단에 올라 동네 밖을 내다보며 멀리서 내가 오는 모습에 손 흔들던 모습도 선명하다. 엄마의 생활 반경은 언제나 집 안에 머물러 있었다.

엄마는 그렇게 평생을 자유롭지 못하게 사셨다. 혼자서 할 수 있는 게 없어서, 혼자서는 아무 데도 갈 수가 없어서. 그래서 조금이나마 엄마에게 자유를 선물해 주고 싶었다. 스스로 할 수 있는 것들을 하나씩 늘려가면서…. 어쩌면 그래서였는지 모른다. 나의 무의식이 끊임없이 엄마를 투영하고 있어 내가 그 방향의 삶을, 자유와 성장을 향해 나아가는 삶을 살아가고 있다는 생각이 든다.

엄마는 아이같이 참 순수하고 귀여운 분이다. 엄마도 할 수 있는 것이 생기니 좋아하는 게 눈에 보였다. "나는 못 하는 거 하나도 없어, 나는 다 잘해 천재야 천재~ 똑소리나!" 이렇게 말하며 엄지를 치켜올리는 엄마가 너무 사랑스럽기도 하고, 한편으로는 안쓰러운 마음에 가슴이 저릿해지기도 한다. "엄마는 천재야, 천재~ 다 잘하지요!" 나도 이렇게 덩달아 엄지척을 날려준다.

그렇게 나는 엄마를 아이처럼 돌봐왔다. 아이 같은 엄마도 세상 엄마들의 마음이란 다 똑같은 것이었다. 대학교 때 주말마다 나는 1주일 치, 장을 봐서 엄마에게 갔다. 한번은 시험 기간 때 집에 오는 주말이면, 나는 시험공부의 피곤함에 몇 시간을 잠부터 자야 했다. 잠결에 눈을 떴는데 엄마는 내 옆에 같이 누워 내 얼굴만을 하염없이 바라보고 있었다. 자면서도 나는 '이렇게 집에 왔는데 잠만 자서는 안 되는데, 얼른 일어나서 엄마랑 놀아줘야 하는데.'라고 생각하면서도 피곤함에 쉽게 눈이 떠지지 않았다.

"당신이 무엇을 할 수 있는지 아는 사람이 되지 말고 당신이 할 수 없는 일을 극복하는 사람이 되어라."라는 벤저민 프랭클린의 말처럼, 엄마와 나는 할 수 있는 것보다 할 수 없는 것에 집중하며 이를 극복하는 삶을 살아왔다. 많은 장애물과 고난이 있었지만, 그때마다 우리는 힘든 일을 겪어내는 것이 아니라, 그 일을 넘어서 앞으로 나아가는 것이 더 중요했다. 그렇게 우리는 세상 속에서 하나씩 할 수 있는 것들을 만들어 갔다.

할 수 있는 것을 알게 되는 것은 누구나 할 수 있지만, 할 수 없는 일을 극복하며 살아가는 것은 어렵지만 가슴 벅찬 일이다. 내가 할 수 없는 일들이 눈앞에 놓일 때마다, 그 일을 외면하지 않고 오히려 부딪쳐 보려고 노력했다. 이는 내가 세상을 대하는 방식이 되었고,

하나씩 할 수 없는 일들을 극복하며 내 길을 스스로 만들어 나갔다.

어두운 길을 걸어가는 데 필요한 것은 바로 두려워도, 앞이 보이지 않아도 한 걸음 더 나아가는 용기였다. 나는 그렇게 계속해서 한 걸음씩 나아가고 있고 그건 앞으로도 마찬가지일 것이다. 이 글을 읽는 당신도 할 수 없었던 것을 하게 됐을 때의 자유와 행복을 한번 느껴보길 바란다.

03

무한 도전의 연속

1) 그래, 전국 수석 내가 한번 해보지 뭐

"잘하면 올해 우리 학교에서 전국 수석 나오겠어."

물리치료사 국가고시를 100일 앞두고 치른 모의고사에서 전국 2등이라는 결과를 받았을 때, 교수님께서 동기들 앞에서 하신 이 말씀은 나를 새로운 도전으로 이끌었다. 사실, 대학 내내 1등을 놓치지 않으며 전액 장학금을 받고 공부해 온 나는, 아직 본격적인 국가고시 준비도 시작하지 않은 상태였다. 단지 평소 실력으로 시험을 치렀을 뿐이었다. 하지만 그날 교수님의 기대와 내 안에 있던 도전

정신이 어우러져 전국 수석을 해보기로 결심했다.

물리치료사 면허는 단지 합격만으로도 충분하다. 수석으로 합격하든, 그냥 합격만을 하든 면허증의 가치는 같다. 그래서 그전까지는 합격만을 목표로 삼고 평소 하던 대로 시험을 치를 생각이었다. 그런데 그날 이후 나는 마음을 바꾸었다. "그래, 전국 수석 내가 한번 해보지 뭐." 이 짧은 결심은 내 도전의 시작이었다.

전국 수석이라는 목표는 단순한 합격 이상의 노력을 요구했다. 합격은 누구나 이룰 수 있는 일이지만, 전국 수석은 단 1명만이 도달할 수 있는 성과였다. 나는 3년간 배운 모든 내용을 다시 점검하며 한 문제도 놓치지 않겠다는 각오로 공부에 임했다. 100일간의 치밀한 공부 계획을 세우고, 하루라도 계획이 어긋나면 곧바로 다시 전체 계획을 수정하며 완벽에 가까운 실행을 이어갔다.

시험 전날, 광주에서 치러지는 국가고시를 위해 우리 학교 학생들은 예약된 숙소로 향했다. 밤샘 공부를 이어가는 친구들과 달리 나는 시험 당일의 컨디션을 위해 일찍 잠자리에 들었다. 그러나 쉽게 잠이 오지 않았다. 시계 초침 소리가 유난히 크게 들리고 혹시라도 답안지를 밀리는 실수를 하거나 시간 안에 마킹을 다 못할 경우, 1년이라는 시간을 견뎌야 하기에 긴장되는 마음은 어쩔 수 없었다.

다음 날 시험이 시작되자, 첫 몇 문제를 풀면서 차츰 긴장이 풀렸다. 문제에 집중하며 점점 안정감을 되찾은 나는 침착하게 모든 문제를 풀어나갔다. 필기와 실기를 모두 마치고 시험장을 나설 때는 드디어 끝났다는 안도감과 이제 마음껏 쉴 수 있다는 해방감이 몰려왔다. 집으로 돌아오자마자 가장 하고 싶었던 일은 그동안 부족했던 잠을 원 없이 자는 것이었다. 그렇게 그날 나는 20시간이 넘는 깊은 잠에 빠졌다.

가 답안이 공개되기 전, 동기들은 내가 적어 온 답을 기준으로 자신들의 시험 결과를 대조하며 말했다. "가 답안 기다릴 거 뭐 있어~ 은경이 답이 정답일 텐데." 동기들의 믿음처럼 내 답안과 가 답안은 거의 일치했고, 결국 국가고시에서 전국 수석이라는 영광을 차지했다. 학교 정문에는 내 이름 석 자와 함께 "전국 수석"이라는 타이틀이 적힌 플래카드가 걸렸고 모두의 축하를 받으며 나는 큰 기쁨을 누릴 수 있었다.

확실한 결과가 보장되지 않는 길 위에서도 언제나 최선을 다한다면, 가장 빛나는 순간을 만들어낼 수 있다는 사실을 이 경험을 통해 다시 한번 깨닫게 되었다. 그리고 목표를 넘어서 더 큰 도전으로 나아가는 과정에서 얻을 수 있는 배움과 성장은 그 자체로 삶의 소중한 가치가 된다는 것을 알게 되었다. 나는 중요한 도전 앞에 때로

힘든 순간이 찾아와 나를 괴롭힌다고 할지라도 언제나 이렇게 다짐하며 다시 힘을 얻는다.

"이은경~ 넌 최선을 다했어. 이 길의 끝은 반드시 보답으로 이어질 거야. 나머지는 하늘에 맡기자." 이 다짐은 내 삶을 이끄는 빛이 되었고 앞으로도 나를 더 높은 곳으로 이끌어 줄 것이라 믿는다.

2) 컴퓨터 공포증 극복

초등학교 시절, 친구들이 하나둘 학원으로 향하는 모습을 볼 때면 나도 학원에 다니고 싶다는 간절한 마음이 들곤 했다. 방과 후, 같이 놀던 친구들이 학원 갈 시간이 되자, "나 피아노 학원 가야 해." "나는 태권도 학원 가야 해."라며 억지로 학원으로 향하는 모습을 보면서 나는 그런 친구들을 대신해 내가 학원에 가고 싶다는 생각이 들곤 했다. 한번은 피아노 학원에 간 친구를 학원 안에서 기다린 적이 있었다. 지금 생각해 보면 학원에 도착하자마자 친구들이 연습하고 있던 것은, 바로 스케일 연습이었다. 각기 다른 템포와 강약으로 이어지는 스케일 소리가 학원 곳곳에서 울려 퍼지며 묘한 화음을 이루었다. 그 단조롭고 반복적인 소리마저도 내게는 낯설고 또 멋지게 느껴졌다. 기다리는 동안 피아노 소리에 귀를 기울이며 나도 언젠가 저 자리에 앉아 건반 위를 자유롭게 누비는 상상을 했다. 그때부터 피아노를 배우고 싶다는 마음은 내 안에 깊이 자리 잡았지만,

당시 형편은 그러한 소박한 꿈마저 허락하지 않았다.

성인이 되어 돈을 벌기 시작하면서 내 삶에도 학원에 다닐 수 있는 기회가 생겼다. 그런데 내가 처음으로 문을 두드린 학원은 어릴 때 배우고 싶었던 피아노 학원도, 미대에 가지 못한 대신 선택할 수 있는 미술 학원도 아니었다. 다름 아닌 컴퓨터 학원이었다. 어쩌면 예상 밖의 선택일 수 있겠지만, 언제나 잘하는 것보다 못하는 것을 극복하는 데 더 큰 의미가 있다고 믿었고, 하고 싶은 일보다 해야 하는 일을 우선순위에 두며 살아온 내 삶의 원칙에 따른 선택이었다.

고등학교 시절, 집에 컴퓨터가 없었던 나는 학교 컴퓨터 수업을 통해 처음으로 컴퓨터를 접했다. 일주일에 한 번 수업 시간에 잠깐씩 만지는 컴퓨터는 나에게 늘 낯설고 두려운 존재였다. 이후로도 나는 컴퓨터 앞에만 앉으면 긴장감이 커졌고 고등학교 때 잠깐 배운 것만으로는 컴맹 수준에 가까웠다. 컴퓨터가 두려운 것은 컴퓨터가 낯설고 할 줄 모르기 때문에 생겨난 두려움이었고 이 두려움은 충분히 극복이 가능한 것이었다. 그래서 나는 스스로 학원에 다닐 수 있게 되자, 가장 먼저 컴퓨터 학원을 등록하기로 결심했다.

컴퓨터에 대한 기본적인 사항부터 배우고 싶은 마음이 컸지만, 학원은 자격증 취득 과정 위주로 운영되기 때문에 그중에서 사무

자동화 산업기사 자격증반을 선택했다. 평일 퇴근 후, 나는 매일 같이 학원으로 향했다. 처음에는 컴퓨터 화면 속 낯선 프로그램 창 하나를 여는 것도 어렵게 느껴졌다. 마우스를 쥔 손에 잔뜩 힘이 들어갔고 자칫 잘못 건드리면 뭔가 큰일이 날 것만 같았다. 하지만 시간이 흐르며 점차 익숙해지자, 나는 오히려 새로운 프로그램을 배우는 재미를 발견했다. 주 5일, 저녁 8시부터 10시까지 이어지는 2시간의 수업은 몸은 피곤했지만 내 두 눈은 빛났고, 마음만은 충만했다. 그렇게 몇 달간의 수업을 받고 필기와 떨리는 실기 시험까지 무사통과하며 나는 사무자동화 산업기사 자격증을 취득할 수 있었다. 이 자격증 하나만으로 컴퓨터를 다 알게 됐다고 할 순 없지만, 적어도 컴퓨터에 대한 두려운 마음만큼은 사라졌고, 못하는 것을 극복하는 기쁨 그리고 두려움을 넘어설 때 느끼는 해방감은 매우 값진 경험이었다.

우리가 두려워하는 것들은 실제로 어려운 것이 아니라, 단지 낯선 것일 뿐이다. 익숙함은 결국 배움과 반복 속에서 만들어진다. 배움은 단순히 기능을 익히는 것만이 아니라, 낯선 것을 익숙함으로 바꾸는 과정이다. 낯설다고 외면하는 것이 아니라, 한발 다가가려는 노력을 기울인다면 그 무엇도 두렵지 않을 것이다.

나는 새로운 것을 배워나가는 과정이 매우 설레고 기대된다. '낯섦이 언젠가 나의 익숙함이 될 테니까.'

3) 물 공포증 극복

이후에도 나는 두려움을 극복하기 위한 또 다른 도전을 이어갔다. 물 공포증으로 물속에 얼굴조차 담글 수 없었던 나는 고등학교 수련회 래프팅 때, 물속에 절대 빠지지 않으려 보트에 매달리다 바지가 다 찢어졌던 경험도 있다. 물 공포증을 극복하지 않으면 평생 나를 옭아맬 것이라는 걸 알기 때문에 나는 이 두려움을 그냥 놔두기보다 오히려 정면으로 마주해야겠다고 생각했고, 그래서 수영을 배우기로 결심했다.

처음에는 수경을 끼고도 물속에서 눈을 뜨지 못했다. 긴장감에 가슴은 더욱 답답해졌고 심장은 더욱 빠르게 뛰어 물 밖으로 다시 뛰어나오길 여러 날 반복했다. 어느 날은 조금 용기를 내어 한 쪽씩 실눈을 떠 물이 눈에 들어오지 않는다는 사실을 확인했다. 그렇게 물속에서 점차 눈을 뜨며 울렁거리는 물속 환경에 조금씩 적응하려 노력했다. 물에 대한 적응력을 키우기 위해 초급반에서는 잠수해서 회원들과 가위바위보 게임을 시켰고, 그 속에서 서서히 재미를 느껴가기 시작했다.

한겨울, 온 세상이 하얗게 눈으로 덮인 새벽 5시. 차가운 공기를 가르며 매일 같이 가장 먼저 흰 눈을 밟고 수영장으로 향했다. 물속에서 눈을 뜨는 것조차 어려웠던 내가, 하루하루 조금씩 두려움을 이겨내며 결국 물속에서 자유롭게 움직이고 숨 쉴 수 있게 되었다. 4가지 영법을 모두 익히며 자유형으로 나아가다 지치면 배영으로 호흡을 가다듬었고, 평영과 접영을 번갈아 익히며 수영의 즐거움을 알아갔다. 그렇게 나는 더 이상 물속에서 위축되는 사람이 아니라, 물과 하나 되어 자유를 만끽할 수 있는 사람이 되어 있었다.

물 공포증을 극복한 후, 나는 바나나보트를 타면서 이전과 확실히 달라진 나를 마주하게 되었다. 예전에는 물에 빠지는 것이 두려워 보트에 납작 엎드린 채 절대 빠뜨리지 말라고 애원하던 내가, 이제는 두 손을 놓고 온몸으로 스릴을 즐기며 자유를 만끽하고 있었다. 그때 나는 깨달았다. 진정한 자유란 두려움을 마주하고 그것을 넘어서야만 얻을 수 있다는 것을.

넬슨 만델라는 진정한 용기는 두려움이 없는 것이 아니라, 두려움을 마주하고 나아가는 것이라고 말했다. 만약 이러한 두려움을 외면했다면, 나는 평생 컴퓨터 앞에서 그리고 물 앞에서 움츠러들며 살았을 것이다. 반면, 두려움을 마주하고 그것과 싸워 이겨낸 순간, 전혀 다른 차원의 새로운 세계가 열린다는 사실을 깨달았다. 두려움을 넘어섰을 때 찾아오는 자유와 한 단계 더 성장했다는 기쁨은 그 어떤 보상과도 비교할 수 없었다. 이제 나는 무언가를 시도할 때, 그 일이 두렵다면 그것이야말로 내가 직면해 봐야 할 과제라고 믿는다.

4) 주말만을 이용한 전국 일주하기

대학 시절, 나주에 홀로 계신 엄마를 떠올리며 나는 늘 마음이 무거웠다. 그런 내가 졸업 후, 가장 먼저 든 생각은 그동안 외롭고 힘들게 나를 기다렸을 엄마를 행복하게 해드리고 싶다는 것이었다. 엄마는 지적 장애로 인해 가까운 동네를 제외하고는 평생 혼자 먼 곳을 나가본 적이 없었다. 여수에 살던 시절, 초등학교는 걸어서 다닐 수 있는 거리였지만, 중학교는 버스를 타야만 다닐 수 있는 위치에 있었다. 그때 처음으로 버스를 타기 시작한 나는, 엄마에게 버스를 타야만 갈 수 있었던 시장 구경을 시켜드리며 작은 기쁨을 선물했다.

명절이 지나면 용돈을 모아 엄마와 시장 구경을 갈 수 있었다. 시장의 풍경 속에서 엄마와 함께 마주 앉아 사 먹은 김밥은 아직도 내게 소중한 추억으로 남아 있다. 시장의 잡다한 물건과 음식, 다양한 광경 등 시장의 구석구석을 모두 돌아다니며 엄마에게 보여주었다. 이렇게 나와 함께 장 구경을 하는 날을 엄마는 가장 행복해하셨다. 그때 당시 시장은 엄마에게 가장 흥미로운 장소였고, 나와의 소소한 나들이가 가장 큰 즐거움이었을 것이다.

그때부터 나는 엄마를 위해 조금 더 먼 곳으로, 조금 더 새로운 풍경을 보여주고 싶다는 작은 소망을 품었다. 졸업 후, 그런 엄마를 위해 주말마다 자주 소풍 여행을 계획했다. 특히, 인근 지역에서 엄마가 가장 좋아하는 꽃이 만발한 곳이라면 빠짐없이 다녀왔다. 베어트리파크와 피나클랜드, 형형색색의 태안 튤립 축제, 세계꽃식물원, 올림픽공원 장미축제, 청주동물원과 에버랜드 등. 그리고 한강 유람선을 타며 특별한 추억을 남겼던 기억도 난다. 제주도와 일본 온천 여행에서는 비행기를 처음 타 본 엄마의 아이처럼 신난 모습이 아직도 생생하다.

엄마와의 소중한 시간을 보내면서 나 역시 여행을 더욱 사랑하게 되었다. 엄마에게 세상을 보여주고 싶어 시작된 소풍이 계기가 되어, 전국 방방곡곡을 모두 직접 가보고 싶다는 목표가 생겼다. 여건상 직장을 그만두고 여행만을 할 수는 없었기에, 가능한 선에서 내가 할 수 있는 현실적인 방법을 찾았다. 그렇게 나는 '주말만을 이용한 전국 일주'를 목표로 매주 여행을 다니기 시작했다.

나는 무언가를 할 때 순서를 중시하는 사람이다. 책을 읽을 때도, 어떤 책에서는 중요 챕터나 궁금한 챕터를 먼저 읽으라고 권하기도 하고, 어떤 책에서는 건너뛰지 말고 처음부터 차근히 읽어야 한다고 말하지만, 나는 성격상 건너뛰지 못하고 처음부터 차례로 읽어야만 한다. 여행에서도 마찬가지였다. 주변에서 해외여행을 다녀왔다고 할 때면 나도 당장 해외에 가고 싶다는 유혹이 들기도 했지만, 국내의 아름다운 풍경을 충분히 느낀 후 가까운 해외부터 차례로 넓혀

가겠다는 나만의 원칙을 계속 지켜나갔다. 국내를 충분히 느끼지 않은 채 해외로 먼저 떠나버리면, 나중에 국내 여행의 감동을 온전히 느끼지 못할 것 같았기 때문이다. 나는 모든 순간을 온전히, 그리고 최고로 느끼고 싶었다.

그렇게 약 4년간 나는 특별한 일이 없는 한, 주말마다 여행을 떠났다. 초반 2년간은 거의 매주 여행을 다녔고, 이후는 여건이 되는 대로 자주 떠났다. 따로 한 달에 1~2번 엄마와의 소풍 일정과 여름휴가도 잊지 않았다. 여행을 다니는 동안 나는 매일매일을 셀렘 속에서 행복할 수 있었다. 주중은 여행을 계획하고 주말을 기다리며 더욱 설렜고, 주말은 직접 여행하며 새로운 경험과 풍경에 설렜다. 매주 여행을 다니려면 비용이 가장 고민이었다. 그래서 엄마와 함께하는 여행을 제외한, 나 혼자 하는 여행은 모두 대중교통을 이용했고 잠은 저렴한 게스트하우스나 찜질방에서 해결했다. 비용을 최소화하며 그 지역의 명소를 걷고, 꼭 먹어봐야 할 음식들을 맛보며 최대한 많은 경험과 많은 곳을 여행하는 것에 집중했다. 그리고 또 하나의 작은 기쁨은 여행지의 특산품을 엄마와 병원 동료들에게 나누는 일이었다. 통영에 가면 오미사꿀빵, 영주에 가면 정도너츠, 경주에 가면 경주빵 등을 항상 잊지 않고 집으로 사 오곤 했다.

4년간의 주말여행으로 어느 정도 국내의 가고 싶었던 여행지는 거의 다녔다고 생각될 무렵, 가까운 해외인 일본 여행부터 떠났고, 이후 조금씩 여행의 범위를 넓혀갈 수 있었다.

비록 호화로운 여행은 아니었지만, 내게 중요한 건 화려한 여정이 아니라, 그곳에서 얻는 경험과 배움이었다. 여행은 내게 많은 것을 가르쳐 주었다. 철저히 계획을 세우고 떠났음에도 모든 일이 계획대로 흘러가지는 않았다. 예상치 못한 상황 속에서 나는 순간을 마주하는 법을 배웠다. 다양한 변수를 받아들이고 유연하게 대처하며 여행 속에서 나 자신을 더욱 성장시켜 나갔다. 살면서 우리의 인생 또한 모든 것이 계획대로 흘러가진 않겠지만, 그 순간을 어떻게 받아들이고 어떻게 행동하느냐에 따라 전혀 다른 결과를 만들어낼 수 있다는 사실을 깨닫게 된다.

그 시절의 나는 쉼 없이 움직이며 여행지를 걷고, 보고, 느끼고, 배우는 데 집중했다. 하지만 지금의 나는 여행의 방식이 조금 바뀌었다. 이제는 여행을 떠나도 주로 여유를 즐기고, 쉼 속에서 나를 돌아보는 시간을 더 선호한다. 꿈과 목표에 집중하며 바쁜 삶을 사는 지금, 여행은 엄마와의 휴식을 위한 일정만을 간혹 다녀오지만, 언젠가 안정기에 접어들면 매일 여행하듯, 가슴 설레는 삶을 살고 싶다. 제주도의 전원주택에서 하루하루가 축제 같은 삶을 꿈꾼다. 여행이 더 이상 특별한 이벤트가 아니라 일상의 일부가 되는 삶.

바비큐 파티를 즐기고 캠핑카를 타고 전국 곳곳을 누비며 언제든 자유롭게 떠날 수 있는 삶. 그러다 문득 마음이 이끄는 곳이 있다면 가방을 꾸려 해외로 향할 수도 있는 삶.

여행이란 결국, 공간을 이동하는 것만이 아니라, 삶을 대하는 태도를 바꾸는 일인지도 모른다. 늘 새로운 것을 경험하려는 마음, 매 순간을 온전히 느끼려는 자세, 예기치 못한 상황에서도 길을 찾으려는 태도. 나는 그런 여행자의 마음으로, 삶이라는 여정을 끝까지 설레며 걸어가고 싶다.

5) 어린 시절 배우고 싶었던 피아노 배우기

초등학교 시절, 피아노 학원에서 친구를 기다리며 들려오던 피아노 소리는 나도 피아노를 배우고 싶다는 열망을 품게 했다. 시간이 흘러 성인이 된 나는, 버킷리스트에 하나씩 도전하면서 드디어 피아노도 배우기 시작했다. 다니게 될 피아노 학원을 검색하던 중 단순히 피아노를 배우는 것을 넘어, 자신이 연주하고 싶은 곡으로 연주회 기회를 제공하는 직장인 성인 피아노 학원을 발견했다. 특히, 봄에는 공원에 그랜드 피아노를 설치해 피아노 버스킹을 하고, 겨울에는 실내 연주회를 열어 인생에서 잊지 못할 특별한 경험을 제공한다는 사실이 마음을 두근거리게 했다. 이런 새로운 경험을 할 수 있다는 사실에 설레며 망설임 없이 학원에 등록했다.

학원 등록 후, 한 달 뒤에 있을 길거리 피아노 버스킹은 곧바로 나의 목표가 되었다. 피아노를 한 번도 배워 본 적 없는 상태에서 피아노를 배워 가며 곡을 완성해 나가는 과정은 쉽지 않았지만, 나는 피아노 선생님께 버스킹에 꼭 참여하고 싶다고 말했다. 버스킹까지 곡을 완성할 방법은 단 하나였다. 나는 '최대한 많은 시간을 연습하자.'라고 다짐하며 시간을 만들어내기 시작했다. 평소보다 한 시간 일찍 일어나 출근 전 1시간, 점심시간 30분, 퇴근 후 3시간, 그리고 주말엔 학원 연습실에 온종일 앉아 몇 시간이고 연습에 몰입했다. 엉덩이를 의자에 붙이고 끝까지 해내겠다는 각오로, 나는 매일 악보와 씨름했다. 악보를 읽을 줄도 모르던 내가 떠듬떠듬 시작했지만, 포기하지 않았다.

특히, 가장 어려운 구간에서는 아무리 반복해도 손가락이 따라오지 않을 때가 많았다. 오늘도 안 되고 내일도 안 되는 연습이 이어졌지만, 그 노력이 쌓이고 쌓여 어느 날 마침내 가능해졌을 때의 성취감은 이루 말할 수 없었다. 버스킹에 꼭 참가하고 싶다는 목표가 있었기에, 안 되던 구간에서도 포기하지 않고 끝까지 곡을 만들어 갈 수 있었다. 학원 선생님은 나중에야 내게 이렇게 말씀하셨다.

"은경 씨, 그때 화장실도 안 가고 싶었어요? 은경 씨 하루, 온종일 연습하던 날 사무실에 있었는데, 몇 시간 동안 화장실 한 번을 안 가고 떠듬떠듬 안 되는 구간 연습하는 거 보고 감동했어요."

그 말을 듣고 내가 얼마나 몰입했는지 실감할 수 있었고 그 노력의 가치를 다시금 깨달았다.

결국, 그토록 안 되던 구간도 극복해 냈고 나는 한 곡을 완성해 냈다. 그리고 마침내 봄날의 길거리 피아노 버스킹 무대에 섰다. 사람들의 박수 소리가 멈추고 의자에 앉아 악보를 보자, 악보가 눈에 들어오지 않았다. 연습실에서 평소 연습하던 피아노가 아닌 낯선 피아노, 그리고 주변을 둘러싼 사람들의 시선이 더욱 긴장을 불러왔다. 청심환을 먹고 무대에 섰지만, 떨리는 마음은 쉽게 가라앉지 않았다. 선뜻 시작하지 못하고 봄날의 바람에 악보가 날아가지는 않을까, 몇 번이고 악보를 매만지며 마음을 다잡았다. 그렇게 조심스럽게 첫 음을 내기 시작했다. 어느 순간 눈이 악보를 놓쳤지만, 손은 자동으로 움직이고 있었다. 시험을 볼 때는 몇 문제를 풀다 보면 긴장이 풀렸지만, 피아노 연주회는 처음부터 끝까지 온 신경이 곤두섰고 그 긴장이 마지막까지 이어졌다. 손가락이 어떻게 움직였는지조차 기억나지 않았지만, 연주가 다 끝나고 인기 투표에 내 연주에 감동했다며 투표한 학원생도 있었다. 그날 이후, 내 연주 장면이 학원 현수막의 사진으로 걸렸고 학원 블로그의 메인 화면으로도 장식되었다. 첫 버스킹을 시작으로, 나는 1년에 두 번 열리는 정기 연주회와 각종 미니 콘서트에도 꾸준히 참가하며 피아노 학원에 다니는 3년 동안 잊지 못할 소중한 추억들을 남겼다.

어린 시절 쳐보고 싶었던 피아노를 성인이 되어 악보조차 볼 줄 모르던 내가, 하나하나 기초부터 시작해 버스킹 무대에 오르기까지의 과정은 늦은 시작이 불가능을 의미하지 않는다는 사실을 보여줬다. 피아노를 배우는 그 여정에서 내가 배운 것은 단순한 연주 기술만이 아니었다. 그것은 끈기와 몰입, 그리고 한계를 넘어설 수 있다는 믿음이었다. 지금 돌아보면, 이는 꿈을 이루는 방법을 내 안에 쌓은 것임을 깨닫는다. 도전은 늘 쉬운 길이 아니었지만, 그 과정에서의 성장은 무엇과도 바꿀 수 없는 값진 가치였다.

그 후로도 나의 도전은 계속되었다. 여전히 나는 새로운 목표를 세우고 그 목표들을 하나씩 이루어 가며 나의 꿈을 만들어 나가고 있다. 도전은 단순히 무엇을 성취하는 과정이 아니라, 그 안에서 나 자신을 발견하고 끊임없이 나아가는 길이라는 것을 깨닫게 된다.

6) 공무원 시험 도전

고등학생 때부터 가정을 책임지는 가장으로서, 나는 매 순간 선택과 도전 속에서 살아왔다. 특히, 병원 근무와 공부를 병행하며 공무원 시험에 도전했던 경험은 내 인생에서 가장 치열했던 시간 중 하나였다.

물리치료사가 공무원이 되고자 할 때, 의료 기술직이나 보건직 공무원 시험에 응시할 수 있다. 의료 기술직은 생물, 공중보건, 의료 법규 이렇게 3과목만 준비하면 되기에 상대적으로 준비는 수월할 수 있지만, 몇 년간 채용 인원이 단 한 명도 없었다. 그런 상태에서 무턱대고 준비를 시작하기는 어려운 일이었다. 반면 보건직은 국어, 영어, 한국사, 공중보건, 보건 행정 이렇게 5과목을 준비해야 하기에 준비는 힘들 수 있지만, 적은 인원이라도 매년 2~3명씩의 채용은 있는 직렬이었다. 나는 현실적인 가능성을 고려해 보건직 시험을 준비하기로 하고 1년간의 계획을 세워 공부를 시작했다.

그런데 예상치 못하게 당해 연도 의료 기술직 채용 인원이 2명이 나와 있었다. 거의 10년 만에 처음 있는 일이라고 했다. '3과목이라면 두 달간 몰입하면 가능성이 있지 않을까?' 합격만 한다면 보건직 준비 1년을 기다릴 필요 없이 바로 2달 만에 공무원이 될 수 있었다. 잠깐의 망설임 끝에 나는 의료 기술직까지 도전하기로 결심했다.

두 직렬의 시험 과목이 전혀 달랐기 때문에 그날부터 나는 의료 기술직 준비를 위해 새로 인터넷 강의를 결제하고 교재도 새로 준비했다. 의료 기술직 특성상 해마다 뽑는 인원이 없거나 있다고 해도 1~2명이 전부기 때문에, 그동안 장기적으로 준비해 온 공시생들이 많이 쌓여 있다. 그런 모든 불리한 상황에만 집중한다면 시작은 더욱 어려울 수밖에 없다. 그래서 나는 어떻게 하면 내가 합격할 수 있을지만을 생각했다. 직장을 병행하며 두 달 만에 시험 준비를 끝내야 했기에, 잠을 줄이는 것 외에는 방법이 없었다.

매일 새벽 4시에 일어나 눈 뜨자마자 공부를 시작했고 출근 준비 중에도, 병원 쉬는 시간에도, 출퇴근 길 운전 중에도, 밥 먹는 중에도, 심지어 잠자리에 들어서도 모두 인터넷 강의를 2배속으로 틀어 놓았다. 퇴근 후에는 곧바로 책상에 앉아 새벽까지 공부를 이어 갔다. 어떤 날은 피곤해 병원에서 돌아오자마자 잠들기도 했지만, 그런 날은 어김없이 새벽 1시에 일어나 계획한 진도를 나가기 위해 다시 책을 펼쳤다.

그렇게 두 달간 치열하게 준비한 끝에 기적처럼 나는 필기시험에 합격이라는 결과를 얻었다. 하지만 최종 선발 인원은 단 2명, 필기 합격자는 4명이었다. 공무원 면접 특성상 면접을 본다고 해도 면접 결과는 '우수, 보통, 미흡' 중에서 '보통'을 받게 되고 그러면 결국 필기시험 성적순으로 합격이 결정된다. 필기시험 성적을 뒤집을 수 있는 유일한 방법은 면접관 3명 모두에게 '우수' 평가를 받아 재면접이라는 과정을 거친 뒤, 재면접에서도 똑같이 새로운 면접관 3명에게 모두 '우수'를 받아야 가능한 일이었다. 3명의 면접관 중 단 한 명이라도 '보통'을 주게 되면, 전체 평점은 '보통'이 되는 방식이었다.

이는 전례가 없는 일로 거의 불가능에 가까웠지만, '내가 그 역사를 만들면 된다.'라는 마음으로 그날부터 바로 면접 준비에 돌입했다.

서울에 있는 스피치 학원에 등록해 주말마다 서울을 오가며 말하는 방법과 태도 등 면접 기술들을 배웠다. 또한, 선정 도서 독후감 발표 및 책 예상 질문, 공무원 행동강령, 전공 지식, 인성 질문, 시사 상식, 지역 뉴스 등 모든 방면으로 철저히 준비했다. 핸드폰으로 모든 면접 예상 질문에 대한 나의 답변을 녹음해 억양과 속도를 분석하고, 거울 앞에서 표정을 연습하며 모든 노력을 쏟아부었다. 그리고 실전 감각을 키우기 위해 5~6명의 면접 스터디에 참여해 매주 피드백을 주고받으며 연습을 거듭했다.

"중요한 순간에 당황하지 않고 여유를 부릴 수 있는 것은 준비된 자만이 누릴 수 있는 기쁨입니다. 저는 가능한 한 준비된 자가 되기 위해 노력해 왔습니다. 저의 부지런함이 항상 저를 준비시켰고, 저의 의지력이 모든 것을 하게 만들었습니다."로 시작하는 자기소개를 이어가기 시작하자, 면접관님들의 얼굴에 따뜻한 미소가 번지기 시작했다. 차분하게 면접의 모든 질문에 답변을 마치며 면접을 잘 치렀다는 것을 직감으로도 알 수 있었다. 나는 평소 긴장을 많이 하는 편이었지만, "자신감은 준비에서 나온다."라는 말처럼, 내가 할 수 있는 최선을 다해 철저히 준비한 덕분에 자연스럽게 자신감이 생겼고 그만큼 여유롭게 면접에 임할 수 있었다.

결국 나는 면접관 3명 모두에게 '우수' 평가를 받았는지 재면접의 기회까지 생겼지만, 결국 필기 성적순의 벽을 넘지 못하고 필기 성적 1, 2등만이 나란히 합격하게 되었다. 정말 다 합격했다고 생각했던 그날의 충격은 너무 커서 하루는 마음의 몸살을 앓아야 했지만, 이후 바로 마음을 다잡았다. 본래 1년을 계획하고 보건직 시험을 준비하려던 상황에서 나는 오히려 당해 연도 의료 기술직 시험까지 도전해 짧은 시간 필기와 2회의 면접이라는 소중한 기회까지 얻어낸 것이었다. 이는 그 자체로 엄청난 성과이자 소중한 경험이었다고 생각하자, 다시 원래 준비하려던 보건직 시험 준비를 이어갈 힘이 생겼다. 의료 기술직 시험의 최종 단계까지 진행되며 이미 5개월의 시간이 지체된 나는, 이제 1년이 아닌 단 8개월 만의 시간이 남아 있었고 이 기간 안에 5과목을 새로 준비해야 했다.

국어, 영어, 한국사의 공부할 양이 방대하여 병원 근무와 시험 공부를 병행하기에 어려움이 많았다. 하지만 이 모든 것 중에 나를 가장 힘들게 했던 순간은 벚꽃이 만개한 어느 봄날의 일이었다. 봄이 되면 나는 매년 엄마와 함께 꽃구경을 갔다. 엄마는 텔레비전에서 꽃이 많이 핀 풍경을 보고 흥분해서, 공부하고 있던 내 방으로 찾아왔다. "은경~ 꽃 많이 피었어~ 꽃구경하러 가자."라며 아이처럼 내 다리를 마구 흔들면서 참지 못할 애교를 부려 왔다. "엄마~ 지금은 꽃구경 못 가~ 대신 시험 끝나면 우리 더 좋은데 놀러 가자~ 응?" 이렇게 말하며 엄마를 다시 방으로 돌려보내야 했다. 그리고 마음속으로 더욱 뜨겁게 다짐했다. 반드시 한 번에 합격해 엄마와 마음껏 시간을 보내겠다고.

특히, 시험이 임박한 마지막 한두 주는 많은 양을 잊어버리지 않기 위해 더욱 노력해야 했고 속도를 올려야 하는 시기였기에 어려움이 더 많았다. 한계에 달해 시험을 포기하고 싶은 순간도 있었지만, 그때마다 "이은경, 여기서 멈추면 아무것도 아닌 거야, 여기서 절대 멈출 순 없어." 이렇게 마음을 다잡고 공부를 이어 나갔다. 마침내 나는 또 한 번의 필기시험에 합격했고 면접은 이전 경험 덕분에 자신 있게 준비할 수 있었다. 그리고 최종 합격의 순간, 엄마에게 달려가 "엄마! 나 합격했어!"라고 말하며 감격의 순간을 함께했다. 엄마는 공무원이 정확히 무엇인지는 몰랐지만, 내가 그토록 준비하던 시험에 최종까지 합격했다는 사실만으로 함께 기뻐해 주셨다. 최종 합격 바로 다음 날, 봄날 벚꽃 놀이를 함께하지 못한 것이 내내 마음이 쓰였던 나는, 그동안의 피곤함도 잊은 채 엄마와 평택 호수 공원으로 나들이를 떠났다. 엄마와 함께 오리배를 타며 갈매기에게 새우깡을 주면서 즐거워하는 엄마를 사진 속에 담으며 나 또한 깊은 행복을 느꼈다.

이 두 번의 도전은 나에게 중요한 깨달음을 주었다. 도전의 성공 여부와 상관없이, 그 과정 자체가 나를 성장시킨다는 것. 그리고 그 경험이 내 삶의 소중한 자산이 되어 앞으로의 길을 더욱 단단하게 걸어갈 힘이 된다는 것. 힘든 과정에서도 나는 포기하지 않았고 그 끝에 성취와 새로운 기회를 얻었다.

그리고 이 면접 경험은 나에게 또 다른 기회를 가져왔다. 최근, ○○공무원 학원에서 공무원 면접 강사로 활동 중인 지인에게서 전화 한 통을 받았다. 보건직 공무원 면접 강사가 필요하다는 내용이었다. '내가 할 수 있을까?'라는 고민은 잠깐도 들지 않았다. 과거의 스피치 학원, 면접 준비 경험을 떠올리며 자신 있게 수락했다. 이는 앞으로 강연가가 되고 싶은 내 꿈을 위한 하나의 연습과 엄청난 경험이 될 것임을 직감하며 좋은 기회라고 생각했다. 앞으로도 나는 새로운 도전을 두려워하지 않을 것이다. 그 과정에서 나는 더 단단해질 것이고 또 다른 기회를 만들어낼 것이다. 도전하는 한, 나의 성장은 멈추지 않는다.

7) 나의 삶 그리고 끝없는 도전

새로운 것을 배우고 그 과정을 통해 성취감을 얻는 일은 내 삶에 활력을 불어넣는 원천이었다. 수영, 볼링, 배드민턴, 겨울이면 보드 타기, 등산, 여행, 폴댄스, 헬스, 크로스핏, 피아노, 우쿨렐레, 일본어 등 '취미 부자'라는 별명을 얻을 만큼 다양한 활동을 즐겨 왔다.

이 모든 활동은 단순히 시간을 보내는 일이 아니었다. 나는 무엇을 하든 각 활동에서 크고 작은 목표를 세우고 이를 하나씩 이루어가는 과정에서 진정한 성장의 기쁨을 느꼈다. 예를 들어, 수영에서는 물 공포를 극복하고 4가지 영법을 마스터하는 것을 목표로 삼았고, 피아노에서는 곡을 완성하여 연주회에 참가하는 것을 목표로 했다. 폴댄스는 강사 자격증 취득을 목표로, 여행에서는 매주 새로운 곳을 찾아 주말만을 이용한 전국 일주를 목표로 삼았다. 공무원 시험에서는 엄마를 오래 기다리게 하고 싶지 않아 한 번에 합격하는 것을 목표로 삼았다.

이렇게 하나씩 목표를 이루어 나가며 나에 대해 더 깊이 이해할 수 있었고 작은 성공들이 하나씩 쌓이면서 더 큰 일도 해낼 수 있다는 자신감도 쌓였다. 무엇보다 이러한 경험들은 내 인생을 더욱 다채롭고 의미 있게 만들어 주었다.

최근 나는 새로운 꿈과 목표를 향해 또 한 번의 도전을 시작했다. 이전에 즐기던 취미들을 잠시 접어두고 오로지 꿈을 이루기 위한 자기 계발에만 온 마음을 집중하고 있다. 부동산 및 경제 공부, 마케팅과 블로그 운영, 매일 독서를 통한 다양한 인사이트 축적, 무인 편의점 운영, 운동 및 식단 온라인 코칭, 전자책 제작 등 다양한 영역에 도전하며 바쁜 나날을 보내왔다. 특히, 전자책 제작이라는 시도는 나를 더 큰 도전으로 이끌었고 이번엔 진짜 작가가 되자는 생각에 이렇게 책 집필까지 하고 있다. 또한, 내면의 성장을 위해 1년간 이어 온 명언 필사 활동은 내가 삶의 방향을 잃지 않도록 도와주는 든든한 나침반이 되어 주고 있다. 매일 필사하며 모아둔 명언들은 이 책을 집필하는 순간마다 내게 큰 영감을 주었다. 지금까지 쌓아 온 모든 경험과 에너지는 내가 선택한 길 위에서 강력한 추진력이 되어 주고 있다. 각 활동에서 얻은 배움은 단지 스쳐 지나간 기억으로 끝나는 것이 아니라, 오늘의 나를 이루는 중요한 일부로 내 안에 남아 있다.

내 삶은 끝없는 도전의 연속이었다. 그리고 그 과정이 바로 나의 기쁨이었고 나를 풍요롭게 하는 원천이었다. 앞으로도 나는 꿈과 목표를 위해 도전을 멈추지 않을 것이다. 어려움이 찾아오는 순간마다 나는 더욱 강인하게, '이은경~ 넌 이것보다 더한 것도 이겨냈어, 이 정도는 아무것도 아니야, 충분히 해낼 수 있어, 네가 못 할 건 아무것도 없어!'라고 생각하는 순간, 다시 모든 것을 해낼 힘과 용기가 생겼다. 내가 세운 꿈과 목표는 이제 단순한 바람이 아닌, 반드시 이루어야 할 나의 사명이 되었다.

나는 이제 나 자신을 누구보다도 강하게 믿는다. 내가 꿈꾸는 미래는 이미 내 마음속에서 선명한 현실로 자리 잡았고 그것을 이루기 위해 나아가는 과정 또한 내 삶의 가장 소중한 여정이 될 것이다.

때로는 예상치 못한 난관이 나타날 수도 있고 내 한계를 시험하는 순간들이 찾아올 수도 있다. 그러나 나는 알고 있다. 모든 도전은 나를 성장시키기 위한 과정이며 내가 포기하지 않는 한, 실패란 존재하지 않는다는 것을. 내가 가는 길이 남들보다 조금 더 험난하고 시간이 걸릴지라도, 끝내 내가 원하는 목표에 도달할 것이라는 확신이 있다. 그리고 언젠가 내가 꿈꾸던 모든 것들을 이뤄낸 순간, 나는 다시 또 새로운 목표를 세울 것이다. 왜냐하면 나의 삶은 도전 속에서 더욱 빛나는 것이고 그 과정이 곧 나 자신이기 때문이다. 끝없는 도전 속에서 나는 살아간다. 그리고 나는 오늘도, 내일도, 멈추지 않고 앞으로 나아갈 것이다.

"위대한 일을 이루기 위해 우리는 행동할 뿐 아니라 꿈꾸어야 하고, 계획할 뿐 아니라 믿어야 한다." - 아나톨 프랑스

8) 이제는 꿈을 향한 도전

이제는 진짜 나의 꿈을 향한 도전 앞에 서 있다. 지난 2년 동안의 삶 속에서 나는 내가 진정으로 추구하는 것이 무엇인지, 그리고 앞으로

나아가야 할 길이 어디인지를 명확히 알게 되었다. 그래서 그 길로 나아가기 위한 준비를 차근차근 밟아나가고 있다.

"나는 꿈을 현실로 바꾸는 꿈 코치 강연가이자, 세상의 모든 긍정과 희망을 그리고 표현하는 화가이자, 자기 계발·부자·성공학 분야의 베스트셀러 작가이자, 나만의 가치를 담은 브랜드를 구축하여 전국적·세계적으로 뻗어나가는 성공한 CEO이다."

나는 매일 포스트잇에 이렇게 적는다. 그리고 이 문장을 사진으로 찍어 핸드폰 배경 화면으로도 저장해 두었다. 매 순간 이를 보며 내 꿈을 잊지 않으려는 다짐이다. 지금 나는 이 중에서 작가가 되기 위한 도전을 시작했다. 매일 퇴근 후와 주말이면 온종일 도서관에 앉아 책을 집필하고 있다. 이 첫 책이 세상에 나올 봄을 상상하면 가슴이 벅차오른다. 그리고 이 한 권의 책으로 끝나는 것이 아닌, 앞으로 계속 책을 읽고 글을 쓰며 더욱 성장하는 삶을 살아갈 것이다.

어릴 때 가장 잘했던 미술은 지금도 배우고 싶은 마음이 간절하지만, 아직은 때가 아니라고 생각한다. 해야 할 일들이 여러 가지가 있을 때, 우선순위에 따라 일을 해 나가야 하듯, 지금 먼저 해야 할 일들에 더 집중하기 위해 조금 더 때를 기다리고 있다. 그리고 잘하는 것은 언제 시작해도 잘할 수 있다는 믿음이 있기도 했지만, 내가 가장 잘했던 것인 만큼 더욱 제대로 해내고 싶은 마음이 커서 다른 취미들과 마찬가지로 선뜻 가볍게 접근하기는 더욱 어려웠다. 경제적인 안정과 내적 여유가 충분히 갖춰졌을 때, 비로소 제대로 시작하리라 다짐했다.

새해가 되며 나는 올해 계획에 마침내 미술 공부를 포함했다. 올해 10월부터는 가볍게라도 반드시 미술에 접근해 볼 것이다. 어떤 순간에도 완벽한 때란 없다는 사실을 알면서도 너무 오랜 기간 손을 대지 않았고, 하고 싶었지만 외면해야 했던 일인만큼 더욱 완벽한 순간만을 기다려 왔단 생각이 들었다.

이제는 시작할 수 있다. 하고 싶었지만, 더욱 용기가 나지 않았던 일. 지나가는 미술 학원의 창문을 통해 내부를 살피며 발길을 멈췄던 순간들. 트라우마처럼 아직도 미술은 비용이 많이 들 거라는 막연한 생각에 더욱 여건이 갖춰지면 시작해야 한다며 외면했던 날들. 이 모든 과거를 넘어 이제는 첫걸음을 내디디려 한다. 올해 10월을 시작으로, 앞으로 세상의 모든 긍정과 희망을 그려내기 위해 잠들어 있던 내 안의 능력을 서서히 깨워 볼 계획이다.

2030년 1월 1일까지 앞으로 남은 5년 동안, 나는 나만의 브랜드를 만들어 퇴사 후 나만의 사업을 시작할 것이다. 그리고 이 브랜드를 통해 내가 그려온 꿈을 현실로 구현하며 사람들에게 긍정적인 영향을 전하고 싶다.

내 삶의 모든 도전은 나를 한 단계씩 성장하게 했다. 그 여정 속에서 깨달은 것은 꿈은 단순히 바라는 것이 아니라, 끊임없이 다가가고 스스로 만들어 가는 것이라는 사실이다. 이제는 진짜 나의 꿈을 향해 더욱 담대히 나아갈 시간이다. 어떤 장애물도, 두려움도 나를 막을 수 없다. 내가 가진 모든 열정과 노력을 쏟아부어 내가 가는 길을 환하게 밝힐 것이다. 꿈은 내가 손을 뻗은 만큼 가까워지고 내가 걸어가는 만큼 현실로 다가온다는 사실을 알았으므로. 이제, 내 안의 불꽃을 더 크게 피워 나의 꿈을 이룰 차례다.

"당신이 가진 꿈은 우연히 찾아온 것이 아니다. 그것은 당신이 이 세상에 가져오기로 결심한 것이다."- 할 엘로드

04

목표 설정의 중요성

삶은 끊임없는 선택의 갈림길 속에서 우리를 무수히 많은 고민 속에 빠뜨린다. 어떤 길을 선택하느냐에 따라 우리의 삶과 미래는 완전히 달라질 수 있다. 과거 나의 목표는 내가 하지 못했던 일들에 도전하며 삶을 풍요롭게 성장시켜 나가는 것이었다. 그리고 그동안 해보지 못한 일들을 하나씩 해 나가며 어린 시절의 욕구를 충족시키고 그 속에서 즐거움을 찾아 나가는 것이었다. 직장을 정년까지 다니며 해보고 싶은 일들을 계속 경험하며 삶을 살았을 것이다.

그러나 지금의 나는 더 큰 꿈을 품게 되었다. 이제 나의 목표는 단순히 나의 개인적인 욕구를 충족시키는 것을 넘어, 내 인생의 주인공으로서 내가 할 수 있는 방향으로 사람들에게 긍정적인 영향력을 끼치며 나만의 자유로운 세상을 구축해 나가는 것이다. 새로운 목표가 생기자, 나의 일상은 이전과는 완전히 다른 방향으로 흘러가기 시작했고 삶의 우선순위도 자연스럽게 변화했다. 그동안 즐겨 오던 취미와 활동을 모두 접어두고 모든 에너지를 내가 설정한 목표를 이루는 데 집중하고 있다. 하루하루가 단순한 반복이 아니라, 내가 하는 모든 행동은 꿈에 한 걸음 더 가까워지는 과정이 되었다.

이처럼 목표에 따라 현재 무엇을 해야 할지가 완전히 달라진다. 과거의 모든 경험 속에서도 나는 명확한 목표를 지녔었다. 목표가 있었기에 오늘 내가 무엇을 해야 할지를 알고 매일매일 실천해 나갈 수 있었다. 목표가 있었기에 그에 따른 세부 계획들을 세우고 그 계획을 위해 필요한 일들을 철저히 실행에 옮길 수 있었다.

예를 들어, 물 공포를 극복하고 4가지 영법을 마스터하겠다는 목표를 위해서는 "나는 매일 수영 강습과 연습을 빠지지 않겠다." 같은 세부 계획이 필요하다. 작가가 되겠다는 목표를 위해서도 "나는 매일 독서하고 글을 쓰겠다." 같은 세부 계획들이 뒤따른다. 또한, 내 꿈을 이뤄나가는 데 지치지 않을 체력을 만들고 유지하겠다는 목표는 "나는 매일 운동하고 건강한 음식을 섭취한다." 같은 계획으로 이어지고 어떤 운동을 어떻게 할지, 어떤 음식을 섭취하고 멀리할지와 같은 세부 계획으로 자연스럽게 연결된다. 이러한 세부 계획들은 매일매일 실천해야 할 또 하나의 작은 목표가 되고 이를 디딤돌 삼아 결국 최종 목표에 조금씩 가까워지고 있음을 깨닫게 된다.

이러한 목표 설정과 세부 계획의 실행은 나의 삶에 질서를 부여하고 나의 하루를 더욱 특별한 여정으로 이끌어준다. 목표를 설정하는 일은 단순히 결과만을 위한 것이 아니라, 그 과정을 통해 내가 어떤 사람으로 성장하고 어떤 삶을 만들어 가고 싶은지 나 자신에게 질문하는 과정이다. 목표를 이루는 동안 만나는 수많은 실패와 좌절조차도 내 삶의 중요한 일부로 받아들이며, 그 속에서 배우고 다시 일어서며 더 단단한 내가 되어가고 있다.

목표가 없다면 우리는 현재 상황에 안주하며 살아가기 쉽다. 내가 11년간 병원에서 근무하며 더 이상 성장을 멈춘 듯한 느낌을 받았을 때, 새로운 목표를 설정하자 삶이 다시 뜨겁게 움직이기 시작했다. 공무원이 된 후에도 안정을 넘어 진정한 자유와 더 큰 의미를 추구하며 또다시 새로운 목표를 세운 것이 내 삶을 더욱 풍요롭게 만들었다. 이처럼 목표 설정은 성장의 강력한 동력이 되어 준다.

목표를 이루는 과정에서 더욱 중요한 것은 끊임없는 점검과 조정이다. 한번 정한 목표는 고정된 것이 아니라, 변화하는 환경과 나의 내면에 맞춰 유연하게 수정될 수 있다. 물리치료사 국가고시를 준비할 때는 물리치료사가 되는 것을, 공무원 시험을 준비할 때는 공무원이 되는 것을 최종 목표로 삼았었지만, 시간이 지나면서 그것은 단지 하나의 과정일 뿐이라는 것을 깨달았다. 목표를 수정하고 새로운 비전을 설정하며 앞으로 나아갈 때마다, 내 삶은 한층 더 높은 곳으로 비상할 수 있었다.

목표를 설정하고 그것을 이루기 위해 노력하는 삶은 단순히 주어진 대로 삶을 살아가는 것이 아니라, 나만의 가치를 실현하고 꿈을 이루는 삶이라는 것을 확실히 알게 된다. 앞으로도 나는 내가 나아갈 방향을 잃지 않고 한 걸음씩 꿈을 향해 나아갈 것이다. 나의 목표는 나를 살아 있게 하고 내 삶에 의미를 더해 준다. 그리고 나는 내가 설정한 목표를 통해 더 큰 자유와 성취, 그리고 행복을 얻을 것이다.

지금, 이 순간, 가장 먼저 해야 할 일은 바로 나 자신이 진정 원하는 것이 무엇인지 깊이 고민하는 일이다. 그리고 그것을 향해 나아가기 위한 계획을 세우며 그 계획에 따라 하루하루를 성실히 살아가는 것이다. 매일매일을 하루처럼 이렇게 살아가다 보면, 언젠가 꿈꿔 온 모습의 나 자신과 마주하게 될 것이라 믿는다.

05

목표와 목적이 조화를 이루는 삶

흔히 목표와 목적을 혼동하곤 한다. 그러나 목적은 단순히 무엇이 되고 싶다는 목표의 개념을 넘어, 나의 삶에 나아가야 할 방향과 해야 할 이유를 명확히 제시해 주는 더 상위 개념이다. 예를 들어, 나의 목표가 화가가 되는 것이라면, 목적은 나의 그림을 통해 사람들에게 긍정과 희망을 전달하는 일이다. 나의 목표가 작가가 되는 것이라면, 목적은 나의 글을 통해 누군가의 삶에 작은 변화의 계기를 선사하는 일이다. 내 목표가 강연가가 되는 것이라면, 목적은 나의 도전과 성장의 이야기를 통해 누군가에게 "나도 할 수 있다."라는 희망을 심어 주는 일이다. 나의 목표가 CEO가 되는 것이라면, 목적은 나만의 가치로 세상에 긍정적인 영향을 미치는 브랜드를 구축하는 것이다.

목표는 쉽게 말해 뭐가 되고 싶어? 뭐 할 거야?와 같이 '무엇을(What)'에 해당하는 개념이라면, 목적은 왜 그것이 하고 싶어? 왜 그것을 해야만 해?와 같이 '왜(Why)'에 해당하는 개념이다. 목표는 삶의 과정에서 끊임없이 조정과 변화를 통해 더 확장될 수 있는 유연한 개념이지만, 그 목표를 통해 이루고자 하는 궁극적인 목적은 변하지 않는 본질적인 가치이자 삶의 방향성이 된다.

목표는 우리가 지금 당장 집중해야 할 구체적인 행동을 제시하고 이를 실행하도록 이끄는 반면, 목적은 그 목표를 통해 무엇을 이루고자 하는지, 그리고 왜 그 길을 가야 하는지를 잊지 않도록 해준다. 목표는 매일매일 한 계단씩 우리를 앞으로 나아가게 하지만, 결국 목적이 있어야 삶의 진정한 방향을 찾을 수 있다. 우리는 단순히 목표만을 추구하는 삶이 아닌, 목표와 목적이 조화롭게 함께하는 삶을 살아가야 한다. 그래야만 우리의 삶을 더 명확하고 의미 있는 방향으로 이끌 수 있다. 만약 목표만 있고 목적이 없다면, 우리는 작은 성취에 머물고 말 것이다. 반면 목적만 있고 목표가 없다면, 구체적인 행동으로 이어지지 않아 꿈을 향한 여정에 뚜렷한 진전을 이루기 어려울 것이다. 목표를 통해 행동하고 목적을 통해 삶의 가치를 실현해야 한다.

"태양을 향해 달려라. 그러면 그림자는 보이지 않을 것이다."라는 헬렌 켈러의 말처럼, 우리 삶의 태양은 바로 목적이다. 그것은 우리가 힘들고 지칠 때도 흔들리지 않도록 중심을 잡아주는 존재이다.

헬렌 켈러의 이 말은 고등학교 시절, 어둠이 짙게 깔린 나주 시골길을 홀로 걸어야만 했던 날들을 다시 떠오르게 한다. 그때 나는 아르바이트를 마치고 피곤한 몸을 이끌고도 4km를 걸어야만 집에 도착할 수 있었다. 곳곳마다 보이는 공동묘지, 내 발소리밖에 들리지 않는 적막한 어둠 속에서 두려움에 발걸음을 더욱 재촉해야만 했다. 하지만 그날만큼은 그 어둠이 전혀 무섭지 않았다. 어둠 속에서 엄마 목소리가 들려왔을 때, 엄마가 그 멀리까지 걸어 나왔다는 사실이 놀랍고, 걱정되면서도 그 순간 밀려오는 안도는 나의 공포를 한순간에 사라지게 했다.

그 순간이 바로 내겐 태양과 같은 빛과 희망이었다. 주변의 어둠은 더 이상 내게 두려움을 주지 못했다. 나를 부르는 엄마 목소리를 들으며 엄마를 향해 더욱 빠른 속도로 달려갔다. 그 빛이 있기에 나는 두려움을 딛고 앞으로 나아갈 수 있었다.

이 경험은 나에게 중요한 교훈으로 다가온다. 삶의 여정에서 어둠과 같은 순간들은 피할 수 없이 우리를 찾아온다. 실패와 두려움이 우리를 막아서기도 하지만, 그 어둠 속에서도 목적이라는 빛을 발견할 수 있다면, 우리는 앞으로 나아갈 힘과 용기를 얻는다. 어둠 속에서도 빛을 따라 걷자. 그러면 두려움은 한순간에 사라지고 당신은 더 높은 곳에서 빛나는 삶을 마주하게 될 것이다.

당신의 목표는 무엇인가? 그리고 그 목표를 통해 이루고 싶은 진정한 목적은 무엇인가? 이 질문에 대한 답을 먼저 구해 보기 바란다. 목표와 목적이 선명해질수록, 매일의 노력이 단순히 현재의 결과를 위한 것이 아니라, 더 큰 그림 중의 일부임을 깨닫게 될 것이다. 그리고 그 그림은 세상에 단 하나뿐인 당신만의 의미 있는 걸작으로 완성될 것이다.

06

꿈을 현실로 만드는
5가지 원칙

　꿈은 단순히 바라는 데서 그치지 않고 현실로 이루어질 때 비로소 의미가 있는 것이다. 목표를 세우고 이를 향해 나아가는 과정은 결코, 쉽지 않다. 하지만 그 과정이 어렵기에 더욱 가치 있고 보람찬 것이다. 단지 목표에 도달하는 것만이 전부가 아니라, 나아가는 과정 자체를 즐길 수 있다면 끊임없이 새로운 도전을 이어가며 더 나은 미래를 꿈꿀 수 있다. 나는 도전의 과정에서 실패와 두려움보다는 설렘과 성장의 순간들에 집중했다. 한 발 한 발 나아가는 동안 느꼈던 성취감과 작은 변화들은 내게 도전을 지속할 힘을 주었다.

"성공은 결과이지 목적이 아니다."라는 플로베르의 말처럼, 매일의 과정을 즐기며 최선을 다하는 삶은 결과적으로 나를 항상 내가 꿈꾸던 목적지로 데려다주었다.

돌아보면, 내가 설정했던 크고 작은 목표들은 하나도 놓치지 않고 모두 이루어졌다. 물론 내가 목표로 삼지 않았던 것은 이루지 못했을 수도 있지만, 목표로 정했던 것들은 예외 없이 현실이 되었다. 이를 통해 깨달은 것은 꿈을 현실로 만드는 데 있어 변하지 않는 나만의 다섯 가지 원칙이 존재한다는 것이다. 그것은 명확한 목표 설정, 이에 따른 철저한 계획 수립, 언제까지 꿈을 이룰지 구체적인 기한 설정, 하루하루 최선을 다하는 노력, 그리고 나를 향한 믿음이었다.

먼저, 꿈을 현실로 만들기 위해서는 명확한 목표 설정이 필요하다. 목표가 분명하지 않다면 쉽게 길을 잃고 말 것이다. 내가 국가고시를 준비할 때, 단순히 합격이 아니라 '전국 수석'이라는 구체적이고 도전적인 목표를 설정했을 때, 나의 마음가짐과 노력은 비로소 방향성을 갖게 되었다. 이처럼 명확한 목표는 단순한 바람을 구체적인 행동으로 전환하는 힘이 있다. 그래서 목표를 세울 때는 가능한 한 구체적이고 측정이 가능한 형태로 설정해야 한다. 방향이 선명할수록 더 흔들림 없이 앞으로 나아갈 수 있다.

두 번째는, 목표에 따른 현실적이고 구체적인 계획이 뒤따라야 한다. 내가 정한 목표에 어떻게 도달할 것인지 큰 목표를 작고 실행이 가능한 단계로 나누어 단계마다 명확한 행동 지침을 포함해야 한다. 나는 100일이라는 기간을 세분화하여 구체적인 공부 계획을 세웠고 매일의 학습 목표를 점검하며 필요할 때는 계획을 전면 수정했다. 하루하루의 작은 실행이 쌓여 큰 변화를 만들어낼 수 있다. 중요한 것은 실행이 가능한 계획을 세우고 이를 꾸준히 실천하며 계획의 진척 상황을 끊임없이 점검하는 것이다.

세 번째는, 목표를 언제까지 달성할 것인지 구체적인 기한을 설정하는 것이다. 이는 꿈을 이루는 원칙에서 빠져서는 안 될 매우 중요한 원칙 중 하나이다. '언젠가는 이루겠지.'란 막연한 마음으로 시작하는 목표는 시작부터 힘을 잃어버리고 만다. 반면, 명확한 기한을 설정하면 집중력을 높이고 남은 기간 내에서 더욱 효율적인 시간 관리를 가능하게 만든다. 기한이 설정되지 않은 목표는 목표로서의 의미가 없다. 기한이 없으므로 시작도 미루게 되고 결국 시작조차 하지 않아 그 목표는 성공이든 실패든 어떤 의미도 갖지 못한다. 기한이 정해져야 비로소 우리는 움직이기 시작한다. 정해진 기한 내에서 세부 계획의 진행 상황을 끊임없이 점검하며 계속 동기부여를 해야만 목표에 조금씩 가까워질 수 있다. 기한을 설정할 때는 불가능할 정도로 촉박하게 설정해서는 안 되겠지만, 너무 느슨하게 설정하는 것은 더욱 지양해야 한다. 느슨하게 기한을 설정할 경우, 그만큼 임하는 자세가 흐트러지기 쉽고 동기부여가 약해질 가능성이 더욱 크기 때문이다. 사람은 대개 여유가 주어지면 안주하려는 경향이 있으므로 자신에게 적절한 긴장감을 줄 수 있는 기한 설정이 생산성을 극대화할 수 있다.

네 번째는, 꾸준한 노력으로 매일 최선을 다하려는 자세이다. 이는 단순히 하루하루를 채우는 것을 넘어, 작은 성취를 통해 자신감을 쌓고 그 자신감이 다시 더 큰 도전을 가능하게 하는 선순환을 만든다. 누군가는 높은 정상에 서 있는 사람을 보며 그가 특별한 재능을 타고났다고 생각할지 모른다. 그러나 그 정상에 이르기까지의 과정은 무수한 땀과 인내의 세월이 존재했음을 알아야 한다. 학창 시절 달리기를 할 때면 숨이 차고 다리가 무거워 잠깐 달리는 것도 힘겹던 내가, 지금은 한 시간 동안 쉼 없이 달릴 수 있는 체력을 얻게 된 것은 재능이 아닌, 15년간 하루도 멈추지 않은 한 걸음, 바로 노력이었다. 우리가 목표를 향해 나아가는 여정은 계단을 한 계단씩 오르는 과정과 같다. 처음에는 낮고 쉬운 계단이라 해도 시간이 지나면 점점 더 높은 계단에 도전하게 되고 어느새 뒤돌아보면 내가 오른 높이에 스스로 감탄하곤 한다. 진정한 꾸준함이란, 설사 오늘 만족스럽지 못했더라도, 실수가 있었더라도 내일 다시 시작하고자 용기를 내는 것이다. 결국, 목표를 이루는 길은 하루하루의 작은 실천에서 시작된다. 시작은 작고 미약해 보일 수 있지만, 매일 쌓이는 노력은 시간이 지날수록 거대한 성과를 만들어내고 결국 꿈을 현실로 바꿔놓을 것이다.

마지막으로, 꿈을 이루는 과정에서 자기 자신에 대한 믿음은 가장 강력한 원동력이 된다. 전국 수석이라는 도전을 목표로 했던 때도, 짧은 시간 안에 공무원 합격이라는 목표를 세웠던 때도 그 모든 과정의 중심에는 '나 자신'에 대한 확고한 믿음이 존재했다. 만약 '내가 할 수 있을까?'와 같은 의심으로 시작했다면, 첫발조차 내딛지 못했을 것이다. 이는 지금도 마찬가지다. 나는 말의 힘을 믿는다. 긍정적인 말은 긍정적인 결과를 이끌어내고, 부정적인 말 역시 그대로 부정적인 결과를 초래한다. 그래서 나는 매 순간 나 자신에게 건네는 말을 의식적으로 신중하게 선택하려고 한다. '내가 할 수 있을까?'와 같은 나약한 말 대신, "이은경~ 넌 할 수 있어. 반드시 해낼 수 있어!"와 같은 긍정의 말로 나에게 힘을 실어 주고 이를 통해 앞으로 나아갈 강력한 힘을 얻는다. 어떤 도전이든 그 과정은 쉽지 않다. 하지만 내가 나를 믿고 나 자신에게 용기를 북돋아 준다면, 불가능해 보이던 목표도 점차 가능성으로 변해감을 느낄 수 있다. 이 믿음이야말로 꿈을 이루는 가장 강력한 무기이며 삶의 모든 도전을 이겨낼 나만의 원칙이다.

꿈을 현실로 만드는 이 5가지 원칙을 바탕으로, 앞으로 내가 이루어 가야 할 꿈의 여정에서도 나를 믿으며 흔들림 없이 한 계단 한 계단 끝까지 나아갈 것이다. 오늘 하루라는 한 장의 그림을 내가 원하는 대로 아름답게 채울 수 있다면, 그 하루하루가 모인 나의 인생 또한 아름다운 작품으로 완성될 것이다. 나만의 인생 작품을 위하여 내 삶이라는 도화지를 매 순간 나의 선택과 노력으로 정성껏 채워나갈 것이다.

2장. 도전

핵심 키워드 불편함 수용 · 성장의 길 · 두려움 극복 · 목표 설정

✽ 실천 확언

어떤 일이 두렵다면 그것이야말로 내가 직면해 봐야 할 과제다.

✽ 오늘부터 실천

① 새로운 무언가에 작게나마 발을 담가보기
② 실패해도 괜찮다는 문장을 하루 1번 되뇌기
③ 이루고자 하는 목표 1가지 정하기

✽ 오각형 인간 CHALLENGE 점검 (1~5점)

① 익숙한 길보다 불편한 길을 선택한다.
② 낯선 것에 대해 호기심을 느낀다.
③ 실패를 성장의 일부로 받아들인다.
④ 생각을 행동으로 곧바로 옮기는 편이다.
⑤ 두려움을 피하지 않고 도전의 가치를 믿는다.

변화를 위한 다짐 및 계획

03

[MONEY]

피해 갈 수 없는 영원한 숙제 돈

66

돈의 흐름과 가치를 배우는 것은 자본주의 사회에서

자기 삶을 주체적으로 설계하고 경제적 기반을 마련하는 데

필수적인 과정이다.

- 본문 p.126 -

돈이 많다고 해서 행복이 자동으로 따라오는 것은 아니다.

돈은 목적이 아니라 수단이며 돈을 통해

어떤 행복을 추구할 것인지가 매우 중요하다.

- 본문 p.138 -

행동하지 않는 한, 꿈은 단지 희망으로 끝나고 만다.

행동으로 이어져야만 꿈은 우리 눈앞에 아름답게 펼쳐진다.

그리고 그 꿈을 현실로 만드는 과정에서 우리는

자신을 발견하고 더욱 단단해질 수 있다.

- 본문 p.149 -

99

01

경제 공부, 선택 아닌 필수

어린 시절, 학교에서 배웠던 교과목 중에는 경제에 관한 내용이 없었다. 지금도 상황이 크게 달라지지 않았을 것이다. 그러나 나는 어린 시절부터 경제관념을 키울 수 있도록 교과 과정에 경제, 재테크, 금융에 대한 교육이 포함되기를 간절히 바란다. 사회에 첫발을 내딛는 청년들이 아무런 준비 없이 첫 월급을 받아 계획 없이 소비하거나 단순히 저축에만 의존하며 경제생활을 시작하는 현실은 변해야 한다. 돈의 흐름과 가치를 배우는 것은 자본주의 사회에서 자기 삶을 주체적으로 설계하고 경제적 기반을 마련하는 데 필수적인 과정이다. 요즘 들어 일부 부모들은 어린 자녀를 위해 주식 계좌를 개설해 주거나 용돈을 관리하며 저축 습관을 기르고 일찍부터 투자에 대해 가르치고 있는 사례가 늘고 있다. 이는 자녀가 돈의 가치를 이해하고 자산을 키우는 습관을 어릴 때부터 익히게 하려는 매우 긍정적인 변화라고 생각한다.

100세 시대를 살아가는 우리는 은퇴 이후의 삶이 점점 더 길어지고 있는 만큼, 그 긴 기간 동안 누구의 도움 없이 경제적 자립을 유지하는 능력을 갖추는 것이 필수적이다. 단순히 오래 사는 것만이 아니라, 안정적이고 풍요로운 삶을 위해서는 미리 체계적인 재정 계획을 세워야 한다. 많은 사람이 노후 준비를 소홀히 하거나 너무 늦게 시작해 은퇴 이후 경제적 어려움을 겪는 경우가 많다. 노후 대비는 너무 늦지 않게, 가능한 한 빨리 시작할수록 더욱 유리하다. 젊을 때는 나의 시간을 노동으로 교환해 수입을 얻을 수 있지만, 은퇴 이후에는 더 이상 일을 할 수 없으므로 일을 하지 않아도 매달 안정적인 현금흐름이 나올 수 있는 시스템을 미리 설계해야 한다.

하지만 단순히 저축만으로는 부족하다. 저축은 돈을 모으고 지키는 데는 유효하지만, 자산을 불려 나가는 데에는 한계가 있다. 특히, 인플레이션은 시간이 지남에 따라 저축의 가치를 감소시킨다. 따라서 일정 기간 종잣돈을 모았다면, 이를 기반으로 투자를 통해 자산을 증식해 나가는 것이 필요하다. 이때 중요한 점은 단순히 감이나 주변 사람들의 조언에 의존해서 투자해서는 안 된다는 점이다. 올바른 지식과 자금 계획이 필수적이며 이는 투자에 앞서 돈 공부가 선행되어야 한다는 의미다. 주식, 채권, 부동산, 연금 저축, 금 투자 등 다양한 투자 수단의 장단점을 이해하고 경제의 원리를 배우며 시장의 흐름을 읽는 법을 익혀야 한다. 그래야만 잃지 않는 투자를 지속해 나갈 수 있다.

워런 버핏은 이렇게 말했다. "투자의 첫 번째 원칙은 잃지 않는 것이다. 두 번째 원칙은 첫 번째 원칙을 잊지 않는 것이다." 이 말은 단순히 손실을 피하라는 의미를 넘어 리스크 관리와 신중한 의사결정의 중요성을 강조하는 말이다. 워런 버핏은 언제나 투자 대상의 가치를 깊이 분석하며 자신이 이해하는 범위 내에서만 투자한다. 이를 통해 단기적인 변동성에 흔들리지 않고 장기적인 수익을 창출하는 것이 그의 핵심 전략이다. 잃지 않는 투자를 위해서는 철저하게 감정이 아닌, 지식과 데이터에 기반한 결정을 내려야 하며 장기적인 관점에서 시장을 바라볼 줄 아는 능력을 키워야 한다. 이러한 능력을 키우기 위해 경제 공부는 필수다.

나에게 경제 공부의 본질은 단순히 경제적 자유를 이루는 데 그치지 않는다. 그것은 경제의 흐름을 읽고 변화에 유연하게 적응하며 최신 정보와 트렌드를 파악하려는 끊임없는 노력이다. 더 나아가 그 속에서 나에게 맞는 기회를 포착하고 이를 현실로 만들어 가는 능력과 내 삶을 주도적으로 설계하는 데 필요한 통찰력을 길러 주는 중요한 과정이다. 시장의 변화와 경제의 흐름을 제대로 이해하지 못하면, 투자든 사업이든 그 무엇도 성공해 내기 어렵다. 또한 경제 공부는 단순히 부자가 되기 위한 수단이 아니라, 나의 꿈을 이뤄나가기 위한 중요한 수단이기도 하다. 꿈을 이루기 위해서는 단순히 열정과 노력만으로는 부족하다. 어린 시절 내가 경제적인 여건 때문에 꿈을 포기해야 했던 것처럼, 현실에서의 목표 달성은 경제적인 기반 위에서 이루어질 수밖에 없다. 이처럼 경제와 돈 관리는 누구에게든 선택이 아닌 필수다. 올바른 경제관념을 지니고 꾸준히 공부하며 이를 삶에 적용해야만 우리는 원하는 것을 현실로 만들어 갈 수 있다.

2년 전, 나는 경제에 관한 관심을 계기로 삶을 변화시키기 위한 첫발을 내디뎠다. 돈을 대하는 태도부터 금융, 부동산, 주식, 사업, 브랜드 그리고 마케팅에 이르기까지 다양한 주제의 책을 읽으며 경제와 비즈니스에 대한 시야를 넓혀 갔다. 이와 함께 매일 주요 경제 뉴스 헤드라인을 확인하며 최신 흐름을 파악하는 습관을 들였다. 또한 매년 서울에서 열리는 재테크 박람회와 창업 박람회 등에 참석하며 최신 금융 트렌드와 투자 전략 그리고 성공적인 사업 사례를 직접 접하는 경험도 가졌다. 이러한 소중한 기회를 통해 각 분야

전문가의 현실적인 조언을 들을 수 있었고 나의 경제적 목표와 전략을 점검할 수 있는 시간이 되곤 했다. 걸을 때나 이동 중에는 경제 관련 유튜브 콘텐츠를 틈틈이 들으며 효율적으로 시간을 활용했다.

경제 공부는 단순히 지식을 얻는 데 그치지 않았다. 경제를 공부하면서 나는 사고력을 더욱 넓힐 수 있었고 더 나아가 삶의 방향까지도 변화시킬 수 있었다. 단순히 현재를 살아가는 것이 아니라, 더 나은 미래를 설계하고 준비할 수 있게 된 것이다. 또한 돈을 바라보는 관점과 투자에 대한 시선부터 이를 활용하는 방식까지, 경제 공부는 내 삶의 가능성을 더욱 확장해 주었다. 알면 알수록 그 가능성은 더 커졌고 경제에 대한 이해가 깊어질수록 나의 꿈도 함께 확장되었다. 지금 내 생각과 계획들은 앞으로 더욱 빠르게 발전할 것이다. 이는 지식과 통찰이 복리처럼 시간이 지날수록 더욱 커지는 속성을 지녔기 때문이다. 나는 여전히 매일 배우며 성장하고 있다. 경제 공부를 통해 변화한 나 자신을 돌아볼 때, 내가 계속해서 발전하고 있음을 확신한다. 경제를 배우는 과정에서 얻은 깨달음은 단순히 돈을 벌기 위한 것이 아니라, 내가 추구하는 꿈을 이루기 위한 가장 강력한 밑거름이 되었다.

나는 앞으로 나의 가치를 실현하며 더 많은 사람에게 영향을 줄 수 있는 일을 해내기 위해 여러 방면의 사업을 구상 중이다. 이를 위해서는 많은 자금이 필요하다. 내게 남은 5년이라는 시간 동안, 이 필요 자금을 더욱 효과적으로 만들고 운용하기 위해서는 단순히 돈을 모으는 데 그치지 않고, 돈이 흐르는 방향과 시장의 변화를 읽는 능력을 더욱 적극적으로 키워야만 한다. 특히, 어떤 사업이 시장성이 있는지 판단하려면 시장의 흐름과 소비자들의 니즈를 정확히 파악해야 한다. 이를 위해서도 경제 공부가 꼭 필요한 것이다. 최신 트렌드를 분석하고 소비자들이 무엇을 원하는지 끊임없이 파악하며 그 속에서 기회를 포착하고 적절히 대응해야 한다.

예를 들어, 현재 주목받는 기술이나 저출산 고령화 시대의 인구 특성 또는 지역적 특성과 맞는 사업 아이템을 찾아내는 눈을 가지는 것이 중요하다. 또한, 단순히 유행을 따라가기보다는 내가 잘할 수 있는 분야와 시장이 필요로 하는 영역의 접점을 발견하는 것이야말로 사업 구상의 핵심이다. 그래야만 일을 통해 행복을 실현할 수 있을 뿐 아니라, 타인의 필요도 충족되어 장기적 성장이 가능할 것이다. 내게 경제 공부는 바로 이 과정을 가능하게 해주는 중요한 수단이라고 할 수 있다. 올바른 경제적 판단은 자금의 효율적 운용과 성공적인 투자를 이끌며 궁극적으로는 나의 꿈과 목표에 도달할 수 있는 기반을 마련해 준다. 꿈을 위해 필요한 자금 마련뿐 아니라, 그 이후에도 이를 끊임없이 관리하고 더욱 성장시키기 위한 노력을 아끼지 않을 것이다.

2년 전부터 나는 월 30만 원의 용돈으로 생활하며 철저히 긴축 재정을 실천하기 시작했다. 이 과정을 통해 절약의 가치를 배웠고, 불필요한 소비를 줄이고 현명하게 소비하는 습관을 확립했다. 이제는 딱히 노력하지 않아도 이 습관이 완전히 자리 잡았다. 절약으로 모은 종잣돈을 기반으로 나는 조금씩 투자를 시작했다. 투자도 여러 번 시도하고 경험을 쌓아나가야만 결국 자기에게 맞는 투자와 방법을 찾아 나갈 수 있다.

투자 초기, 아직 나만의 방식이 확립되기 이전의 투자에서는 잃은 적도 많았다. 하지만 그런 시도 끝에 어떤 투자 방식이 내 성향과 맞는지, 어떤 위험을 감수할 수 있는지를 하나씩 알아나갈 수 있었다. 어떤 경우에도 마음 졸이며 불안한 투자를 해서는 안 된다는 투자에 대한 나의 철학은 두 발을 뻗고 편히 잠들 수 있는 방식으로만 투자하겠다는 다짐으로 이어졌다. 돈이 돈을 벌게 하는 시스템을 구축하여 은행 금리나 인플레이션을 이기는 수익률로 나의 자산을 운용해 나갈 것이다. 앞으로 시간이 지날수록 복리의 힘은 더욱 커져 투자의 중요성을 더욱 실감하게 될 것이다. 돈이 일하게 하고 그 수익이 새로운 도전을 위한 자원이 될 수 있다는 것을 경험하며 경제적 자립의 가능성 또한 확신하게 되었다. 나에게 투자 과정은 단순히 수익을 위한 것이 아니라, 나를 더욱 성장하게 하는 또 다른 배움의 길이었고 꿈에 한 발짝 더 나아가는 여정이었다.

이후 나는 한 가지 수입원에만 의존하지 않고 월급 외 다양한 부수입을 만들기 위한 노력을 시작했다. 꿈을 위한 경제적 기반을 다지기 위해 내가 한 도전의 1단계는 절약을 통한 저축이었고, 2단계는 더 많은 수입을 만들어내기 위한 부수입 활동이었다. 절약을 통해 모을 수 있는 돈에는 한계가 있으므로 이후는 추가로 더 벌어들여야 한다는 생각이었다. 그래서 수익형 블로그 운영 및 전자책 제작, 온라인 코칭 그리고 무인 편의점 운영까지, 다양한 수입 활동을 시도하면서 나의 시간과 자원을 효율적으로 배분하는 법까지 배우고 있다. 어떤 활동은 단기적인 수익을 목표로, 또 어떤 활동은 장기적인 성장을 염두에 두고 선택하며 경제적 안정과 꿈을 향한 여정 속에서 값진 경험과 자신감을 쌓아가고 있다.

올바른 경제관념은 내가 가진 자원을 낭비하지 않고 미래를 설계할 힘을 준다. 그렇기에 경제와 돈 공부는 선택이 아니라 필수라고 믿는다. 얼마나 많이 버느냐보다 더 중요한 것은 벌어들인 자원을 얼마나 효율적으로 관리하고 필요한 곳에 적절히 사용하는가다. 이를 위해 경제 기사를 읽고 책을 탐독하며 돈의 흐름과 나만의 관리 방법을 끊임없이 배워나가는 것이다.

만약 지금 당신도 경제와 투자에 관한 관심은 있지만 어디서부터 시작해야 할지 막막하다면, 가장 먼저 자신이 궁금한 주제를 정하고 그에 대한 책을 한 권씩 읽어보길 추천한다. 하루 10분이라도 경제 뉴스를 읽는 습관을 들이고 작은 발걸음이라도 박람회나 세미나에 참석해 보길 권한다. 이러한 작은 시도들이 쌓이고 나면, 당신의 경제적 사고는 상상 이상으로 깊어질 것이다. 무엇보다 중요한 것은 시작하는 것이다. 책을 통해 얻은 지식을 아는 것에 그친다면 단순 지식일 뿐이지만, 그 지식이 행동으로 연결될 때 지식은 지혜가 되고 그 지혜로 인해 당신의 삶은 분명 변화할 것이다.

워런 버핏은 90대의 나이에도 여전히 하루에 500페이지가 넘는 분량의 책을 읽는다. 그는 경제적 자유를 이룬 이후에도 끊임없이 공부하며 시장과 투자에 대한 통찰을 키우고 있다. 워런 버핏이 자신의 분야에서 최고의 자리를 지킬 수 있는 것은 단순한 성공의 결과가 아니라, 지속적인 배움과 탐구가 있었기에 가능한 일이다.

나 또한 앞으로도 책 읽기 및 다양한 방면으로 인사이트를 얻으려는 노력을 게을리하지 않을 것이다. 경제·경영 서적으로 시작했던 나의 책 읽기는 이제 그 범위가 넓어지기 시작했고, 요즘 알아가고 싶은 분야는 인문학이다. 그리고 지금까지 읽었던 책들을 다시 읽으며 지금의 시선에서는 그때의 책들이 어떻게 다가오는지 새로운 부분을 느껴보고 싶다. 사람들은 내게 책조차 열심히 읽는다고 말한다. 속독을 하기보다는 한 글자 한 글자 마음에 새기며 정독한다. 그리고 중요 부위에 꾹꾹 눌러 밑줄을 긋고 떠오르는 생각을 메모하기도 하며 나만의 분류법으로 구분해서 태그를 붙여놓는다. 단숨에 읽기보다 중간중간 자연스럽게 그 지점에 멈춰 생각에 잠기곤 한다. 이렇게 한 번 읽을 때 정성을 들여 읽어 놓은 책들은 확실히 오래 기억에 남는다. 읽는 삶에서 이제는 읽고 쓰는 삶으로 더욱 확장되어 가고 있다.

이제 나의 꿈은 단순한 희망 사항이 아니라, 반드시 현실로 이루어질 목표다. 그 목표를 이루기 위해 돈이라는 현실적 자원을 전략적으로 관리하고 활용하는 것이 나에겐 무엇보다 중요하다. 오늘도 나는 불필요한 소비를 통제하고 꾸준히 저축하며 그 돈을 현명하게 투자한다. 돈은 단순히 물질적 욕망을 채우는 수단이 아니라, 삶의 목표를 실현하는 중요한 자원이다. 이 자원을 얼마나 잘 활용하느냐에 따라 우리의 삶과 꿈은 완전히 달라질 수 있다. 내가 앞으로 계속 만들어 나가야 할 경제적 기반은 더 큰 도약의 발판이 될 것임을 믿는다. 그리고 그 안정적인 기반 위에서 나의 꿈을 현실로 만들어 나갈 것이다.

02

돈과 투자에 대한 인식의 전환

우리는 종종 투자에 대해 부정적인 시선을 가진 사람들을 마주한다. 일부는 투자를 단순히 위험하다고만 여기며 도박과 같은 선상에 놓기도 하고, 또 일부는 돈 이야기를 마치 금기처럼 여기며 불편해한다. 그러나 이러한 인식은 반드시 바뀌어야 한다. 돈은 우리의 삶을 움직이는 중요한 자원이며 투자와 같은 돈 관리는 우리의 미래를 더 안정적이고 풍요롭게 만드는 필수적인 방법이다. 돈을 바르게 인식하고 제대로 다루는 법을 배우지 않으면, 결국 우리는 돈에 휘둘리는 삶을 살게 될 뿐이다.

투자를 바라보는 부정적인 시선은 대부분 투자를 제대로 이해하지 못하는 데서 비롯된다. 많은 사람이 투자의 본질을 이해하지 못한 채 실패 사례나 리스크에만 주목하며 심지어 투기라고 잘못 인식하기도 한다. 하지만 투자는 단순히 큰돈을 벌기 위해 위험을 감수하는 행위가 아니라, 미래를 위한 준비이자 경제적 안정성을 구축하는 과정이다. 올바른 지식과 철저한 계획을 기반으로 한 투자는 우리의 자산을 성장시키고 그 자산이 다시 나를 위해 일하게 만드는 중요한 수단이라는 사실을 알아야 한다.

나 역시 경제 공부를 시작하기 전에는 주식이나 코인, 부동산 등 투자를 하는 사람들을 부정적으로 바라보았고 저축으로 모은 돈만이 정당하다고 여겨 왔다. 지금 와서 생각해 보면 이는 대단한 무지에서 비롯된 시각이었음을 깨닫는다. 공부하지 않고 하는 투자는 투기지만, 제대로 공부하고 계획적으로 하는 투자는 삶을 변화시키는 강력한 무기다. 경제 공부를 통해 돈을 다루는 법이 곧 꿈을 이루는 방법임을, 더 나아가 삶을 다루는 방법임을 깨달아 가고 있다.

돈에 관한 이야기를 불편해하는 인식 역시 바뀌어야 한다. 돈은 단순히 물질적 욕망을 채우기 위한 수단이 아니라, 삶의 질을 높이고 인간다운 삶을 살아가는 데 없어서는 안 될 소중한 자원이다. 돈을 이야기하는 것은 부끄럽거나 천박한 행위가 아니다. 오히려 돈에 대해 긍정적으로 이야기하고 적극적으로 배워야만 올바른 경제관념을 확립할 수 있다. 물론 돈이 있어야만 행복한 것은 아니다. 하지만 돈이 우리의 삶을 더 풍요롭게 하고 선택의 폭을 넓혀 준다는 사실은 부정할 수 없다. 경제적 여유는 단순히 물질적인 풍요를 넘어, 더 나은 교육과 건강, 다양한 경험을 선택할 수 있는 기회를 제공한다. 또한, 돈은 소중한 사람들과 더 많은 시간을 보낼 수 있는 여유를 만들어 준다. 시간과 에너지를, 생계를 위해 모두 소비하지 않아도 될 때 우리는 진정으로 더 의미 있는 일에 집중할 수 있다. 돈이 많다고 해서 행복이 자동으로 따라오는 것은 아니다. 돈은 목적이 아니라 수단이며 돈을 통해 어떤 행복을 추구할 것인지가 매우 중요하다. 돈의 중요성을 외면하는 것은 자기 자신의 가능성을 제한하는 것과 같다. 돈에 대한 긍정적인 태도와 현명한 활용은 우리의 삶을 분명 더 나은 방향으로 이끌어줄 것이다. 결국, 돈은 우리가 그 자체로 행복해지기 위한 것이 아니라, 더 큰 행복을 만들어 가는 데 필요한 수단이라는 점을 기억해야 한다.

누구나 더 많은 돈을 벌고 더 잘 살고 싶다는 바람을 가지고 있다. 더 이상 돈 이야기를 불편해하거나 투자를 두려워할 필요가 없다. 돈은 우리가 삶의 주체로 설 수 있도록 도와주는 수단이며 투자는 그 돈을 더 효율적으로 활용하는 방법이다. 그렇기에 돈과 투자에 대해 배우고 이야기하는 것은 더 나은 삶을 위한 첫걸음이다.

이를 시작하기 위해 먼저 자신의 재정 상태를 점검하고 소득과 지출을 명확히 파악해 보는 과정이 필요하다. 그런 다음 소액이라도 매달 투자할 수 있는 여력을 확보하고 다양한 투자 수단을 공부하며 지식을 쌓아가야 한다. 작은 실천에서 시작한 투자가 미래의 큰 변화로 이어질 수 있다. 돈과 투자에 대한 잘못된 인식을 바꾸고 돈에 대해 열린 마음으로 배우기 시작할 때, 우리는 진정한 경제적 자립을 이루고 더 나아가 꿈을 현실로 만드는 여정을 시작할 수 있다. 돈 이야기는 부끄러운 것이 아니라, 삶을 계획하고 준비하는 데 필수적인 대화이다. 투자는 위험한 것이 아니라, 준비된 사람에게는 오히려 기회가 된다. 이제는 우리가 이런 인식을 바꾸고 돈과 투자를 삶의 필수적인 일부로 받아들여야만 한다. 경제적 자유와 꿈을 향한 길은 바로 여기서부터 시작된다.

투자에 대한 두려움과 무지는 우리를 기회의 문 앞에서 주저하게 만들고 그 문이 닫힌 뒤에야 후회를 남기게 한다. 준비된 사람만이 기회를 잡을 수 있다. 당신에게 기회가 찾아왔을 때, 그것을 붙잡을 준비가 되어 있는가? 아니면 눈앞의 기회가 기회인지조차 알아차리지 못한 채 흘려보낼 것인가? 선택은 각자의 몫이지만, 더 나은 삶을 위한 길은 분명 존재한다. 이를 알고 재빨리 준비에 나선 사람들은 이미 자신의 꿈을 실현하며 원하는 삶을 살아가고 있다.

당신의 꿈은 무엇인가? 그 꿈을 위해 필요한 자원은 무엇이며 그것을 준비하기 위해 당신은 지금 어떤 노력을 하고 있는가? 변화는 준비된 자에게만 찾아온다. 이제는 돈과 투자를 통해 자기 삶을 설계하고 그것을 이루기 위한 도전을 시작할 때다. 그 길의 끝에서 당신은 지금과는 전혀 다른 세상을 만날 수 있을 것이다.

03

소비 습관을 바꿔야 돈이 모인다.

가난 속에서 어린 시절을 보낸 나는, 막연히 언젠가 더 나은 삶을 살 수 있으리라고는 생각했지만, 평범한 사람도 부자가 될 수 있으리라는 가능성까지는 상상하지 못했다. 내가 현실적으로 벌고 저축할 수 있는 금액의 한계를 넘어서, 경제적 자유를 이루고 꿈을 실현할 수 있을 정도의 큰 자산을 만들 수 있으리라는 상상은 하지 못했던 것이다. 하지만 지금의 나는 믿는다. "큰 부자는 하늘이 내리지만, 작은 부자는 스스로 만든다."라는 이 말을.

그 계기는 2년 전, 한 권의 책에서 시작되었다. 송 사무장님의 『엑시트』라는 책이었다. 이 책은 단순한 성공담을 넘어, 평범한 사람이 어떻게 철저한 절약과 계획을 통해 목표를 이룰 수 있는지를 생생하게 보여줬다. 저자는 나이트클럽에서 아르바이트하며 급여 대부분을 저축하고 무대 뒤 대기 중에도 경제 뉴스를 읽으며 시간을 활용했다. 그렇게 모은 돈을 바탕으로 경매라는 투자 기술을 통해 부를 쌓았고 단 3년 만에 경제적 자유를 얻었다. 그 치열한 여정을 읽으며 나도 3년이라는 시간을 혹독하게 보내면 경제적 자유로 가는 길이 가능하겠다는 희망이 생겼다. 이 전에도 나는 성공한 사람들의 책을 많이 읽어 왔지만, 그렇게 마음에 와닿지는 않았다. 하지만 『엑시트』라는 책은 나를 곧바로 실행으로 이끌었다. 다른 책들을 읽고는 나와 여건이 다른 사람들 얘기라며 선뜻 움직이지 않았던 내가, 이때부터 3년의 혹독한 과정을 겪어 보자고 결심한 것이다. 그리고 철저히 첫 투자를 위한 돈을 모으고 경제에 관심을 가지며 알아가기 시작했다. 그렇게 나의 경제적 여정은 시작됐다.

그날의 결심과 함께, 나는 철저한 긴축재정을 시작했다. 월급날이 되면 가장 먼저 포인트 환급률이 높고 소득공제를 많이 해주는 지역화폐 카드에 한 달 용돈 30만 원을 입금하고 보험료 등 고정 지출을 처리한 뒤, 나머지 모든 돈은 저축했다. 연말정산 환급액, 성과 상여금, 명절 보너스, 정근수당처럼 월급 외 추가로 들어오는 모든 돈도 예외 없이 그대로 저축했다. 월 30만 원으로 용돈을 제한하며 소비 습관도 하나씩 바꿔 나갔다. 처음엔 쉽지 않았다. 이전에는 여행을 다니고 취미를 즐기며 적지 않은 돈을 썼지만, 이제는 모든 활동을 줄이고 불필요한 모임도 나가지 않는 등 내가 정한 용돈 범위 내에서 소비 습관을 재구축했다. 한두 달은 예산을 초과하는 일이 생겼지만, 2~3개월이 지나자 점점 익숙해지기 시작했다. 그리고 꿈을 향한 열정이 더욱 커질수록 오히려 돈을 소비할 시간과 필요성은 점점 더 줄어들었다.

그러나 긴축재정 중에도 자기 계발을 위한 지출만큼은 아끼지 않았다. 이것은 단순한 소비가 아니라, 나에 대한 투자임과 동시에 더 많은 기회를 얻고 미래를 설계하기 위한 수단이라 여겼기 때문이다. 2년 동안 나를 위한 대부분의 지출은 책을 사고 강의를 듣는 것이었다. 연차의 대부분도 책을 읽거나 재테크 박람회, 창업 박람회, 교육에 참석하는 데 사용했다.

송 사무장님처럼 3년을 꼬박 저축으로 모은다면 고정 지출 및 생활비 등을 제외하고 3년 동안 1억을 모을 수 있었다. 그러나 3년을 내내 저축만을 할 수는 없다고 생각되어 투자를 위한 초기 자금을 위해 6개월 단위의 저축을 들었고 이 기간 나는 철저히 용돈 30만 원에 맞는 생활을 위해 노력했다. 이는 또 하나의 도전이었다.

저축으로 강제성을 부여하지 않으면 어떤 달은 넣지 않을 수 있고, 또 어떤 달은 돈을 더 많이 지출해 남는 돈이 거의 없을 수 있으므로 금리를 무시하고라도 6개월 동안은 저축을 활용했다. 그렇게 모인 돈으로 소액씩 분산해 여러 개의 주식을 매수해 뒀다. 그리고 이후에는 주식을 적금처럼 활용해 매달 일정 금액을 주식 계좌에 입금하고 투자했다. 적은 금액이라도 매달 꾸준히 쌓아가며 자산을 조금씩 키워나가기 시작했다.

소비 습관이 완전히 자리 잡은 지금, 저축으로 강제성을 부여하지 않아도 고정 지출을 처리하고 남는 돈은 모두 일정하게 적금처럼 투자할 수 있게 되었다. 이제는 30만 원의 용돈으로도 돈이 남는 상태에 이르렀다. 용돈의 범위를 좁히는 것이 처음엔 불편했지만, 이젠 너무 자연스러워졌다. 몇 개월에 한 번씩 꼭 살 수밖에 없는 화장품이나, 갑작스럽게 발생하는 병원비 등은 정기적으로 들어가는 용돈의 범위가 아니기 때문에 별도의 예비비를 사용한다. 외식이나 쇼핑 등 불필요한 지출을 하지 않는 대신, 책을 통해 배움을 얻고 경제 뉴스와 유튜브 경제 콘텐츠를 들으며 더 큰 그림을 그리고 있다. 긴축재정을 통해 나는 단순히 돈을 아끼는 법을 배운 것이 아니라, 돈을 다루는 나의 철학과 우선순위를 확립할 수 있었다.

사회생활을 시작하고 돈을 지출하기 시작하면서 나의 가치에 부합하는 곳에 소비하는 돈은 돈의 액수를 떠나 전혀 아깝지 않았다. 반면, 나의 가치에 부합하지 않는 곳에 소비하는 돈은 아무리 적은 액수라도 아깝게 느껴졌다. 예를 들어, 여행을 다니고 학원에서 배우며 취미 생활로 삶을 풍요롭게 하는 등 나의 가치가 닿는 곳의 소비는 몇백만 원이 훌쩍 넘는 금액도 기꺼이 지출했다. 하지만 과자를 사 먹는다거나 유료 주차장의 주차비와 같이 단돈 몇천 원이지만 쓸데없는 소비라고 생각되는 지출은 아깝게 느껴졌다.

지금껏 명품 한 번 사보지 않았고 겨울 외투나 가방, 신발 같은 브랜드를 제외한, 안에 입는 간단한 옷들은 전부 2~3만 원대의 옷을 구매해 왔다. 체형의 변화도 크지 않았기 때문에 10년 전 입었던 옷들도 지금까지 그대로 입고 있어, 긴축재정에 들어가고 난 이후 2년 동안 옷을 사본 기억이 거의 없을 정도다. 평소 집에 오면 옷을 옷걸이에 바로 걸어두며 옷 관리를 잘하는 편이라, 10년 전 구매한 옷들도 여전히 입을 만하다.

어떤 지인들은 내가 한 달 용돈으로 30만 원만 쓰고도 생활이 가능하다는 사실에 놀라곤 한다. 그들은 1주일에 30만 원도 넘게 쓴다며 의아해하지만, 내 생활 패턴을 보면 그리 어려운 일도 아니다. 하루에 회사 식당에서 먹는 점심 식권 4,000원을 제외하면 일주일 내내 돈 쓸 일이 거의 없다. 식후 커피도 마시지 않기 때문에 추가

지출이 없고, 이 시간에 나는 언제나 걸으며 힐링하는 시간을 갖는다. 아침과 저녁 식사는 직접 싸 온 간식(사과, 바나나, 고구마, 견과류, 달걀 등)을 먹거나 퇴근 후 집에 가서 먹는다. 결국, 평일 동안 식권 외에 별다른 소비가 없는 것이다.

유일한 정기 지출이라면 머리 뿌리염색 정도인데, 이는 2~3개월에 한 번씩 해줘야 한다. 하지만 이마저도 지역화폐 카드를 사용하면 큰 지출 없이 가능하다. 이 카드는 8%의 적립금이 쌓이는데, 이 적립금을 그때그때 사용하지 않으면 두세 달 후에 뿌리염색 비용으로 활용할 수 있다.

사실 긴축재정을 결심하기 전에도 내 소비 패턴의 대부분은 쇼핑처럼 단순 소비성 지출보다는 여행이나 취미 활동, 자기 계발을 위한 지출이 대부분이었다. 하지만 꿈을 향해 나아가면서 책과 경제 공부에 더 많은 관심을 기울이게 되었고 자연스럽게 여행과 취미 활동도 예전만큼 하지 않게 되었다. 그 결과, 30만 원의 용돈으로도 충분히 생활할 수 있게 된 것이다. 외식도 일종의 중독이라 건강한 음식에 익숙해지면 자극적인 음식이 오히려 거부감이 든다. 요즘은 집에서 먹는 건강한 음식이 가장 맛있을 뿐 아니라, 외식 약속이 잡히면 오히려 꺼려지기까지 한다.

이는 단순히 30만 원에 맞는 생활을 위해 억지로 절제하며 참는 것이 아니다. 오히려 이제는 소비 자체의 필요성을 거의 느끼지 못한다. 하지만 책만큼은 예외다. 읽고 있는 책을 다 읽으면 언제나 다음 책을 바로 구매한다. 이 과정 중에도 내가 아끼지 않는 유일한 지출이다.

『엑시트』 책을 읽고 처음 시작은 단순했다. 경제적 자유를 이루는 것, 그게 나의 목표였다. 하지만 이 여정 속에서 나는 단순히 자산을 형성하는 일이 아닌, 더 많은 것을 알아나갈 수 있었다. 계속 책을 읽고 다양한 방면으로 인사이트를 축적하며 나 자신을 더욱 깊이 이해하게 되었고 진정으로 내가 추구하는 삶이 무엇인지, 앞으로 내가 나아가야 할 방향이 어디인지 스스로 찾아 나갈 수 있었다.

이제 경제적 자유는 더 이상 단순한 목표가 아니다. 그 자유는 나의 진짜 삶을 시작할 수 있는 도약의 발판이라 생각한다. 지금 내가 설정한 2030년은 결코 내 도전의 끝이 아니다. 오히려 그때부터가 나의 꿈과 비전을 현실로 만들어 가기 위한 새로운 여정의 시작 단계다. 앞으로 남은 5년은 이후 내가 해 나가야 할 모든 일을 위한 준비와 경험의 시간이다. 이 기간을 나는 단지 돈을 모으는 데 그치지 않을 것이다.

그 이후의 삶을 위해, 내가 이루고자 하는 꿈을 실현하기 위해 무엇이 필요한지를 하나씩 준비하고 쌓아나가는 시간으로 삼을 것이다. 지금은 경제적 자유를 이루는 방법을 배우고 실천하는 시기지만, 이후는 그 자유를 통해 세상에 긍정적인 영향력을 끼치고 내 가치관과 철학을 실현하는 시기로 더욱 확장될 것이다.

그래서 나는 지금도 매일 고민한다. 나의 시간과 자원을 어디에 투입해야 할지, 어떤 선택이 내가 바라는 삶에 더 가까이 다가갈 수 있을지를 끊임없이 되묻는다. 이 고민의 답에 부합하지 않는다고 생각되는 일들은 과감히 멀리하고 있다. 항상 더 생산적인 방향을 생각하며. 2030년은 내게 단순히 '끝'이 아니라, '새로운 시작'이기 때문에 그때를 위해 남은 5년을 철저히 준비와 경험으로 채워나갈 것이다.

이 여정이 결코 쉬울 것이라고는 생각하지 않는다. 때로는 불확실성에 두려움을 느끼고 예상치 못한 어려움에 좌절하기도 하겠지만, 그런데도 내가 세운 목표를 향해 꾸준히 나아갈 것이다. 나는 믿는다. 지금 내가 하는 모든 노력은 단순히 경제적 자유를 향한 길이 아니라, 이를 통해 나의 능력을 키우고 나 자신을 끊임없이 만들어가는 과정임을. 그리고 그 과정이 결국 내가 원하는 삶을 이루는 데 필요한 모든 것을 가르쳐줄 것임을.

2030년, 그날이 왔을 때 나는 분명히 미소 지을 것이다. 내가 걸어온 길이 결코, 헛되지 않았음을 느낄 것이고 그때부터 나아가야 할 또 다른 길이 내 앞에 펼쳐져 있음을 알게 될 것이다. 그리고 그때 나는 더 큰 여정으로 나아갈 준비를 마쳤을 것이다. 경제적 자유를 넘어, 내가 진정 원하는 삶의 이야기를 시작할 그날을 기다린다.

행동하지 않는 한, 꿈은 단지 희망으로 끝나고 만다. 행동으로 이어져야만 꿈은 우리 눈앞에 아름답게 펼쳐진다. 그리고 그 꿈을 현실로 만드는 과정에서 우리는 자신을 발견하고 더욱 단단해질 수 있다. 내가 매일 반복해서 쓰고 말하는 2030년은 조금씩 계속 현실이 되어가고 있다. 그 가능성은 글을 쓰는 지금, 이 순간에도 계속 이루어지고 있다.

가난은 더 이상 내게 운명이 아니다. 긴축재정과 투자 그리고 '뭐든 해낼 수 있다.'라는 나에 대한 믿음을 통해, 나는 계속해서 더 나은 삶을 스스로 만들어 가고 있다. 당신도 할 수 있다. 꿈을 현실로 만드는 여정을 지금 바로 시작해 보길 바란다.

04

부동산

1) 엄마와 나의 보금자리

대학 시절, 나주에 홀로 계시는 엄마를 떠올릴 때마다 빨리 졸업해 엄마와 함께 지낼 수 있는 작은 보금자리를 마련하고 싶었다. 단 방 한 칸이어도 좋으니, 엄마와 내가 함께 머물며 따뜻한 시간을 보낼 수 있는 공간이 있기를 바랐다. 그랬다면 엄마를 나주 시골집에 혼자 두지 않아도 됐을 테니까. 드디어 졸업했고 굳이 전라도에 남아 있을 이유가 없었던 나는, 언니가 있는 충청도로 올라와 취업했다. 나주집에서 세입자 명목으로 받은 1,500만 원과 은행 대출

1,500만 원을 더해, 전세보증금 3,000만 원짜리 17평 소형 아파트를 얻을 수 있었다. 비록 작은 집이었지만, 나와 엄마에게는 세상에서 가장 따뜻하고 소중한 첫 보금자리였다.

엄마가 좋아하는 벚꽃이 흩날리는 블라인드를 설치한 덕분에 방이 화사하고 아름다워졌다. 이사한 첫날 밤, 엄마와 나란히 침대에 누워 눈 앞에 펼쳐진 벚꽃 블라인드를 바라보았다. 달빛이 블라인드 사이로 스며들어 벚꽃이 더욱 아름답게 빛났고 엄마는 "꽃 진짜 예뻐~ 집이 너무 좋다."며 행복해하셨다. 그 모습을 바라보는 나 역시 마음속에 진한 행복이 올라왔다. 그리고 무엇보다 이제 함께라는 사실이 그간의 걱정과 불안을 모두 잊게 해주었다. 화장실이 집 안에 있다는 것, 따뜻한 물을 편히 쓸 수 있다는 사소한 일상조차도 우리에겐 더없이 소중한 행복이었다. 나주의 힘들고 불편했던 시절을 견뎌냈기에, 이런 당연하고 소소한 것들마저 축복처럼 느껴졌다.

나는 그 후 1년 만에 1,500만 원의 대출금을 모두 갚았고 전세 만기가 끝나는 시점인 25살, 보증금 3,500만 원에 월 28만 원을 부담하는 반전세 26평으로 이사했다. 새로 이사한 집은 이전보다 더 넓었고 무엇보다 엄마 방 안에 전용 화장실이 하나 더 있다는 사실에 엄마는 무척 기뻐하셨다.

1년 후, 갑작스럽게 집주인이 집을 매도하겠다고 통보해 왔다. 지금과 같이 반전세 조건으로 집을 매수하겠다는 사람이 나타나지 않으면, 우리는 다시 이사해야만 했다. 이곳에서 지내 온 편안했던 시간을 떠올리며 이사를 생각하니 막막하기만 했다. 고민 끝에 내린 결론은, 내가 이 집을 매수하자는 것이었다. 그렇게 26살에 나는 생애 첫 주택을 매수했다. 내 집이 생긴다는 것은 단순히 물리적인 공간을 소유하는 것이 아니었다. 그것은 내 삶의 안정감을 가져다주는 선택이었다. 내 집이 생겼다는 사실은 엄청난 안도감을 안겨주었다. 이제는 세입자가 아닌 집주인으로서 더는 이사 걱정을 하지 않아도 됐다. 그리고 아이 같은 엄마로 인해 집안 곳곳이 낡고 방 문고리가 모두 고장 나도, 집주인의 눈치를 볼 필요가 없었다. 내가 선택한 그 공간이 나와 엄마의 진정한 안식처가 된 것이다. 아무것도 달라진 것 없는 같은 공간에서 어제는 세입자였지만, 오늘은 집주인이 되었을 때 느낀 감정은 이루 말할 수 없는 편안함이었다. '우리 집'이라는 단어에는 이전보다 더 큰 애착이 담겼다.

그런 '우리 집'에서 크리스마스가 다가오면, 나는 어릴 적 해마다 교회에 설치된 크리스마스 장식을 보고 신나 하던 엄마의 모습을 떠올렸다. 겨울이 찾아오면, 엄마를 위해 크리스마스 한 달 전부터 거실 한 편에 트리를 설치했다.

어린 시절, 내게 생일이나 어린이날, 크리스마스는 선물도, 기대도, 설렘도 없는 그저 평범한 날들이었다. 하지만 엄마에게만큼은 특별한 날이 되길 바랐다. 초록빛 나뭇가지에 반짝이는 장식과 조명을 하나하나 걸어두면, 집 안 가득 따뜻한 빛이 은은하게 퍼졌다. 엄마는 그 앞에 서서 아이처럼 행복한 얼굴로 반짝이는 조명에 행복해하셨다. 그 모습을 볼 때마다, 나는 더 행복한 추억을 선물하고 싶었다.

크리스마스이브가 되면, 엄마가 잠든 사이 트리에 작은 양말을 걸어두고 몰래 선물을 넣어 두었다. 그리고 아침이 되면, 신이 난 목소리로 엄마를 다급히 불러댔다.

"엄마~ 엄마~ 산타 할아버지가 다녀가셨나 봐! 좀 나와 봐!"라고 말하며 바람을 잡았고, 엄마에게 산타의 존재를 각인시키며 크리스마스 선물을 전해주곤 했다. 처음에는 "은경이가 준 거 아니야?"라고 하시면서도, 내가 시치미를 떼자 점점 산타의 존재를 믿는 듯했다. "산타가 어디로 들어왔지?"라는 엄마의 천진한 말에, "크리스마스 때만 되면 굴뚝이 생겨~ 굴뚝 타고 내려온 거야."라고 답하자, 엄마는 한참 동안 거실 천장을 두리번거리셨다. 그다음 해부터는 더 수월했다. 산타의 존재를 믿게 된 엄마에게 크리스마스 선물은 언제나, 작은 선물은 양말 속에, 큰 선물은 트리 아래에 포장해 두었다. 아이처럼 좋아하시는 엄마 모습을 보면서 나는 깨달았다. 받는 기쁨보다 주는 기쁨이 더욱 크단 것을. 그리고 사랑하는 사람의 행복을 보는 것이 더 큰 행복이 된다는 것을. 그렇게 크리스마스는 엄마에게도, 나에게도 따뜻하고 특별한 날이 되었다.

이렇게 마음의 안정이 찾아오자, 나는 비로소 나 자신을 돌아볼 여유가 생겼고 자연스레 시야가 넓어졌다. 그동안 엄마를 위한 소풍 여행을 통해 여행이 더욱 좋아지게 된 나는, 26살 여름부터 약 4년여간 '주말만을 이용한 전국 일주'를 목표로 여행을 다니기 시작했다. 매주 새로운 목적지를 정하고 떠나는 주말여행은 나를 설렘과 기쁨으로 가득 채워주었다. 혼자 떠난 여행에서는 나를 발견했고 엄마와 함께 떠난 여행에서는 엄마의 행복한 미소를 발견했다.

비 내리던 날, 고즈넉한 안동 하회마을을 거닐던 기억, 폭풍우가 몰아치던 날, 포항 호미곶 일출을 보러 떠났던 짜릿한 모험, 달밤을 걷는다는 설렘으로 온 마음을 가득 채웠던 경주 신라의 달밤 165리 걷기대회의 추억, 한국의 아름다운 길 100선에 선정된 문경새재 황톳길을 맨발로 왕복하며 자연을 느낀 경험, 아름다운 7번 국도의 영덕 블루로드 13km를 걸으며 시리도록 푸른 동해의 자유를 만끽했던 순간, 축제 같은 분위기 속에서 삶의 활력을 느꼈던 10km 마라톤 대회의 생생한 장면들까지. 이런 모든 순간은 돈으로 살 수 없는 소중한 추억이 되었다. 그리고 그 안에 담긴 설렘과 감동, 나 자신을 발견하는 기쁨은 지금도 내 마음 깊은 곳에서 빛나고 있다. 특히 엄마와 함께 떠난 여행에서는 엄마의 모든 순간을 사진에 담아 추억으로 남기려 노력했다. 여행을 다녀올 때마다 여행의 순간을 담아온 사진들을 모두 인화해 엄마를 위한 앨범을 만들어 드렸다. 엄마는 수시로 그 앨범을 꺼내 보며 추억을 이야기하셨고 그런 엄마의 모습을 보는 나도 행복해졌다.

여행이 주는 설렘과 즐거움, 그리고 집이라는 안정된 기반이 주는 평안은 내 삶을 더욱 단단하게 만들어 주었다. 작은 여행에서 얻는 소소한 순간들과 집에서의 따뜻한 일상이 만나, 나는 비로소 더 큰 행복을 만들어 갈 수 있었다. 삶은 큰 행복만을 추구하는 것이 아니다. 일상에서 각자의 소소한 행복을 발견하고 그것을 나눌 수 있는 사람과 함께할 때, 우리는 비로소 진정한 평안과 기쁨을 느낄 수 있다. 그 작은 행복들이 모여 우리의 삶을 더욱 단단하게 하고 힘들었던 순간마저 따뜻한 추억으로 덮어주는 힘이 된다. 결국, 행복은 거창한 그 무엇이 아닌, 바로 우리 곁에 언제나 있다는 사실을 나는 집과 여행을 통해 다시금 깨달을 수 있었다.

2) 가족이라는 이름으로

엄마는 내 또래 친구들의 부모님들보다 훨씬 연세가 많으시다. 올해로 85세가 되신 엄마는, 오랜 시간 치매약을 복용하며 진행을 늦춰왔지만, 2~3년 전부터는 약효가 한계에 다다랐다. 가장 높은 단계의 약을 써도 증상이 점차 나빠졌고 이제는 때때로 예상치 못한 반응을 보이는 날들이 많아졌다. 평소 아이처럼 순하고 온화했던 엄마가 치매로 인해 성격이 달라질 때면 내 마음은 무거워진다. 창문에 비친 엄마의 모습을 보고도 낯선 사람이라 생각해 당장 나가라고 소리를 지르시거나, 물건에 집착하며 매일 같은 것을 요구하시곤 한다. 머리핀을 사드려도 또 머리핀이 필요하다고 하시고 심지어 아빠가 집에 들어왔냐고 묻거나 식사 후에도 아무것도 먹지 않았다고 하시는 날들이 점점 늘어나고 있다. 어떤 날은 나에게 빨리 우리 집에 가자고도 하신다.

치매가 진행되기 전에도 엄마는 장애로 인해 늘 아이 같으셨기에, 겉으로는 큰 차이를 느끼지 못할지도 모른다. 하지만 나만이 느끼는 미묘한 변화들이 있다. 엄마와 가장 오랫동안 교감하며 함께해온 내가 아니면 알아차리기 어려운 작은 변화들. 주간보호센터 선생님들이나 언니는 눈치채지 못하지만 나는 안다. 예전 같았으면 나를 보며 놀러 가자고 하시거나 뭐가 먹고 싶다고 얘기도 하셨을 텐데, 이제는 그런 욕구 자체를 모르시는 것 같다. 주말에 나와 같이 밥을 먹을 때면 "오늘은 은경이랑 같이 밥 먹으니까 너무 좋네."라고 말하던 엄마였는데, 지금은 언니와 형부까지 다 같이 밥을 먹어도 그 감흥을 전혀 느끼지 못하시는 것 같다.

5년 전, 엄마가 주간보호센터에서 놀고 돌아오신 첫날, 나에게 흥분해서 밤늦도록 얘기하던 모습들이 떠오른다. "세상에 이렇게 재미있는 곳이 있는 줄 알았으면 진작 갈걸. 하루 종일 얼마나 재밌게 놀다 온 줄 알아? 그림도 그리고 운동도 하고 친구들도 엄청 많아~."라며 재미있었던 하루를 스스로 말해주셨다. 그러나 이제는 "엄마, 오늘은 센터에서 뭐 했어?"라고 물어도 "아무것도 안 했어."라는 말만 반복하신다. 그런 엄마를 볼 때면 예전의 엄마가 너무 그립다. 더는 엄마가 여럿이 함께 있는 시간을 기쁘게 느끼지 못한다는 사실이 나에게 아프게 다가온다. 지금의 엄마가 그 순간을 온전히 느끼고 그 안에서 행복을 찾을 수 있으면 얼마나 좋을까.

하지만 이런 순간 속에서도 나는 엄마를 바라보며 긍정을 찾으려 노력한다. 치매 증상은 점점 심해지고 있지만, 여전히 귀엽고 사랑스러운 엄마의 모습은 사라지지 않았다. 아니, 오히려 더 귀여워진 행동에 참을 수가 없을 정도다. 얼마 전, 주간보호센터 연말 시상식에서는 재치 있는 말과 애교로 선생님들의 마음에 불을 질렀다며 '불꽃 애교상'을 받아오셨다. 치매라고 해서 심각해질 필요는 없었다. 오히려 치매 이전에도 돌봄이 필요한 상황이었지만, 그땐 장기 요양 등급이 없어 주간보호센터에 다니지 못했다. 그러나 이제는 우리가 직장에 있는 동안 주간보호센터에서 돌봐주시니 마음이 더없이 편안해졌다. 그전엔 일하는 도중 엄마에게 전화라도 걸려 오는 날이면 무슨 일이 생긴 것은 아닌지 덜컥 겁부터 났지만, 이제는 선생님들이 안전하게 집안까지 데려다주시니 얼마나 다행인지 모른다.

2022년 5월, 나는 10년 넘게 엄마와 함께 살던 집을 매도했다. 당시 언니 역시 이사를 계획하고 있던 시기였다. 사실 나는 전부터 함께 살기를 원했다. 내가 여행을 가야 할 때면 언니가 대신 엄마를 살펴줬고, 셋이 함께 떠난 휴가에서는 소소하게 즐거움을 공유하며 서로 의지해 왔다. 여러 사정으로 그 시기를 미뤄왔지만, 결국 상황이 맞아떨어진 그해부터 우리는 한집에 같이 살게 되었다.

형부가 해외로 장기 출장을 나가면서 언니는 혼자 지내고 있었고 엄마는 고령에다 치매 증상까지 더해지며 점점 돌봄이 더 필요해졌다. 앞으로의 상황을 고려했을 때, 나 혼자 감당하기엔 점점 버거울 수밖에 없기에 함께 사는 것은 우리 모두에게 더 나은 선택이었다. 내가 늦을 때는 언니가 엄마와 함께했고, 언니가 늦을 때는 내가 엄마와 함께했다. 무엇보다 지난해부터는 형부가 해외에서 돌아오며 우리 가족은 더 든든해졌다. 형부는 가장 먼저 퇴근해 엄마와 함께 시간을 보내며 한결 여유로운 일상을 만들어 주었고, 나는 그 안정감 속에서 더욱 안도할 수 있었다.

함께 산다는 것은 단순히 물리적인 공간을 공유하는 것이 아니었다. 그것은 우리 가족이 서로의 무게를 나누고 그 안에서 위안을 얻는 일이었다. 엄마와 언니, 그리고 형부까지. 각자의 역할 속에서 우리는 서로를 보듬었고 덕분에 나 역시 예전보다 훨씬 가벼운 마음으로 일상과 마주할 수 있었다. 이 안도감이 있었기에 나는 평일 퇴근 후와 주말이면 온종일 도서관에서 자기 계발 및 책 쓰기에 더욱 전념할 수 있었다.

엄마의 치매로 인해 갈수록 더 쉽지는 않을 것이다. 그러나 함께라는 사실이 그 모든 어려움 위에 빛처럼 자리 잡아 잘 헤쳐 나갈 것이다. 가족이라는 이름으로 연결된 이 집에서, 나는 엄마와 언니, 그리고 형부와 함께 소중한 시간을 쌓아가고 있다. 엄마가 그저 편안하고 따뜻함을 느낄 수 있는 순간들이 늘어나기를 간절히 바란다.

3) 지식산업센터

2022년 5월, 집을 매도한 자금을 어떻게 할지 고민하던 나는 우연히 지식산업센터에 대해 알게 되었다. 상담을 위해 바로 돌아오는 주말, 평택 지식산업센터 분양 사무실을 찾았다. 그때는 경제나 투자에 관한 관심을 두기 전이었기에 자세히 알지 못했다. 하지만 지금 돌아보면 당시 부동산 시장은 2020년부터 시작된 상승세가 이어지는 상황에서 주택 시장에 강한 규제가 적용되고 있었고 지식산업센터는 이에 대한 대안으로 주목받고 있는 시기였다.

그날 상담을 통해 알게 된 지식산업센터의 장점은 매우 매력적이었다. 투자하지 않는 것이 오히려 손해처럼 느껴질 정도였다. 우선, 건물 가격의 10%에 해당하는 부가가치세를 환급받을 수 있다는 점이 초기 투자 비용을 줄일 수 있어 큰 장점이었다. 또한, 취득세 및 보유기간 동안 재산세 감면 혜택까지 받을 수 있다는 사실은 세금 부담을 덜 수 있는 매력적인 요소였다. 기업들이 입주하기 때문에 안정적인 임대 수익을 기대할 수 있었고 정책 자금 대출을 통해 2~3%의 낮은 금리로 대출이 가능했다. 대출 한도 역시 80~90%까지 가능해 저비용으로 고효율의 투자 효과를 기대할 수 있었고 안정적으로 월세를 받으며 장기 보유 후 매도한다면 시세차익까지 얻을 수 있는 투자였다. 이날 분양사 부장님의 설명을 들으며 나는 지식산업센터 2개 호실을 계약했고 준공은 2024년 4월로 예정되어 있어 2년이라는 잔금 준비 기간이 있었다.

하지만 이후 상황은 급변했다. 금리 인상과 경기 침체, 공급 과잉 등의 악재가 겹치면서 지식산업센터에 대한 전망은 부정적으로 바뀌었다. 또한, 70~80%에 달하는 높은 공실률과 이자를 감당하지 못해 인생이 피폐해진 투자 실패 기사들이 쏟아졌다. 계약금을 포기하고라도 전매를 원하는 투자자가 많았지만, 이조차도 매수자가 없어 진행이 안 되는 상황이었다. 이런 상황 속에서 순간 걱정과 불안이 엄습해 왔던 것은 사실이지만, 나는 바로 마음을 바꿔 먹고 내가 현실 속에서 할 수 있는 방법에 더욱 집중하기로 했다. 혹시라도 다른 지식산업센터들처럼 2~3년 장기간 공실 위험이 생긴다면, 이를 감당할 수 있어야 하기에 더욱 긴축재정으로 2년 후를 대비해 놓아야 한다고 생각했다.

경제나 투자 공부를 시작하기 전이었기에 분양사 부장님의 말만 믿고 진행했던 투자에 실수가 있었을지라도, 이를 후회하기보다 어떻게든 잘 대처해 나가는 것이 더 중요했다. 지금의 나라면 만실 운영 중인 구축 지식산업센터라면 모를까 신축 분양은 쉽게 결정하지 않았을 것이다. 이렇게 안 좋은 상황이 아니더라도 신축 분양은 만실이 되기까지 2~3년의 기간이 걸릴 수 있어, 초반 공실의 위험은 어쩔 수 없이 감수해야 하기 때문이다. 하지만 이를 몰랐던 나는, 어찌 되었든 이를 감수하고 계획적으로 대처하는 것만이 답이라고 생각했다.

아직 준공까지 상황이 남았기 때문에 내가 할 수 있는 것들을 하면서 금리나 시장 상황이 유리하게 바뀌길 기다렸다. 그리고 공실 기간을 줄일 수만 있다면 큰 문제도 아니라고 생각했다. 사람들 대부분이 70~80%의 공실률에 압도되어 상황을 매우 심각하게 여겼지만, 나는 오히려 100% 공실률이 아닌 것에 희망을 품었다. 내가 그 20~30%의 성공 사례에 포함되면 된다고, 그것을 목표로 삼았다.

잔금 지급 시점이 다가오면서 나는 더욱 철저히 준비했다. 상황을 정확히 파악하기 위해 준공 한 달 전부터 미리 평택 주변 부동산을 찾아가 사전 조사를 시작했다. 부동산 사장님들은 2~3년 전에 먼저 지어진 지식산업센터들조차 여전히 절반 이상이 공실이며 수천 호실의 매물들이 쌓여 있다고 했다. 준공 시점에 좋아지기를 바랐던 상황은 더욱 안 좋았다. 설상가상으로 잔금을 치를 즈음, 대출 규제까지 강화되었다. 2년 전만 해도 80~90%까지 가능했던 대출이 이제는 70%로 제한된 것이었다. 과거의 나였다면 대출을 최소화하고 내 자금을 더 활용하려 했을 것이다. 하지만 경제 공부를 통해 대출이 자산을 증대시키는 중요한 수단임을 깨닫게 되었고 최대한 레버리지를 활용해 90%까지 대출을 받을 계획이었다. 그러나 규제로 인해 대출은 70%밖에 받을 수 없었지만, 다행히 잔금은 무사히 치를 수 있었다. 이제 남은 가장 중요한 과제는 임차인을 구하는 일이었다.

준공 한 달 전부터 지식산업센터 인근 부동산을 찾아다니며 상황을 파악했다. 상황이 안 좋은 만큼 욕심을 부리기보다, 내가 포기해야 할 부분은 과감하게 포기하고 공실 기간을 최소화하는 데 초점을 맞추기로 했다. 다른 호실보다 더 좋은 조건으로 빠르게 임대를 맞출 방법을 궁리하며 부동산을 통해 알게 된 정보를 바탕으로 빠르게 도어락과 싱크대, 블라인드를 설치해 경쟁력을 높였다.

또한, 디자인 도구인 '미리 캔버스'를 활용해 내 호실의 장점을 한눈에 알아볼 수 있는 홍보물을 제작했다. '3개월 렌트프리 제공', '화장실 및 회의실 근접', '휴게 정원이 보이는 뷰' 등 세부 조건을 강조하여 전문성을 담았다. 이렇게 만든 자료를 들고 부동산 사무소 수십 곳을 방문하며 명함을 받아왔다. 그리고 호두과자로 부동산 사장님들께 작은 정성을 표현하며, 내 호실을 가장 우선 소개해 달라고 부탁드렸다. 이후에도 주말마다, 또는 연차를 내고 평택을 여러 차례 방문하며 부동산 사장님들께 얼굴도장을 찍었고 갈 때마다 새로운 부동산을 추가로 찾아가 명함을 더 많이 확보했다. 이렇게 확보한 수십 개의 연락처에 주기적으로 문자를 돌리며 내 호실을 끊임없이 각인시키는 노력을 멈추지 않았다. 부동산 사장님들께 중개 수수료를 넉넉히 드리겠다는 약속도 빠뜨리지 않았다. 이러한 노력 끝에 준공 후 1달 만에 첫 번째 호실의 임차인을 빠르게 구할 수 있었고 나머지 호실도 1달 뒤 바로 임대가 완료됐다. 심지어 3개월 렌트프리 조건 없이도 임대가 이루어졌다. 주변의 심각한 공실 상태를 고려했을 때, 이는 엄청난 성과였다.

다른 임대인들과 달리 홍보물을 제작하여 방문한 덕분에 전문성이 엿보였는지 개인이 아닌 법인 회사에서 오셨냐는 오해를 받기도 했고 월세를 낮춰도 상관없다고 여유로운 모습을 보이자, 대출 없이 분양받았냐는 질문을 받기도 했다. 어차피 공실이 많은 상태에서 욕심을 부리며 장기간 공실로 둔다면 관리비까지 내가 내야 하는 상황이었다. 하지만 나는 '관리비라도 내가 안 내는 게 어디야.'라는 마음으로 월세를 내리더라도 임차인을 빨리 구하는 것이 더 현명하다고 판단했다. 이러한 태도는 부동산 사장님들에게도 긍정적인 인상을 주었고 그들은 내 호실을 우선해서 소개해 주었다. 벌써 1년이 되어가는 지금, 그때 돌려둔 홍보물과 문자로 인해 부동산 사장님들은 여전히 많은 공실 속에서도 내 호실을 소개하기 위해 아직도 나에게 연락을 주시곤 한다.

2022년 계약 당시에는 금리 2~3% 기준으로 한 호실당 80만 원씩 총 160만 원의 월세 수익을 기대할 수 있었다. 하지만 2024년 상황은 크게 달라졌다. 금리는 4~5%로 상승했고 오히려 은행 이자를 부담해야 하는 상황이 되었다. 그런데도 공실 없이 빠르게 임대를 완료한 덕분에 이자 부담을 최소화할 수 있었다. 투자 초기에 기대했던 수익이 아닌 것은 아쉬웠지만, 부동산 투자에서 중요한 것은 단기적인 이익이 아니라, 장기적인 성장 가능성임을 깨달았다. 그래서 나는 지금의 작은 손해를 감수하며 더 큰 미래를 준비하고 있다. 결국 부동산 시장은 장기적으로 우상향한다는 믿음 아래, 현재의 어려움을 오히려 기회로 삼고자 한다.

이번 경험을 통해 나는 한 가지 중요한 사실을 깨달았다. 시장 상황은 아무리 예측해도 변수가 생기기 마련이며 중요한 것은 예측이 아니라 대응이라는 점이다. 투자 초기, 공부 없이 한 투자로 인해 어려움을 겪기도 했지만, 적극적으로 부딪치고 해결 방법을 찾아가며 결국은 상황을 잘 이끌어갈 수 있었다. 앞으로 어떤 상황이 닥치더라도 내가 할 수 있는 최선을 다하며 장기적인 관점에서 미래를 바라보는 태도를 잊지 않을 것이다. 작은 손해는 오히려 성장의 발판이 되었고 그 과정에서 더욱 많은 경험을 쌓았다. 불확실성 속에서도 성실함과 꾸준함은 언제나 답이 된다는 사실을 다시 한번 확인할 수 있었다.

4) 경매 공부

2년 전, 『엑시트』라는 책을 통해 송 사무장님을 알게 된 나는 그가 쓴 다른 저서들까지 읽으며 경매에 대해 알게 되었다. 더 나아가 여러 경매 관련 서적들을 읽어보면서 경매라는 단어가 지닌 진정한 의미를 비로소 이해하게 되었다.

사실, 그전까지 경매는 내게 다소 부정적인 이미지를 가진 단어였다. 누군가의 재산이 빼앗기고 힘들어하는 사람들의 뒤에서 이익을 챙기는 과정이라는 막연한 선입견이 나를 지배하고 있었다. 하지만 책을 읽으며 경매의 본질을 이해하게 되면서, 이 선입견이 얼마나 편협했는지 깨달았다. 경매는 단지 돈을 버는 수단이 아니라, 사회적

균형을 맞추고 문제를 해결하기 위해 마련된 필수적인 제도였다.

경매는 법원이 마련한 투명하고 합리적인 절차다. 채권자는 정당한 채권을 회수하고, 채무자는 채무를 해결할 기회를 얻으며, 낙찰자는 합리적인 가격에 자산을 취득할 수 있다. 그 과정을 통해 각자가 얽힌 문제를 풀어나가고 더 나아가 새로운 시작을 가능하게 만든다. 경매가 단순히 누군가의 고통을 딛고 선다는 개념이 아니라, 오히려 채무자에게는 또 다른 가능성을, 낙찰자에게는 경제적 기회를 제공하며 모두에게 균형 잡힌 해결책을 제공하는 제도라는 것을 알게 됐다.

책으로 배움을 시작한 지 얼마 지나지 않아 주변 동료의 추천으로 경매 학원을 알게 되었고 바로 등록했다. 처음 2개월 동안은 경매 초보반에서 경매 용어, 절차, 권리분석 방법 등을 익히며 기초를 다졌고 이후 인근 지역을 중심으로 한 실전 중심 강의를 수강했다. 이 1년짜리 과정은 단순한 이론을 넘어, 지역 개발 정보와 실전 사례 중심 학습을 통해 경매에 대한 이해를 쌓도록 도왔다. 간혹 현장 답사를 나가거나, 실제 법원에서 낙찰가를 적어 보며 가상으로 경매를 체험하기도 했다.

부동산 공부를 할 때 임장활동, 즉 현장을 직접 방문해 부동산의 상태와 주변 환경을 확인하는 일은 필수적이다. 평소 나의 열정대로라면, 나는 전국을 누비며 샅샅이 모든 지역을 조사했을 것이다. 그러나 이상하게도, 부동산 공부를 하면서는 그렇게까지 몰입하지 못했다. 내가 지금 당장 투자를 목표로 하지 않았기 때문일까. 경매와 부동산 공부는 내 삶의 본질적인 목표는 아니라는 깨달음이 내 안에서 조용히 자라났다.

그런데도 학원의 1년 과정은 끝까지 마쳤다. 경매는 단순히 투자를 위한 수단에 그치지 않았다. 경매를 배우며 얻게 된 가장 큰 소득은 바로 선택지를 확보했다는 점이었다. 이제 나는 신축 분양, 일반 매매, 경매 낙찰 등 다양한 매입 방법 중에서 내게 가장 유리한 선택을 할 수 있게 되었다. 단순히 분양이나 일반 매매에 의존해야 하는 상황에서 벗어나, 더 나은 방법을 선택할 수 있다는 것은 큰 자산이었다.

하지만 경매를 배우고 매일 책을 읽는 과정에서 나는, 나 자신을 탐구하는 여정을 계속 이어 나갔다. 처음에는 경제적 자유를 위해 경매와 부동산 공부를 시작했지만, 배움의 과정에서 점차 내 관심사가 어디에 있는지를 발견하기 시작했다. 내가 진정으로 열정을 느끼는 것은 자산 증대 그 자체가 아니었다. 나를 움직이게 하는 것은 나 자신을 계발하고 스스로 가치를 창출할 수 있는 능력을 갖추는 일이었다. 끊임없이 읽어 오던 책은 나를 성찰하고 내가 가야 할 길을 더욱 명확히 찾아가도록 나를 이끌어 주었다.

이 깨달음은 나의 방향을 바꾸어 놓았다. 나는 투자 공부에서 한 발 물러나, 나의 재능과 열정을 통해 나 자신을 더욱 성장시키는 데 집중하기 시작했다. 내가 가진 가능성을 최대한으로 발휘하며 이를 통해 스스로 삶의 의미를 만들어 가는 과정이야말로 나를 가장 열정적으로 움직이게 했다. 돈은 외부에서 오는 것이 아니라, 바로 나 자신으로부터 비롯된다는 깨달음은 내게 강력한 동기를 부여했다. 내게 더 나은 선택지를 제공한 경매 공부를 통해, 내 열정과 관심이 더욱 커지지 않았던 것은 나를 이끄는 더 중요한 것이 존재한다는 깨달음을 주었다. 그리고 이를 통해 내가 진정으로 원하는 삶을 찾아갈 수 있도록 길을 열어주었다.

지금 나는 꿈을 향한 여정 위에서 스스로 내 길을 개척해 나가고 있다. 작가로서, 화가로서, 강연가로서, CEO로서 내가 원하는 삶을 구체화하기 위해 매일 무엇에 더욱 집중해야 하는지를 고민하며 하루하루를 살아간다. 경매는 내게 끝이 아니라, 새로운 시작이었다. 그것은 단지 돈을 벌기 위한 수단이 아닌, 나 자신을 찾아가는 과정에서 하나의 출발점이 되어 주었다.

삶은 끊임없는 성찰과 조정의 연속이다. 나는 이제 단순히 자산을 늘리는 삶이 아니라, 이를 통해 내가 원하는 꿈을 스스로 만들어 가는 삶을 살아가고 있다. 나의 능력과 열정을 통해 스스로 길을 만들어 가며 그 길 위에서 끊임없이 성장할 것이다.

5) 상가 공부 계획

부동산 및 경매 공부를 통해 나는 한 가지 사실을 깨달았다. 지금 당장 투자를 진행할 것이 아니라면, 무작정 공부에 매달릴 필요는 없다는 것이었다. 부동산은 언제든 배울 수 있는 분야다. 중요한 것은 올바른 시기와 명확한 목적이다. 나로부터 자본이 창출될 수 있도록 그 능력을 갖추는 일이 내게는 더 중요했고 이와 같은 일은 더욱더 오래 걸리는 일이었다. 그렇기에 더욱 어렵고 오래 걸리는 일을 먼저 시작하는 것이 옳다고 여겼다. 나를 계발하고 성장시켜 나로부터 자본을 창출해 낼 수 있을 때, 이를 통해 충분한 자본이 준비되고 이를 부동산이라는 자산으로 전환할 시점이 다가올 때, 즉 1~2년 전부터 본격적으로 공부를 시작해도 충분하다는 확신이 들었다. 그때의 공부는 목적이 명확하기에 더 큰 열정과 동기부여를 가져다줄 것이 분명했다.

그렇다고 해서 지금 부동산 공부를 완전히 멈춘 것은 아니다. 나는 나에게 필요한 방향성을 찾았고 앞으로 내가 이루고자 하는 목표를 위해 상가 입지 공부가 필수적임을 깨달았다. 단순히 부동산 투자를 위한 공부가 아니라, 내가 구상하는 사업의 기반이 되는 공간을 이해하기 위한 공부다. 그리고 그 공간은 내가 꿈꾸는 비즈니스를 담아낼 곳이어야 한다.

2024년 여름, 나는 앞으로 해 나가야 할 사업에 조금 더 구체성을 더하기 시작했다. 나는 나중에 제주도의 전원주택에서 매일매일을 여행하는 듯한, 설렘을 가지고 삶을 살아가고 싶다. 그래서 나의 사업 역시 제주도를 본점으로 시작하고 싶다는 생각이 들었다. 2030년, 나는 제주도 오션 뷰가 보이는 8층짜리 건물을 소유할 것이다. 그 건물은 단순한 상업 공간이 아니라, 내 철학과 꿈이 녹아 있는 특별한 공간으로 만들어질 것이다. 1층에는 건강 디저트 전문점, 2층에는 카페가 자리 잡고, 3층에는 노년층을 대상으로 한 미술 학원이 운영될 것이다. 4층~6층은 서점으로 꾸며지되, 각기 다른 콘셉트로 운영할 것이다. 4층은 북카페와 서점, 5층은 전시 공간을 겸한 서점, 6층은 강연 공간 및 서점으로 활용하여 내가 주기적으로 서점에 온 손님들과 소통할 수 있는 장을 열 것이다. 7층은 어린이 경제 교실을, 8층은 운동센터를 운영하며 건물 전체가 다양한 세대를 아우르는 창조적이고 활기찬 공간이 되도록 만들 것이다. 제주도 본점을 시작으로 2호점, 3호점…. 전국적으로 계속 확장하며 나의 비전을 더욱 넓혀나갈 것이다.

이러한 꿈을 실현하기 위해서는 단순히 건물을 소유하는 데 그쳐서는 안 된다. 내가 스스로 부동산의 입지를 분석하고 판단할 수 있는 능력을 갖춰야 한다. 단순히 부동산 사장님이 추천하는 건물이나 조건만을 믿고 결정할 수는 없다. 내가 직접 입지의 가치를 판단하고 그 입지가 내 비전과 맞는지를 분석할 수 있어야 한다. 일반 매매든, 경매든 나에게 가장 적합한 방법을 찾아 건물을 매입하거나 필요한 경우 직접 건축을 하는 방법도 고려할 것이다.

본격적으로 상가 입지 분석 공부를 시작하는 시기는 약 2~3년 후가 될 것이다. 대한민국에서 경매 제일 잘하는 분으로 유명한, 그리고 나의 경제적 여정에서 첫 번째 롤모델이 되었던, 송 사무장님의 강의를 수강할 계획이다. 하지만 지금도 그 기초를 다지기 위한 준비를 게을리하지 않을 것이다. 사업과 부동산을 연결하는 공부는 단지 건물 하나를 매입하는 것이 아니라, 나의 꿈을 담아낼 공간을 만들기 위한 필수 과정이다. 그리고 그 공간은 단순한 사업체를 넘어, 사람들과 연결되고 가치를 공유하는 장이 될 것이다. 내가 꿈꾸는 미래는 계속 더욱 확장 중이지만, 그 꿈을 이루기 위한 기초는 이미 시작되고 있다.

물론, 이 과정에서 내 계획은 수정될 수 있고 새로운 아이디어가 더해질 수도 있다. 하지만 중요한 것은 바로 방향성이다. 나의 비전은 뚜렷하며 그 비전을 실현하기 위한 준비는 지금, 이 순간에도 차곡차곡 쌓여가고 있다.

상가 공부는 그 시작에 불과하다. 중요한 것은 내가 어떤 꿈을 이루고자 하는지, 그리고 그 꿈을 위해 어떻게 준비해 나가고 있는지다. 오늘도 나는 그 꿈을 이루기 위해 한 발 한 발 나아가고 있다. 2030년, 제주도의 푸른 바다를 내려다보며 나의 건물 안에서 이 모든 여정을 되돌아볼 날을 떠올리며.

2023년 9월, 한 편의 신문 기사가 나의 시선을 사로잡았다. 금값이 사상 최고치를 경신할 가능성이 크다는 전망과 함께, 금 투자에 대한 긍정적인 분석이 담긴 기사였다. 세계 경제는 여전히 불안정했고 인플레이션, 경기 침체 등 여러 요인으로 인해 금에 대한 가치는 더욱 상승할 것으로 예상했다. 그날부터 나는 큰돈을 들이지 않고도 안정적으로 금을 모아 갈 방법으로 소액 금 투자를 시작해 보기로 했다. 그러던 중, 우연히 한국금거래소에서 운영하는 '센골드'라는 앱을 알게 되었다. 이 앱은 금을 소액으로 투자할 수 있을 뿐 아니라,

정기구독 서비스를 통해 꾸준히 금을 모아갈 수 있도록 도와줬다.

나는 매주 월요일 1만 원씩 금을 자동 결제하도록 설정했고 26주 동안 차곡차곡 금을 모아가는 정기구독을 신청했다. 만기를 달성하면 매도 수수료가 없다는 점도 매력적이었다. 게다가 매주 금을 매입한 현황이 도장으로 기록되었고 이를 통해 금의 양이 점차 늘어나는 모습을 한눈에 볼 수 있는 점도 흥미로웠다. 내가 하는 일이라곤 월급날 한 달 치 금값을 미리 입금해 두고 매주 1만 원이 자동으로 빠져나가는 것을 확인하는 것뿐이었다. 바쁜 일상에서도 부담 없이 금을 모아갈 수 있다는 점은 내게 큰 장점이었다.

2023년 12월, 구글 애드센스 수익을 위한 티스토리 블로그를 운영하고 있었다. 당시 금 투자에 관한 전망과 방법을 주제로 글을 작성하면서, 이에 대한 나의 관심은 한층 더 높아졌다. 특히, 2024년 금값이 사상 최고치를 경신할 것이라는 전망은 내 금 투자에 대한 확신을 더욱 단단하게 만들어 주었다. 금리 인하 가능성과 경제 불안정성이 겹친 상황에서 금은 그 어떤 자산보다도 안정적이고 매력적인 투자처로 보였다. 26주가 지나 첫 번째 금 투자 계좌 만기가 되었을 때, 나는 20% 이상의 수익률을 확인하며 금 투자에 대한 가능성을 확인했다.

첫 번째 계좌의 만기 이후, 나는 금 투자를 확장하기로 했다. 이 번에는 요일별로 5개의 계좌를 새로 만들어 매주 요일별로 하루에 1만 원씩 투자하도록 설정했다. 결과적으로 매달 약 20~25만 원을 금에 투자하게 되었고 이는 내 자산 포트폴리오의 안정성을 높이는 좋은 방법이었다. 이후에도 금값은 계속 상승했다. 2023년 9월에 시작했던 첫 계좌는 만기 후에도 매도하지 않고 계속 보유했으며 현재 50% 이상의 수익률을 기록하고 있다. 이후 새롭게 시작한 5개의 계좌 역시 모두 26주 만기를 마쳤고 각각 20% 이상의 수익률을 기록하며 기대 이상의 성과를 보여주었다. 나는 이 모든 과정에서 꾸준함과 성실함이 얼마나 중요한지 다시 한번 깨달았다.

금은 단순히 높은 수익률을 위해 투자하는 자산이 아니다. 그것은 경제적 불안정성 속에서도 심리적 안정감을 주고 장기적으로 자산을 지킬 수 있는 중요한 투자 수단이다. 내가 선택한 소액 정기구독 방식은 큰돈을 투자하지 않고도 꾸준히 자산을 늘려나갈 수 있는 가장 안정적이고 현실적인 방법이었다. 얼마 전, 매일경제신문에서 주최한 재테크 박람회에 참석했을 때도, 금에 대한 긍정적인 전망은 2025년에도 유효했다. 최근 미국 트럼프 대통령의 관세 전쟁으로 더욱 불확실성이 커졌고 이 속에서 금은 변하지 않는 안전 자산으로서 연일 최고가를 경신하고 있다. 나는 당분간은 계속 소득의 일정 금액을 금에 투자하며 안정적인 자산관리를 추구할 계획이다.

중요한 것은 단기적인 수익률에 집착하기보다 꾸준히, 그리고 성실히 내 자산을 관리하며 나아가는 것이다.

매주 1만 원으로 시작된 금 투자는 이제 매일 1만 원씩 내 자산 포트폴리오의 한 축을 담당하고 있다. 경제의 흐름이 요동치더라도 흔들리지 않는 가치를 지닌 금처럼, 나의 재테크 철학 또한 변하지 않을 것이다. 금보다 더 단단하게, 금보다 더 반짝이며, 나는 오늘도 나만의 여정을 이어간다. 내 삶은 앞으로가 더 단단하고 반짝반짝 빛날 것을 믿는다.

주식 투자

1) 연금 저축 계좌를 활용한 Tiger 미국 S&P500 ETF 투자

투자는 단순히 자산을 증식시키는 수단을 넘어, 미래의 삶을 준비하는 중요한 과정이다. 그러나 나는 한때 주식에 대해 부정적인 시각을 가지고 있었다. 주식 시장은 마치 운이 좋은 사람만이 돈을 버는 투기판처럼 느껴졌고 잃을 위험이 더 큰 불안한 영역이라 생각했다. 성실히 일해서 번 돈이 가장 가치 있다고 믿었기에, 저축 외의 투자에는 관심이 없었다. 로또조차 사지 않았고 로또 살 돈을 차라리 모으라고 조언하곤 했다. 지금도 이는 마찬가지다.

그러나 경제적 자유를 목표로 삼으면서, 나는 주식 투자에 대한 시각을 바꿀 필요성을 느꼈다. 단순히 돈을 벌고 모으는 것이 아니라, 현명하게 관리하고 불리는 것이 중요하다는 사실을 깨달았기 때문이다. 공부와 원칙을 바탕으로 제대로 접근한다면, 주식은 결코 투기가 아니라, 자산을 증식하는 강력한 수단이 될 수 있음을 인정하게 된 것이다.

2022년 겨울, 나는 유튜브에서 연금 저축과 ETF 투자를 강조하는 서대리 TV를 처음 접했다. 당시 연금 저축 계좌와 미국 S&P500 지수를 추종하는 ETF 투자에 관한 이야기는 나에게 신선한 충격으로 다가왔다. 그리고 곧바로 그가 쓴 책 『나는 노후에 가난하지 않기로 결심했다』를 구매해 단숨에 읽어 내려갔다. 책의 내용에 따르면, 한 달 30만 원이라는 부담 없는 금액으로도 원금은 그대로 유지한 채, 단지 수익만으로 죽을 때까지 매달 300만 원씩의 현금 흐름을 만들 수 있었다.

이를 계기로 나는 바로 실행에 옮겼다. 삼성증권 앱에서 연금 저축 계좌를 개설하고 매달 35만 원씩 Tiger 미국 S&P500 ETF를 매수하기 시작했다. 지난 3년 동안 납입한 원금 1,200만 원은 현재 45~50%의 수익률을 기록하며 1,800만 원이 되었다. 나는 이 투자를 앞으로 30년 이상 지속할 계획이다. S&P500에 30년 동안 35만 원을 납입하면 원금은 1억 2천6백만 원이 된다. 여기에 연평균 10%의 수익률을 적용하면 이자만 6억 7천만 원이 더해져 약 8억 원의 노후 자금을 마련할 수 있다. 이 자금을 노후에 연 4%씩 인출해서 사용한다면 평생 원금을 보존하면서도 매달 260만 원 이상의 현금 흐름을 만들 수 있다. 단순히 저축만 했을 때와 비교하면 엄청난 차이가 나는 결과다. 아직은 납입 기간이 길지 않아 큰돈은 아니지만, 이대로 꾸준히 복리로 쌓아간다면 노후의 안정 자금이 될 수 있을 것이다.

연금 저축 계좌의 가장 큰 장점은 세제 혜택이다. 연간 납입액 600만 원까지 세액공제를 받을 수 있어, 연말정산 시 소득에 따라 최대 16.5%의 세액공제를 받을 수 있다. 또한, 투자 과정에서 발생하는 수익에 대한 과세가 연금 수령 시점까지 유예되어 복리 효과를 극대화할 수 있다. 연금을 수령할 때는 낮은 세율(3.3~5.5%)이 적용되므로, 절세 효과와 안정적인 수익을 동시에 누릴 수 있다.

연금 저축의 장점을 예전부터 알고는 있었지만, 20~30년 동안 돈이 묶이는 것이 부담스러워 가입하지 않았다. 더욱이 이렇게 투자로 활용하는 것이 아닌, 단지 저축으로서만 모으는 것은 그다지 매력이 없었다. 그러나 미국 S&P500 지수의 장기적 성장 가능성을 이해한 후, 오히려 이 계좌를 활용하지 않는 것이 더 큰 손실이라는 생각이 들었다. 이 계좌를 개설한 후 연말정산에서 매년 세액공제 혜택을 받으며 동시에 투자 계좌가 꾸준히 성장하는 것을 직접 경험하고 있다.

미국 S&P500 지수는 미국을 대표하는 500대 기업의 성과를 반영한다. 이는 곧 미국 경제 전반의 성장에 투자하는 것과 다름없다. 역사적으로 S&P500 지수는 꾸준히 상승해 왔으며 연평균 10% 정도의 수익률을 기록하고 있다. 특히, 이 지수는 다양한 산업과 기업에 분산 투자된 형태를 취하기 때문에 개별 기업 투자에 대한 리스크를 줄이고 안정적인 수익률을 기대할 수 있게 한다.

나는 2030년 새로운 꿈의 시작을 위한 중장기적 자금도 마련해야 한다. 이 자금과는 별개로, 연금 저축 투자는 안정적인 노후 대비를 위해 크게 부담되지 않는 금액으로 진행하고 있다. 월급날이면 매달 35만 원씩 정기적으로 Tiger 미국 S&P500 ETF를 매수하며 투자 습관을 지켜왔다. 주가가 하락할 때도, 상승할 때도 변동성에 흔들리지 않고 일정 금액을 꾸준히 투자한 결과, 지난 3년간 45~50%의 수익률을 얻을 수 있었다. 이는 미국 S&P500 지수의 장기적 성장성과 연금 저축 계좌의 세제 혜택, 그리고 매월 꾸준한 투자가 만들어낸 작은 성과였다.

이를 통해 투자란 단기적인 결과에 일희일비하지 않고 긴 호흡으로 접근해야 한다는 것을 깨닫게 되었다. 직장인으로서 단기 투자에 집중하기에는 시간이 부족하며 변동성이 큰 단기 투자는 심리적 부담도 크다. 초기에 단기 투자를 시도하다가 손실을 경험했던 나로서는 장기 투자 전략이 훨씬 적합하다는 확신이 생겼다. 이런 다양한 시도와 실패의 경험은 나의 투자 성향을 더 깊이 이해하는 계기가 되었고 이를 바탕으로 나만의 투자 원칙을 세울 수 있었다. 나의 투자 원칙은 단순하다. 장기적인 관점에서 안정적이고 꾸준한 성장을 목표로 삼는 것이다. 주식 시장은 조정과 하락장을 겪으면서도 장기적으로 보면 결국 우상향한다. 단기적인 시장 변동에 흔들리지 않고 나만의 원칙을 지키며 마음 편히 투자할 수 있는 방향으로 나아가고 있다. 장기 투자는 단순히 수익률을 높이는 전략이 아니라, 나에게 심리적 안정과 미래에 대한 확신을 가져다주는 길임을 실감했다. 그리고 이것이야말로 주식은 위험하다는 인식에서 벗어나, 올바른 방향으로 자산을 키워가는 방법임을 알게 됐다.

앞으로도 나는 이러한 원칙을 충실히 따르며 변동성이 아닌 꾸준함으로, 조급함이 아닌 인내로 나의 투자 여정을 이어갈 것이다. 이는 나의 자산뿐 아니라, 삶 전체를 더욱 풍요롭고 안정적으로 만들어 줄 것이라 믿는다. 올바른 원칙과 꾸준함을 바탕으로 하는 투자는 내가 원하는 결과를 현실로 만들어 줄 것이다.

2) ISA 계좌를 활용한 절세 및 미국 S&P500 지수 투자

2022년 12월, 삼성증권 앱에서 연금 저축 계좌를 개설하면서 나는 ISA 계좌도 함께 만들어 두었다. 처음부터 ISA 계좌를 활용하지는 않았지만, 이 계좌의 장점을 알고 난 후부터는 미리 만들어 둔 것이 얼마나 잘한 일이었는지를 깨닫게 됐다. 그리고 올해부터는 이 ISA 계좌를 나의 투자 전략에 적극적으로 활용하는 계획을 세웠다.

ISA 계좌(Individual Savings Account)는 이름 그대로 개인의 자산을 종합적으로 관리할 수 있는 계좌다. 예금, 펀드, ETF, 주식 등 다양한 금융상품을 한 계좌에서 운용할 수 있을 뿐만 아니라, 절세와 투자 효율성을 극대화할 수 있다는 장점이 있다. 매년 2,000만 원까지 납입할 수 있고 전년도에 납입하지 못한 금액은 다음 해로 이월된다. 3년의 의무 보유기간이 있지만, 중도 인출이 가능해 필요한 사람은 이를 적절히 활용할 수 있다. 다만, 중도 인출한 금액만큼 납입 한도는 줄어든다. 만기 5년 동안 최대 1억 원까지 납입할 수 있는 이 계좌는 투자자들에게 든든한 절세 수단이자, 장기적인 자산관리의 발판이 될 수 있다.

특히, ISA 계좌의 가장 큰 매력은 비과세 혜택이다. 일반형(연간 근로소득 5,000만 원 이상) 기준으로 연간 수익금 200만 원까지 비과세가 적용되고, 서민형(연간 근로소득 5,000만 원 이하)과 농어민

형의 경우 400만 원까지 비과세 혜택을 누릴 수 있다. 초과 수익에 대해서도 9.9%의 낮은 세율이 적용되기 때문에 일반 계좌에서 15.4%의 배당소득세를 부담하는 것보다 훨씬 유리하다. 게다가 의무 보유기간 동안 과세가 이연된다는 점도 큰 장점 중 하나다. 수익금에 세금을 떼지 않고 그 금액을 다시 투자할 수 있어 복리 효과가 극대화된다. 예를 들어, 배당금을 재투자했을 때 과세가 없다면 원금과 수익금 모두 성장의 발판이 되기 때문에 복리 효과를 더욱 크게 누릴 수 있다. 이는 단순한 세금 절약이 아닌, 투자 수익을 증폭시키는 핵심 요인으로 작용한다.

ISA 계좌의 또 다른 장점은 손익 통산 기능이다. 이는 여러 금융 상품에서 발생한 손익을 통합해 세금을 계산하는 방식으로, 세금 절감에 매우 유리한 기능이다. 예를 들어, 한 종목에서 1,000만 원의 이익이 나고 다른 종목에서 300만 원의 손실이 발생한 경우, 1,000만 원에서 300만 원을 차감한 700만 원에 대해서만 세금이 부과된다. 이는 개별 상품에 대해 각각 세금을 부과하는 일반 계좌와 비교했을 때 매우 유리한 방식이다. 이 계좌를 활용하면 개별 상품의 손익에 연연하지 않고 장기적이고 포괄적인 투자 전략을 세울 수 있다. 결과적으로 ISA 계좌는 효율적인 세금 관리와 투자 다각화를 동시에 실현할 수 있는 강력한 수단이라 할 수 있다.

2022년에 연금 저축 계좌와 함께 개설해 둔 내 ISA 계좌는, 올해부터 3년의 의무 보유기간이 모두 지났다. 중도 인출을 하게 되면 인출한 금액만큼 한도가 줄어들기 때문에 3년 이내에 단기 자금이 필요한 상황이 많았던 나는, 그동안 이 계좌를 적극적으로 활용하지 못했다. 의무 보유기간이 지난 지금, 내 ISA 계좌는 그동안 납입하지 않았던 금액까지 합산해 총 8천만 원을 한 번에 납입할 수도 있는 상태가 되었다. 이는 이 계좌를 활용해 절세 효과를 최대로 누릴 기회임과 동시에 올해 나의 투자 전략에서 매우 중요한 부분이 될 수 있음을 깨달았다. 그래서 이 계좌를 적극적으로 활용하는 방향으로 투자 계획을 새롭게 수립했다.

연금 저축 계좌에서 지난 3년 동안 Tiger 미국 S&P500 ETF에 투자하며 안정성과 수익성을 동시에 확인한 나는, ISA 계좌에서도 미국 S&P500지수를 추종하는 국내 상장 ETF를 중심으로 매월 정기적인 투자를 계획했다. ISA 계좌는 배당수익에 대해 과세 이연이 적용되기 때문에 배당금을 많이 주는 Tiger 미국 배당 다우존스를 추가했고, 변동성은 있지만 수익을 더 올릴 수 있는 Kodex 미국 나스닥100을 추가해, Tiger 미국 S&P500과 1:1:1 비율로 자동 매수를 신청해 두었다. 또한 명절 보너스, 성과상여금, 연말정산 환급액, 정근수당, 추가 부수입 등으로 발생할 수 있는 모든 금액을 이 계좌에서 투자해 최대로 절세 혜택을 누릴 계획이다. 아직 이 계좌를 활용한지 얼마 되지 않아 수익률은 더 지켜봐야겠지만 플러스 수익으로 진행되고 있다.

ISA 계좌를 미리 만들어 둔 덕분에 의무 보유 기간에 묶이지 않으면서도 높은 한도 금액을 입금해 계좌의 혜택을 온전히 누릴 수 있게 되었다. 이를 통해 작은 준비와 관심이 시간이 지나면서 더 큰 가치와 기회를 만들어 줄 수 있음을 깨닫는다. 무엇이든 미리 준비하는 것은 언제나 유리하다. 특히, 투자에 있어서는 하루라도 빨리 시작하는 것이 미래를 위해 가장 현명한 선택이다. 작은 시작이라도 시간이 흐르면 놀라운 결과를 만들어낼 수 있으며 복리의 마법은 시간이 지날수록 그 효과가 배가 된다.

장기적 관점에서 월 적립식 투자의 가장 큰 장점은 적은 금액으로도 부담 없이 시작할 수 있다는 점이다. 과거에는 투자란 큰 자본이 있어야만 가능하다고 생각했지만, 사실은 그렇지 않다. 한 달에 적은 금액이라도 꾸준히 투자한다면 누구나 투자의 문을 열 수 있다. 특히, 월 적립식 투자는 복잡한 절차나 전문적인 지식 없이도 실행할 수 있으며 매달 정해진 금액을 매수만 하면 되기 때문에 큰 노력이나 시간이 필요하지 않다. 이 과정에서 중요한 것은 완벽한 시장 타이밍을 노리려 하지 않고 시장의 변동에 흔들리지 않으며 단지 기계적으로 매달 매수를 이어가는 것이다. 이 같은 방법은 주식이나 투자를 잘 모르는 사람도 꾸준히만 진행한다면 복리 효과와 시장의 성장성 덕분에 장기적으로 충분히 안정적인 재정 상태를 준비할 수 있도록 해준다.

투자의 시작은 거창하거나 복잡하지 않다. 중요한 것은 완벽한 준비가 아니라, 지금 바로 행동으로 옮기는 것이다. '오늘의 나'가 '미래의 나'를 위해 얼마나 중요한 선택을 할 수 있는지, 그 선택이 결국 어떤 결과로 이어질지를 이해하게 된다면, 현재의 작은 행동 하나하나를 더욱 의미 있게 선택하게 될 것이다. 지금의 선택은 단순히 오늘 하루를 결정하는 것이 아니라, 더 나아가 나의 삶 전체를 형성하는 밑그림이 된다. 오늘의 작은 절약, 꾸준한 투자, 새로운 배움을 위한 도전과 같은 선택들은 처음에는 미미해 보일 수 있지만, 시간이 흐르면 미래에 놀라운 변화를 만들어낼 수 있다. 결국 '미래의 나'는 '오늘의 나'가 쌓아 올린 모든 선택의 결과물이다. 더 나은 내일을 꿈꾼다면 지금, 이 순간을 소중히 여기고 후회 없는 선택을 이어가는 것이 중요하다. 적은 노력과 시간이 쌓여 큰 결실을 보는 법칙은 투자뿐만 아니라, 삶의 모든 영역에 적용할 수 있는 변치 않는 진리다. 나는 준비와 실행이 가져다주는 힘을 믿으며 앞으로도 꾸준히 배우고 실천해 더 나은 미래를 그려 나갈 것이다. 앞으로도 ISA 계좌를 포함한 다양한 투자 수단을 활용해 장기적인 자산관리를 꾸준하게 이어갈 계획이다.

3) 일반 주식 계좌를 활용한 미국 주식 소액 분산 투자

최근에는 소액으로도 주식을 매수할 수 있는 증권사들이 점차 늘어나고 있다. 1주에 수백 달러에 이르는 대형주들은 1주만 사기에도 부담이 큰 것이 사실이다. 하지만 소액 투자를 활용하면 단돈 1,000원으로도 미국의 우량주 여러 개에 분산 투자가 가능하다. 소액 투자를 활용하면 단일 종목에 투자하는 리스크를 줄이고 다양한 종목에 분산 투자하는 효과를 손쉽게 누릴 수 있다.

나의 경우 테슬라, 엔비디아, SPY, 구글, 애플, 아마존, 마이크로소프트, 브로드컴, 메타 플랫폼스, GE에어로스페이스, 코카콜라, 스타벅스, 존슨앤드존슨 등 미국 시가총액 상위 종목에 하루 1,000원씩 자동 매수를 설정했다. 이처럼 소액으로 매일 꾸준히 투자하면 자연스럽게 분산 투자가 이루어지며 장기적으로 안정적인 포트폴리오를 구축할 수 있다. 특히, 작년 엔비디아의 급격한 성장으로 중간에 하루 투자금을 1,000원에서 5,000원으로 상향 조정했는데, 그 결과 원금 80만 원이 3백만 원으로 성장하는 경험을 했다. 현재 엔비디아 외에도 테슬라 150%, 브로드컴 55%, 구글과 애플 40% 이상의 수익률을 기록 중이며 다른 종목들에서도 10~30%의 수익률을 확인하고 있다.

미국 S&P500 지수를 추종하는 ETF를 매수하는 것이 더 간편할 수도 있지만, 주식 투자 초반인 만큼 개별 주가의 흐름을 직접 확인해 보고 싶었고 결과적으로 이러한 선택은 엔비디아 수익률 270%라는 놀라운 결과를 가져왔다. 이렇게 매일 1,000원씩 투자하는 습관은 적은 돈의 소비도 막아 주는 효과를 가져왔다. 쓸데없이 1,000원을 지출할 바에야 소액 주식 투자를 하는 것이 장기적으로 큰돈으로 불려주는 것을 확인했기 때문이다.

해외 주식은 수익금의 250만 원까지는 비과세이고 이후 수익에 대해서는 22%의 양도소득세가 적용된다. 나는 이 한도를 고려해 2024년 12월 수익금 250만 원에 맞춰 일부 매도했으며 올해도 같은 방식으로 매도해 세금 혜택을 활용할 계획이다. 올해는 엔비디아 투자금을 다시 하루 1,000원으로 하향하는 대신 테슬라 주식을 6,000원으로 상향 조정했다. 또한, 국내 주식에서도 조선주, 방산주, 반도체주, 바이오주를 하루 2,000원씩 소액 자동 매수로 추가하며 투자 영역을 다각화했다. 이렇게 시장의 상황과 주가 흐름에 따라 투자 종목과 금액을 조금씩 재조정하며 대응하고 있다.

자동 매수 주기는 매월, 매주, 매일 중에서 선택할 수 있지만, 나는 매일 매수하는 것이 평균 매수 단가를 낮추는 데 더 효과적이라고 판단하여 매일 매수 방식을 선택했다. 여러 종목에 투자하여 종목 분산 효과를 얻고 매일 매수함으로써 시간 분산 효과까지 얻고 있다. 이처럼 소액 투자와 자동 매수 방식을 활용하면 적은 자본으로도 누구나 효과적인 투자를 할 수 있다. 중요한 것은 꾸준히 투자하는 습관과 시장 상황에 대한 지속적인 관심을 가지는 일이다.

소액 투자를 통해서 적은 돈으로도 충분히 가능성을 확장할 수 있음을 알게 됐다. 여러 종목에 매일 1,000원씩 투자하는 작은 행동이 모여 엔비디아와 같은 높은 수익률을 가져왔다. 그리고 나머지 종목에서도 안정적인 수익률을 기록하며 이대로 꾸준히 진행한다면, 장기적인 자산 형성의 기반이 될 수 있음을 확인했다. 이 과정에서 완벽한 시장 타이밍을 기다리는 것보다, 지금 당장 적은 금액이라도 투자를 시작하는 것이 옳다는 결론을 내렸다. 소액 투자와 꾸준한 실천은 단순히 재정적인 이익을 넘어 투자에 대한 자신감과 시장을 이해하는 통찰력을 키우는 과정이었다. 앞으로도 나는 변화하는 시장에 발맞춰 전략을 조정하며 나만의 투자 여정을 이어갈 것이다. 미래를 바꾸는 첫걸음은 생각보다 간단하다. 오늘 1,000원을 절약해 투자하는 작은 실천이 미래의 나에게 큰 자산으로 돌아올 것이다.

07

월급 외 부수입을 만들자

1) 구글 애드센스 운영

2023년 가을, 나는 평소처럼 유튜브를 들으며 걷다가 '구글 애드센스'라는 개념을 처음 접했다. 기존에 알고 있던 네이버 블로그는 주로 개인 사업이나 상품 홍보가 목적인 블로그이며 애드 포스트라는 수익 구조가 있긴 하지만 수익은 미미한 수준이다. 반면, 구글 애드센스는 티스토리 블로그를 기반으로 광고를 게재하고 이를 통해 달러로 수익을 창출하는, 수익 자체가 목적인 블로그 운영 방식이었다.

구글 애드센스 운영은 네이버 블로그처럼 단순히 글을 작성하는 것을 넘어, 철저한 분석과 전략을 요구했다. 특히, 애드센스를 시작하기 위해서는 까다로운 승인 절차를 통과해야만 한다. 흔히 '애드 고시'라고 불릴 만큼 승인 과정은 쉽지 않았다. 승인은 동일 주제의 글 20개 이상을 정해진 형식에 맞게 작성해야만 신청을 넣을 수 있고 코드나 설정이 조금이라도 어긋나면 비승인을 받을 수 있었다. 승인 이후에는 사람들의 유입을 꾸준히 유도하며 광고 클릭률을 높이기 위해 전략적으로 블로그를 운영해야 했다.

애드센스의 세계를 본격적으로 알게 된 건 아로스 님의 강의를 통해서였다. 그의 홈페이지에서 매일 달러 수익을 인증하는 제자들의 이야기를 보며 나도 애드센스를 통해 달러를 모을 수 있겠다는 가능성을 느꼈다. 이후 아로스 님의 올인원 강의를 끊고 그중 승인 강의부터 들으며 차근차근 준비를 시작했다. 20개 이상의 글을 작성해 승인 신청을 넣었지만, 첫 결과는 비승인이었다. 매니저님의 조언으로는 비승인 받을 수 있는 주제를 선택한 것이 원인 같다고 하셨다. 승인 단계에서 발목이 잡히는 상황이 반복되면서 배운 기술을 실전에 적용해 보기도 전에 지치기도 했다. 하지만 포기하지 않고 강의에서 추천한 주제를 기반으로 새롭게 다시 20개의 글을 작성했다. 그러나 이번에는 애드센스 계정 명의 문제로 또다시 비승인을 받았다. 이 과정은 정말로 답답하고 고단했지만, 결국 명의 문제를 해결한 뒤 여러 차례 시도 끝에, 어렵게 승인을 받을 수 있었다. 이 과정에서 내가 느낀 것은 애드센스 승인은 단순한 글쓰기 이상의 인내와 끈기가 필요하다는 점이었다. 승인 신청 후에도 한 달가량 하루에 한 개씩 꾸준히 글을 추가하며 승인 결과를 기다려야 한다. 한 번에 승인됐을 경우를 기준으로, 대부분 승인 메일이 도착할 때는 블로그에 약 50개 이상의 글이 쌓인 상태다.

이렇게 많은 시행착오와 노력을 거친 덕분에 나는 승인 과정을 더 깊이 이해할 수 있었다. 이후 다른 계정이 더 필요해 두 개의 계정을 추가로 승인받는 과정에서는 모두 한 번의 시도로 승인을 받을 수 있었다. 만약 첫 시도에서 운 좋게 바로 승인을 받았다면, 비승인 이유와 각각의 해결 방안을 제대로 이해하지 못했을 것이다. 하지만 유형별 다른 실패를 경험하며 그 원인을 파악했기에, 이제는 승인 과정을 정확히 알고 다른 사람에게 조언할 수 있는 정도가 되었다. 애드센스의 진입 장벽은 많은 사람에게 하나의 도전이다. 실제로 승인 과정에서 약 30%가 포기하고 이후 운영 과정의 어려움으로 또 다른 30%가 포기하며 여기에 광고 제한과 같은 문제로 또다시 30%가 포기하면 결국 애드센스를 끝까지 운영하며 지속적인 수익을 내는 사람은 약 5%에 불과하다고 한다.

애드센스 블로그 운영 방식은 크게 두 가지로 나뉜다. 하나는 단기적인 이슈 블로그를 통해 당장의 수익을 목표로 하는 방식이다. 최신 트렌드를 빠르게 파악해 글을 작성하고 외부 유입을 유도해 높은 조회 수를 기록하며 바로 수익을 낼 수 있는 구조다. 하지만 이렇게 운영되는 방식은 블로그 하나에 장기적으로 글을 쌓으며 키워가지 못하고 잠깐의 큰 수익을 벌고 그 블로그 하나를 버려야 한다는 단점이 있다.

다른 하나는 장기적인 롱테일 블로그로, 꾸준히 한 블로그에 글을 쌓으며 연금처럼 자동 수익을 창출하는 방식이다. 한 가지 주제를 정해 적어도 6개월 이상 동안 양질의 글을 꾸준히 작성함으로써 구글에 상위 노출이 되어야만 안정적인 수익을 만들 수 있는 구조다. 이는 시간과 노력이 많이 들어가기 때문에 초보자가 쉽게 지속하기 어렵다는 단점이 있다. 나는 당장의 수익보다는 장기적인 관점에서 안정적인 수익을 만드는 방법을 선호했지만, 초기 단계에서 아무런 확신 없이 꾸준히 글만 쓴다는 것은 쉽지 않은 길이었기에 강사조차 처음부터 이 길을 권하지 않는다.

승인을 기다리는 동안에도 나는 글을 꾸준히 작성하고 강의를 여러 차례 반복해서 들었다. 승인 이후 올인원 강의의 모든 스킬을 바로 적용할 수 있도록 각 블로그 운영 방법을 익히고 또 익혔다. 그 덕분에 나는 승인 후, 첫 글부터 최대한 많은 수익 요소를 동원하여 글을 작성할 수 있었고 첫 글부터 5달러 이상의 수익을 올렸다. 처음이라 이게 많은 수익인지 나는 알 수 없었으나, 1,500명의 수강생이 모여 있는 단톡방의 대화를 통해 엄청난 성과임을 확인할 수 있었다. 첫 글 5달러 애기를 들은 단톡방 대부분은 몇 달을 운영해도 0.01달러도 어렵다는 말을 전했고 모두 대단하다는 말과 함께 비법을 묻기도 했다. 내가 생각하는 비법은 단순했다. 승인 이후의 단계를 대비하며 강의의 모든 내용을 미리 익혀놓기 위해 노력했다. 특히, 매니저님이 강의를 5회 들었다고 했을 때는, 그럼 나는 10회를 들어야겠다고 속으로 다짐했었다. 그래서 매일 아침 출근 준비, 출퇴근 시간, 점심 식사 후 걷는 시간 등 하루 중 모든 흘러가는 시간 동안 수시로 강의를 반복적으로 들었다.

처음 블로그를 운영할 때, 나는 다양한 운영 방식들을 직접 빠르게 경험하며 수익을 창출하는 법을 익혔다. 이슈 블로그와 외부 유입 블로그를 동시에 운영하며 1달 만에 300달러의 수익을 기록했다. 글이 다음(Daum)에 상위 노출되고 외부 유입을 적용하며 수익이 즉각 발생하는 이 운영 방식은 짜릿한 성취감을 안겨 주었다. 하지만 시간이 흐를수록 한 가지 중요한 사실을 깨닫게 되었다. 이 방식은 지속 가능하지 않았고 내가 원하는 방식이 아니었다. 단기적으로 순간의 이슈성 글을 작성하며 한번 쓰고 버리는 방식의 운영법이 아닌, 당장 수익이 없더라도 한 블로그에 글을 꾸준히 쌓아나가고 싶었다.

배운 기술을 적용하며 결과를 확인하는 과정은 나에게 너무나 흥미로웠다. 확인 과정에서 수익 증대의 방법을 알았고 이대로라면 쌓인 글들을 서로 엮어 고수들처럼 몇천, 몇만 달러의 수익으로도 이어질 가능성을 확인했다. 그리고 그 길이 머지않은 순간이었다. 하지만 이 삶을 지속할 수는 없다는 결론을 내렸다. 두 달 동안, 알아가는 과정의 즐거움에 잠자는 것도 잊은 채, 새벽 2~3시에 잠드는 생활이 반복되면서 나는 체력이 소진되는 것을 느꼈다. 모든 것 중에 나의 가장 중요한 가치는 바로 건강이다. 건강을 잃는다면 아무것도 소용없음을 알기에, 그날 이후 나는 애드센스를 잠시 멈췄다. 그리고 그날부턴 약해진 체력을 회복하는 데 집중했다.

몇 개월의 휴식은 방향을 재정비하는 시간이 되었다. 나는 순간적인 수익 대신, 장기적인 자동 수익 구조를 만드는 방식으로 전환하기로 했다. 그동안 여러 방식을 실험하며 얻은 경험과 인사이트를 바탕으로, 이제는 한 가지 주제를 정해 장기적으로 운영하는 롱테일 블로그를 운영하기로 결심한 것이다. 평소 관심이 많았던 건강과 의학을 중심으로, 특히 근육학 및 근골격계 질환의 정보성 글을 다루기로 했다. 이제 내 목표는 당장의 수익 구조가 아닌, 시간이 지나도 가치가 남는 콘텐츠를 꾸준히 쌓아가는 것이다. 이 운영 방법은 승인을 다시 받아야 한다. 그래서 새 블로그를 개설하고 승인 과정을 다시 거쳤으며 이제는 장기적인 관점에서 콘텐츠를 쌓아가는 중이다.

블로그 운영 방식에 대한 변화는 단순히 블로그만이 아니라, 내 삶의 가치와 방향성까지 다시 확인하는 순간이었다. 무엇을 위해, 어떤 방식으로, 어떻게 지속할 것인가. 나는 결국 나만의 길을 계속 찾아가고 있다.

몇 개월의 휴식 후에 다시 애드센스를 시작하면서부터는 늦은 밤까지 작업하는 것을 방지하기 위해 나만의 전략을 세웠다. 이전에는 집에서 작업을 했기 때문에 시간 제한이 없었다. 이후 나는 10시까지만 작업하기 위해, 일부러 도서관에 다녔고 도서관 마감 시간인 10시 이후 노트북을 차에 두고 집으로 들어왔다. 이 전략 덕분에 나는 수면 시간을 확보하면서도 꾸준히 블로그를 운영할 수 있게 되었다.

나는 앞으로도 긴 호흡으로 글을 쌓아가며 안정적인 수익을 추구할 것이다. 지금은 내 블로그가 다음(Daum)을 거쳐 네이버에 노출되고 있고 더 많은 글이 쌓이고 시간이 지나면 최종적으로 구글에도 노출될 날을 기대한다. 그 여정이 당장 수익을 가져오는 운영 방식보다 지치고 더딜지라도, 글 하나하나가 쌓여갈수록 큰 결실을 가져올 날을 기대하며 오늘도 한 걸음을 내디딘다. 느리지만 꾸준히, 나는 나만의 길을 걸어가고 있다.

구글 애드센스를 통해 부수입을 창출하려는 도전은 단순히 수익 이상의 가치를 깨닫게 해주었다. 나는 이 과정을 통해 수익을 창출하는 구조와 사람들의 행동 심리를 깊이 이해할 수 있었다. 특히, 애드센스에서의 경험은 마케팅과 영업의 본질을 배우는 데 큰 도움이 되었다. 애드센스 운영의 핵심은 단순히 글을 작성하는 것이 아니라, 그 글을 사람들이 읽고 공감하여 결과적으로는 광고 클릭을 하게 만드는 데 있다. 이 과정은 마치 물건을 고객에게 판매하는 절차와도 매우 흡사했다. 제품을 판매하기 위해 고객의 니즈를 파악하고 신뢰를 쌓아야 하듯, 블로그 글 역시 독자들이 필요로 하는 정보를 제공하고 가치를 전달해야 광고 클릭으로 이어질 수 있었다.

또한, 애드센스를 운영하며 외부 유입을 유도하기 위해 카페나 다른 플랫폼에 글을 공유하고 사람들을 블로그로 유인하는 과정은 하나의 영업 활동과도 같았다. 사람들의 관심을 끌고 신뢰를 얻으며 광고 클릭이나 블로그 방문과 같은 행동을 유도하는 과정에서 마케팅과 영업의 본질을 체험할 수 있었다. 사업이 물건이나 서비스를 고객에게 판매하는 행위라면, 애드센스 블로그는 글을 독자들에게 읽히게 하는 행위라는 점에서 유사했다. 나는 이 과정을 통해 사업의 기초부터 고객과의 소통, 그리고 마케팅 전략까지 전반적인 비즈니스 운영의 실질적인 감각을 익힐 수 있었다. 이 모든 경험은 앞으로 내가 사업을 해 나감에 있어 큰 자산이 될 것이라 확신한다.

2) 전자책 제작 및 온라인 코칭

언젠가 내 모든 꿈과 목표를 이룬 시점에 그 과정을 한 권의 책으로 엮어내겠다는 소망은 오랫동안 내 안에 자리 잡고 있었다. 하지만 그 꿈은 "나중에 모든 것을 다 이룬 이후에"라는 말 뒤에 숨겨져 있었다. 그러나 전자책 제작과 온라인 코칭에 도전하며 깨달았다. 꿈을 실현하기 위해 미래의 어느 날을 기다릴 필요가 없다는 것을. 시작은 언제나 지금, 이 순간부터였다.

전자책 제작을 결심한 계기는 단순했다. 저질 체력이었던 내가 강철 체력을 길러내며 삶에 일어난 긍정적인 변화를 사람들과 나누고 싶었기 때문이다. 『365일 지치지 않는 체력을 만드는 방법』이라는 제목 아래, 내 건강 철학과 경험에서 우러나온 실질적인 노하우를 담았다. 이 책은 단순한 체력 증진법을 넘어, 꿈을 이루기 위해서는 건강한 체력이 얼마나 중요한지에 대한 메시지를 담았다.

평소 흘러가는 시간 속에서 떠오르는 아이디어를 메모하며 목차를 잡아갔고 각 소제목에 담을 내용을 구상하며 큰 뼈대를 만들어 나갔다. 퇴근 후에는 바로 도서관으로 향했고 주말에도 온종일 글쓰기에 몰입하며 나만의 이야기를 풀어나갔다. 책은 기본 편과 완성 편으로 나누어 구성했다. 기본 편은 무료로 배포해 기본적인 정보와 체력의 중요성을 알렸고, 이후 완성 편은 구매를 통해 더 깊이 있는 내용을 제공하는 방식을 택했다. 내가 쓴 전자책이 누군가에게 작게나마 동기를 부여하고 새로운 삶의 시작점이 되기를 바랐다.

책을 쓰는 과정은 단순히 정보를 나열하는 과정 그 이상이었다. 그것은 내 삶의 조각들을 하나로 엮어내고 나를 재발견하는 여정이었다. 처음에는 모든 꿈을 이룬 후 성공 스토리를 담으려는 생각이었으나, 글쓰기를 통해 작가로서의 가능성과 지속적인 성장을 깨달았다. 단순히 한 권의 책으로 끝나는 것이 아니라, 앞으로도 꾸준히 글을 쓰고 책을 내며 세상에 가치를 전하고 싶다는 다짐으로 이어졌다.

전자책을 완성하는 과정에서 막히는 부분도 있었고 책에 들어갈 이미지를 찾지 못해 고민하는 순간들도 있었다. 하지만 그때마다 뜻밖의 해결책이 나를 찾아왔다. 직장에서 받은 AI 교육을 통해 그림 제작 프로그램을 알게 되었고 내가 원하는 이미지를 직접 만들어 책에 담을 수 있었다. 또한, 내가 두 가지 논리에 부딪혀 그에 대한 답을 찾고자 했을 때, 병원에서 얻은 인사이트가 막힌 논리를 해결해 주기도 했다. 이 경험은 내가 읽었던 『결국 해내는 사람들의 원칙』이란 책에서 언급된 '망상활성계(RAS)'의 개념을 떠올리게 했다. 매 순간 내가 원하는 것에 집중하고 있으면, 주변 환경과 모든 요소가 자연스럽게 나를 돕는 방향으로 움직인다는 원리였다.

이 원리를 전자책 제작 과정에서부터 인지하게 되었다. RAS의 작동 원리는 내 생각의 방식을 더욱 여유 있게 만들어 주었다. 나는 항상 '어떻게'에 초점을 맞추며 살아왔다. 어려운 상황 앞에서도, 불가능해 보이는 일 앞에서도, 언제나 '어떻게 하면~'으로 생각을 이어 나갔다. '어떻게 하면 이것을 해결할 수 있을까, 어떻게 하면 이 상황에서도 내가 이걸 해낼 수 있을까.' 이렇게 찾은 방법들을 그대로 실행했고 언제나 긍정적인 결과로 이어졌다.

하지만 이번에는 조금 다른 관점을 배웠다. 방법보다 중요한 것은 '원하는 것에 집중하는 것'이라는 점이었다. 해결 방법에 집중하며 열심히 방법을 찾고자 했으나, 방법이 없었을 땐 막막할 수 있었다. 하지만 그런 순간조차도 '결국은 모두 해결될 거야.'라는 생각으로 더욱 여유를 가질 수 있게 된 것이다. 또한, 내가 할 수 있는 현실적인 방법에만 한계를 두는 것이 아닌, 더 큰 가능성을 열어 두는 자세를 가지게 되었다. 그런 다음 내가 정말로 원하는 것만을 더욱 뚜렷이 설정하고 거기에 모든 에너지를 집중하기로 했다. 그러면 정말로 내 주변 환경과 자원이 알아서 해결책을 가져온다는 것을 확신하게 되었기 때문이다. 그동안 내가 스스로 찾았다고 생각했던 모든 해결책도 결국은 이 원리에 의한 것이었음을 깨달을 수 있었다. 이를 믿고 나는 마음을 더욱 편히 먹기로 했다. 전자책 제작 과정에서 막히는 순간마다 필요한 정보와 도구가 시의적절하게 내게 다가왔다.

이는 내가 원하는 것에 초점을 맞춘 결과였다. 그리고 이러한 깨달음은 단순히 전자책 제작에만 머물지 않았다. 앞으로의 모든 도전에서도 내가 원하는 모습과 목표에 집중할 때, 무한한 가능성을 열어줄 것이라는 믿음을 심어 주었다.

완성된 전자책은 크몽이라는 프리랜서 사이트에 승인 신청 후, 정식 등록되었고 이를 계기로 또 다른 도전을 시작했다. 바로 운동과 식습관 관련 온라인 코칭이었다. 오픈 채팅방을 개설하고 지식인, 블로그, 인스타그램 등에 링크를 공유하며 참여자를 모집했다. 참여자들과 함께 건강 습관 개선 챌린지를 진행하며 그들의 작은 변화를 지켜보는 것은 무엇보다 큰 재미와 보람이 있었다. 나의 경험과 노하우가 누군가의 삶에 긍정적인 영향을 미친다는 사실은 나를 더욱 열정적으로 만들었다. 물론 직장과 병행하며 이 모든 것을 계속 이어가는 건 쉽지 않았다. 직장 생활의 시간 제약 속에 코칭 활동은 멈추었지만, 여전히 상담 문의를 하는 분들이 계신다. 나는 이 경험을 통해 또 하나의 가능성을 확인했다. 나중에 시간적 여유가 됐을 때, 더 체계적이고 준비된 방식으로 이를 확장할 수 있을 것이라는 확신이 생겼다.

처음 전자책이 완성되던 날, 나는 말로 다 표현할 수 없는 보람과 기쁨을 느꼈다. 그 과정은 쉽지 않았지만, 그렇기에 더욱 값지고 소중했다. 내가 만들어낸 결과물을 출력해 손에 쥐었을 때, 그 감동은 단순히 책 한 권을 완성했다는 성취감 이상이었다. 그 순간, 나는 단순히 무언가를 완성했다기보다는 내 삶의 작은 가능성을 증명한 것 같았다. 그리고 얼마 후, 전자책으로 생긴 첫 수익을 확인했을 때, 단돈 2만 원이었지만, 그 가치는 숫자로 환산할 수 없었다.

나는 그때 깨달았다. 투자로 1,000만 원의 수익이 생겼을 때보다, 내가 직접 만든 전자책으로 2만 원이라는 작은 수익이 생겼을 때 내가 더 크게 기뻐하고 자부심을 느끼고 있다는 것을. 그 작은 수익은 단순한 돈 이상의 의미를 담고 있었다. 그것은 내 안에서 만들어진 결과물이었고 내 시간과 노력이 녹아든 작품이었다. 이를 통해 나는 나에 대해 다시 한번 알게 되었다. 속도가 더딜지라도, 세상에 이미 만들어진 무언가보다 내가 직접 만들어내는 과정에서 더 큰 행복을 느낀다는 것을. 내가 어떤 사람인지, 무엇을 위해 살아가야 하는지를 나 스스로 깨닫는 과정이었다.

나는 확신한다. 나는 화가가 되어 나만의 작품을 그리고, 작가가 되어 내 글을 쓰며, 강연가가 되어 나의 이야기를 전하고, CEO가 되어 나만의 브랜드를 만들어 가야 행복한 사람이라는 것을. 결과보다는 과정에 집중하며 속도가 느리더라도 나만의 길을, 내가 행복할 수 있는 길을 걸어가는 삶. 이것이 바로 내가 추구하는 삶이다.

내가 꿈꾸는 것은 거창한 그 무엇이 아니라, 나만의 색깔로 나의 세상을 그려내는 것이다. 나의 세상 속에서 나의 삶과 이야기는 계속 아름답게 그려질 것이다.

이 모든 과정에서 나는 나 자신에게 질문을 던지게 되었다. '내가 왜 지금은 안 된다고 생각했지? 전자책에 그칠 것이 아니라, 지금도 바로 종이책을 출간할 수 있는 거잖아?' 처음에는 모든 꿈을 이룬 후에 종이책을 출간하겠다고 생각했지만, 더는 미룰 필요가 없다는 걸 깨달았다. 이 순간이 바로 내가 준비된 순간임을 말이다.

몇 개월 전, 고명환 작가의 강연에서 들었던 조언이 다시 떠올랐다. "서점에 가서 책 제목과 소제목을 매일 확인하라. 그리고 출판사 이메일을 300개 이상 모아 출판사에 원고를 투고하라." 그날 이후 나는 점심시간에 걷고 남는 시간을 활용해 직장 내 도서관에 들러 출판사 이메일을 조금씩 모으기 시작했다. 하루 10분의 작은 행동이지만, 그것이 나를 꿈에 한 걸음 더 가까이 데려갈 수 있다는 믿음이 있었다.

종이책 출간이라는 목표는 이제 단순히 나의 성취를 위한 것이 아닌, 나의 경험과 이야기를 통해 많은 사람에게 내 생각을 알리고 희망과 용기를 전하고 싶다는 사명으로 바뀌었다. 애드센스,

전자책, 온라인 코칭까지 이어진 도전은 내 꿈을 위해 내게 필요한 부분을 채워 주고 나를 더욱 성장시키는 과정이었다. 내 안의 가능성을 끌어내고 꿈을 향한 길을 조금씩 개척해 나가는 여정이었다.

제주도에 8층 건물을 세우고 그곳에서 시작된 나의 영향력이 전 세계로 확장되는 꿈을 꾸는 것처럼, 꿈은 크고 원대할수록 그 자체로 도전의 동력이 된다. "달을 향해 쏘라. 빗나가도 별이 될 테니" 노먼 빈센트 필의 말처럼, 그것이 당장 이루어지지 않더라도 꿈을 향해 나아가는 모든 순간은 나를 더 나은 방향으로 이끌어 주었다. 나는 오늘도 글을 쓰며 꿈을 향해 한 걸음씩 나아가고 있다. 마치 달을 향해 쏘는 화살처럼, 내 목표는 멀고 크게 보이지만 그 길 위에서 나는, 별이 되어가는 나를 발견하고 있다. 꿈은 결과뿐 아니라, 과정에서도 나에게 무한한 가능성을 가져다주었다. 그러니 꿈을 크고 원대하게 가져야 한다. 빗나가도 그 과정에서 반짝이는 별이 되어 줄 테니까. 그리고 오늘의 별은 결국 내가 원하는 그날 반드시 달에 가 닿을 것이다.

3) 무인 편의점 운영

2024년 10월 1일, 늘 가던 도서관이 휴관이라 무인 카페에서 작업을 하고 있었다. 애드센스 운영 시 연관된 글을 서로 엮기 위해 추가 계정 승인을 준비하며 하루, 온종일 일주일 분량의 글을 미리 작성하고 있었다. 잠시 쉬는 틈에 정면에 놓인 종이 한 장이 눈에 들어왔다. 그것은 바로 이 무인 카페의 새로운 임차인을 구한다는 매물 정보였다. 순간 호기심이 일었고 망설임 없이 매물정보를 확인하기 위해 그 번호로 전화를 걸었다. 월세 보증금과 권리금을 합쳐 약 4,000만 원이면 내가 평소 자주 찾던 이 공간을 직접 운영할 수 있다는 내용이었다. 익숙하고 편안한 이 공간에서 작업하며 운영까지 해볼 수 있다는 생각이 꽤 매력적으로 다가왔다. 그러나 섣불리 결정할 수는 없었다.

나는 독서 모임 단톡방에 이 정보를 공유하며 조언을 구했다. 부동산에 조예가 깊은 분들이 계셨기에, 즉각적인 피드백과 함께 뜻밖의 제안을 받았다. 독서 모임 대표님이 이곳보다 더 저렴한 다른 매물을 추천하며 초등학교 정문 바로 앞에 있는 자리를 알려 주셨다. 이분은 '아라스'라는 무인 편의점을 창업하신 대표님이기도 한데, 해당 위치가 무인 카페보다는 아이스크림, 라면, 과자, 문구 등을 판매하는 무인 편의점으로 더 적합하다는 의견을 주셨다. 그리고 이 자리는 위치가 좋아 대표님도 아라스 자리로 눈여겨보던 자리라고 하셨다. 조금 전 전화로 알아본 카페와 수익률을 비교했을 때, 비슷한 투자 비용으로 수익률이 더 높은 무인 편의점을 하는 편이 더 나은 선택이라는 생각이 들었다.

그날 밤, 나는 단번에 해당 위치로 달려가 주변을 살폈다. 초등학교 정문 바로 앞이라는 위치의 이점은 단번에 눈에 들어왔다. 아이들의 동선과 주변 상권을 꼼꼼히 확인하며 이 자리는 내가 맡아야 할 곳이라는 확신이 들기 시작했다. 더구나 내가 매일 퇴근 후면 들르는 도서관 바로 인근이었기 때문에 관리하기에도 더없이 좋은 곳이었다. 그날 밤, 나는 그 주변을 세 바퀴 돌아보며 이곳을 나의 첫 번째 사업장으로 삼겠다는 마음의 결정을 내렸다. 몇 달간 권리금 때문에 나가지 않던 매물이었지만, 마침 권리금이 없어지면서 매물 인기가 급상승했다. 바로 계약금을 걸지 않으면 다른 사람에게 넘어갈 상황이었다. 전날 밤 미리 다녀오지 않았더라면 바로 결정하기는 쉽지 않았을 것이다. 그러나 인근 아라스의 다른 지점까지 미리 방문해 보며 마음의 결정을 내린 상태였던 나는, 망설임 없이 해당 매물을 계약했다.

계약 후 모든 일정은 빠르게 진행되었다. 그렇게 나는 1달 만에, 11번째로 문을 여는 '아라스' 무인 편의점의 점주가 되었다. 평소 숫자 1을 좋아하던 나는 '11호점'이라는 이름에 특별한 애정을 느꼈고, 오픈 일까지 11월 1일로 맞추고 싶다는 뜻을 대표님께 전했다. 대표님은 내 의견을 존중하며 오픈 준비에 속도를 내주셨다. 인테리어 공사, 전기 승압 작업, 명의 해결 등 다양한 과정을 빠르게 진행했다. 특히, 전기 승압 공사 전에는 전기가 차단되는 상황을 미리 상가 주인들을 찾아가 양해를 구하는 과정도 잊지 않았다. 엄마 명의로 오픈하는 과정에서 여러 어려움이 많았지만, 하나씩 차근차근 해결해 나갈 수 있었다. 모든 준비는 계획한 날짜보다 2일 앞선 10월 30일에 완료되었고, 가 오픈을 거쳐 정확히 11월 1일 정식 오픈을 맞이할 수 있었다.

나는 오픈 일에 드릴 홍보물을 며칠 전부터 직접 제작해 만들었고 쿠키를 포장하여 스티커를 붙여 준비했다. 오픈 당일, 이를 주변 상가와 건물 사장님들께 나누며 직접 한명 한명 인사를 드렸다. 첫날에는 예상 매출의 두 배에 가까운 방문객이 편의점을 찾아주었다. 이후 초등학교 정문 앞이라는 입지 덕분에 아이들이 등하교 시 꼭 들르는 장소로 자리 잡았다. 아이스크림, 라면, 세계 과자, 음료뿐 아니라 케이크와 마카롱 같은 디저트, 문구류까지 다양한 품목이 판매되어 호응이 좋았다. 특히, 편의점보다 저렴한 가격과 더 다양한 상품 구성은 고객들의 긍정적인 반응을 높였다.

그러나 무인 편의점이라고 해서 일이 없는 것은 아니었다. 도서관에서 밤 10시까지 책 집필을 마친 후엔 언제나 무인 편의점에 들러 밤 11시, 때로는 12시까지도 정리를 해야 했다. 물건이 빠르게 소진되기 때문에 자주 재고를 확인해서 재주문을 넣고 물건이 도착하면 진열과 정리 작업이 필요했다. 또한, 키오스크를 점검하고 부족한 잔돈을 채우거나 매장 청소와 정리를 통해 깔끔한 상태를 유지해야 했다. 노동의 수고로움이 컸지만, 이 과정에서 나는 사업 운영에 필요한 감각을 하나씩 익혀나갔다. 앞으로 수익 향상을 위해 샵앤샵 개념으로 반려용품 및 베이커리 그리고 복합 인화기도 들일 계획이다.

현재 6개월째 운영 중인 나는, 이 무인 편의점을 통해 단순히 월급 외 부수입을 얻는 것을 넘어, 앞으로 나의 사업을 위해 필요한 경험을 쌓아 가고 있다. 꿈의 2030년, 내가 이루고자 하는 사업들은 적지 않은 자금이 필요하다. 이 편의점은 그 자금을 마련하기 위한 또 하나의 씨앗이자, 경험을 위한 공간이다. 무인 편의점을 운영하며 나는 단순히 돈을 버는 것을 넘어, 고객을 이해하고 문제를 해결하며 나 자신을 더욱 성장시키는 시간을 보내고 있다. 이곳은 단지 편의점 하나를 운영하는 공간이 아니라, 나의 더 큰 꿈을 실현하기 위한 디딤돌이다. 이곳에서 쌓아가는 많은 경험과 배움은 앞으로 내가 펼쳐 나갈 내 사업의 중요한 밑거름이 될 것이다. 또 다른 도전이었던 이 여정은 내가 꿈꾸는 미래를 한 걸음 더 가까이 끌어당기고 있으며 나의 열정과 노력이 스며든 가능성의 장이 되고 있다.

3장. 돈

경제 공부 · 소비 습관 · 투자 · 월급외 부수입

✱ 실천 확언

올바른 경제관념은 내가 가진 자원을 낭비하지 않고 미래를 설계할 힘을 준다.

✱ 오늘부터 실천

① 신용카드 대신 체크카드로 한 달 용돈 범위 내에서 소비하기
② 쇼핑, 외식 등 단순 소비성 지출 규모 줄이기
③ 월급 외 부수입 수단 만들기(투자 및 부업 등)

✱ 오각형 MONEY 점검 (1~5점)

① 소비를 기록하고 점검하고 있다.
② 꼭 필요한 소비인지 고민한 후 지출한다.
③ 경제적 독립에 대한 목표가 있다.
④ 월급 외의 수입원을 시도하고 있다.
⑤ 돈에 대한 불안보다 주체적 관리 감각이 있다.

변화를 위한 다짐 및 계획

변화를 위한 다짐 및 계획

04

[HEALTH]

건강 없인 아무것도 해낼 수 없다 <u>건강</u>

"

힘든 길을 걷다 보면 비로소 자신을 알게 된다.

그리고 그 길을 끝까지, 걸어 낸 사람만이

정상의 경치를 볼 수 있다.

- 헨리 데이비드 소로 -

삶은 자신을 발견하는 것이 아니라,

자신을 만들어 가는 것이다.

- 조지 버나드 쇼 -

당신이 매일 하는 작은 행동들이 당신의 삶을 정의한다.

- 데일 카네기 -

"

01

변화가 필요한 시점

24살의 겨울, 얼음처럼 차가운 기운이 방안을 가득 채우는 계절이 되자, 이불 속의 온기를 뒤로한 채 몸을 일으키기는 더욱 힘들었다. 그 당시 우리 집은 한겨울을 제외하곤 난방은 켜지 않고 씻을 때만 보일러를 온수로 눌러 사용했다. 침대 위의 전기장판에서 일어나 이불 밖을 나오면 고스란히 찬 기운에 노출되어 이불속으로 다시 들어가고 싶은 마음은 더욱 간절했다.

더욱이 2년 동안 주 6일 동안의 쉼 없는 병원 근무로 나는 체력의 한계를 처절하게 느끼고 있었다. 평일 저녁엔 집에 돌아오면 시체처럼 누워서 쉬기에 바빴고 주말이 돌아오면 하루, 온종일 이불과 한 몸으로 요양하듯 충전해야 했다. 그래야 그다음 한 주를 또 버틸 수 있었으니까. 그렇게 일하고 쉬는 일밖에 하지 못하는 그 시기가 나는 결코, 행복하지 않았다.

지친 몸을 더욱 움츠리게 했던 그해 겨울이 지나고 추위에서 간신히 벗어나자, 나에게 운동을 시작할 작은 계기가 생겼다. 병원 선생님 중 1명이 주말에 등산을 다녀왔다는 경험담을 내 앞에서 풀어놓자, 내 기억도 어느새 2년 전 첫 병원에서의 등산에 대한 추억을 더듬고 있었다.

창밖에는 봄을 알리는 비가 산뜻하게 내리고 있었지만, 그 비에 산행해야 하는 상황을 생각하니 마음이 선뜻 내키지 않았다. '주말인데 쉬고 싶네. 이렇게 비가 오는데 등산은 취소되지 않을까?' 아침부터 괜한 핸드폰만 만지작거리며 단합대회 취소 연락만을 기다렸다. 끝내 연락은 오지 않았고 결국 주말을 반납한 채 억지로 끌려가듯 단체버스에 올라타야만 했다. 버스를 타고 목적지로 이동하면서도 '비가 오니까 산은 오르지 않겠지.'란 생각과 함께 내 마음은 현실을 계속 부정하고 있었다.

나의 간절한 바람과는 달리 우비를 입고 산행은 예정대로 시작되었다. 그때의 추억이 담긴 사진들을 들춰보면 비 오는 그날의 등산 풍경은 분명 구름과 안개로 자욱한 운치 있고 멋스러운 모습이었다. 하지만 당시에는 그 운치를 즐길 여유가 내겐 없었다. 오를수록 무거워지는 다리, 턱 끝까지 차오르는 숨, 바쁘게 요동치는 심장 박동 소리에 무슨 정신이었는지 모른 채 힘겹게 산을 오르고 또 올라야 했다. 앞선 동료들의 드디어 정상이라는 기쁨의 소리를 듣는 순간, 모든 고통이 뒤로 물러나고 마지막 한걸음에 더욱 힘이 실렸다.

산 정상은 구름과 안개로 뒤덮여 아무것도 보이지 않았다. 그래도 뭐가 그렇게 좋았을까. 정상에서의 사진들엔 비와 땀으로 만신창이의 모습이지만, 표정에선 행복을 감출 수 없는 모습이 담겨 있었다. 산을 오르며 느낀 고통과 힘겨움이 정상에서는 모두 사라진 듯했다. 그 무거웠던 발걸음이 거짓말처럼 구름 위에 떠 있듯 일순간에 가벼워짐을 느꼈다. 등산이 주는 상쾌함과 힘들지만 나를 넘어섰다는 그 뿌듯함이 사진 속에 고스란히 담긴 것이다.

그때의 내 생각과 감정이 나를 다시 산으로 불러들였다. 그날 나는 등산에 대한 잠깐의 회상으로 결심하게 된다. 병원 생활 초창기 정상에서 맛본 짜릿한 성취감을 다시 한번 느껴보자고. 그리고 지친 내 몸을 등산으로 강하게 한번 단련해 보자고. 그렇게 그날 저녁 나는 바로 등산화를 구매했다. 무언가를 새로 시작할 때 나는 항상 기대와 설렘으로 가득하다. 첫 등산은 내가 원치 않았던 산행을 끌려가듯 따라갔던 등산이었다. 하지만 이제는 내 의지에 의한 나의 선택으로 시작된 등산이었기 때문에 임하는 자세가 달려졌음을 느꼈다.

등산을 주기적으로 다니기 위해 나는 지역 등산 동호회를 알아봤다. 인원이 많지 않으면서 인근의 산을 자주 다닐 수 있는 산악회를 선택해 돌아오는 주말부터 바로 산행에 합류했다. 다행히 회원분들도 좋았고 너무 어렵지 않은 산행이어서 특별히 민폐는 없었던 것으로 기억한다. 힘든 산행 후 정상에서 싸 온 도시락 및 간식을 먹는 재미도 컸고 하산 후 산 밑에서 정식으로 먹는 식사도 잊을 수 없었다. 그렇게 봄에 시작된 산행은 더운 여름에도, 추운 겨울에도 이어졌고 서서히 체력이 좋아지고 있음을 1년 전 체력의 한계를 절감했던 겨울이 다시 되었을 때, 나는 비로소 알아차리게 되었다. 그리고 마음도 더욱 단단해졌음을.

더 이상 퇴근 후 시체처럼 누워야 했던, 주말은 하루, 온종일 요양해야 했던 내가 아니었다. 삶의 활력이 생기니, 그동안 하고 싶었으나 피곤함과 체력의 한계로 못했던 것들이 모두 하고 싶은 마음이 솟구쳤다. 그 시기부터 나는 버킷리스트를 작성하며 하나씩 해나가기 시작했다. 전국 일주하기, 수영 배우기, 피아노 배우기, 번지

점프하기 등등. 그리고 나는 하나의 운동을 다 배우면 또 새로운 운동에 등록하고 또 그 운동을 다 배우면 또 새로운 운동에 등록하며 갖가지 운동을 배워나가기 시작했다. 그러면서 내 체력은 나도 모르게 어느새 더욱 강화되어 있었다.

등산을 통해 나는 한 걸음, 한 걸음 포기하지 않고 계속 나아가다 보면 결국 산 정상 또는 내가 원하는 곳에 닿을 수 있다는 사실을 깨달았다. 그리고 그 정상에서의 기쁨은 올라오기까지의 인내와 노력의 과정들이 있었기에 더 큰 감동으로 다가온다는 사실 또한 알게 됐다. 산을 오를 때마다 나는 조금씩 더 성장하고 강해짐을 느꼈다. 그리고 산을 오를수록 내 삶의 작은 정상들을 하나씩 정복해 간다는 성취와 짜릿함을 느낄 수 있어 더욱 좋았다.

등산의 과정은 우리 삶과 참 많이 닮았다. 가파른 오르막길을 오르는 동안 수없이 멈추고 싶고 포기하고 싶은 순간이 찾아오지만, 그 사이사이 평지가 이어져 잠시 숨을 고를 수 있는 휴식의 시간도 주어진다. 그렇게 힘든 과정을 견디고 정상에 올랐을 때, 눈 앞에 펼쳐지는 경이롭고 아름다운 자연의 풍경은 깊은 감동을 준다. 그리고 무엇보다 힘든 길을 끝까지 걸어 낸 자신에게도 크나큰 감격이 함께 밀려온다. 많은 사람이 내리막길은 상대적으로 쉬울 것으로 생각하지만, 실제로는 그렇지 않다. 내리막길은 자칫 잘못하면 균형을 잃고 넘어질 수 있으므로 몸의 무게 중심을 유지하고 속도 조절을 잘해야만 안전하게 내려올 수 있다. 인생도 마찬가지다. 내리막길을 맞이했을 때야말로 더욱 조심하고 현명하게 다음을 준비하는 자세가 필요하다. 그래야 다시 오르막을 향해 나아갈 힘이 생길 것이다.

인생은 끊임없이 오르막과 내리막을 반복하는 과정에서 서서히 더 강해지고 성장하여 결국 더 높은 오르막도 오를 수 있는 용기가 생긴다. 삶은 좋은 순간도 영원하지 않지만, 나쁜 순간 역시 계속되지 않는다. 이러한 흐름을 자연스럽게 받아들이고 매 순간을 충실하게 오늘을 살아 나가는 자세가 무엇보다 중요함을, 등산을 통해 다시금 배우게 된다. 그리고 정상에 올라야만 볼 수 있는 풍경과 그 과정을 견디고 올라온 사람만이 느낄 수 있는 감동은 그 어떤 보상보다 크다는 것도.

"힘든 길을 걷다 보면 비로소 자신을 알게 된다. 그리고 그 길을 끝까지, 걸어 낸 사람만이 정상의 경치를 볼 수 있다."
– 헨리 데이비드 소로

02

저질 체력에서
강철 체력으로

초등학교에 들어가기 전부터 나는 하루에도 몇 번씩 코피를 쏟아냈다. 한번 코피가 나기 시작하면 쉽게 멈추지도 않았다. 두루마리 화장지 1통을 다 쓰고 코 가운데를 손톱자국이 날 만큼 한참을 강하게 누르고 있어야 겨우 지혈이 되곤 했다. 코피가 날 때마다 지혈이 너무 안 되니, 무슨 큰 병에 걸린 것은 아닌지 매번 두려웠다. 한밤중에도 코에서 뜨거운 것이 흐르면 어둠 속에서도 그것은 콧물이 아니라, 코피라는 것을 손에 묻은 색깔로 알아차릴 수 있었다.

그렇게 또 언니를 불러 깨웠다. 혼자서는 코를 강하게 눌러 지혈을 시킬 수 없었기 때문에 코피가 나면 언니를 다급히 깨워야 했다. 그날도 1시간가량을 힘들게 겨우 지혈하고 다시 잠자리에 누웠는데, 얼마 지나지 않아 다시 언니를 깨워야 했다. 그렇게 그날 밤은 코피를 지혈하느라 몇 번을 다시 깨어났는지 모른다.

결코, 가볍지 않을 정도로 지혈이 더뎠고 횟수 또한 잦았지만, 코피처럼 가벼운 증상으로 인해 병원에 갈 만큼 우리 집은 여유가 없었다. 이런 말은 부모님에게 하지도 않았다. 그저 언니만 흔들어 깨웠을 뿐이다.

초등학교에 들어가고 체육 시간에 달리기할 때면, 숨이 턱 끝까지 차오르는 느낌이 너무 벅차고 힘들었다. 그것은 중학교, 고등학교, 대학교 내내 마찬가지였다. 중학교 때 줄넘기 2단 뛰기를 단 1개도 뛰어넘지 못해 기를 쓰고 연습하던 기억이 난다. 아무리 연습해도 단 1개를 넘지 못하다가 실기 시험 당일 나는 기적적으로 15개를 처음으로 해냈다. 매끄럽고 부드럽게 해낸 것이 아닌, 말 그대로 기를 쓰고 줄에 걸리지 않으려 온몸에 힘을 주고 뛰어올랐다. 마지막으로 갈수록 줄에 걸릴까 더욱 긴장되는 마음으로 13개, 14개, 15개를 외쳤다. 그리고 마지막 줄을 넘는 순간, 나는 다리에 힘이 풀려 그 자리에서 그대로 주저앉고 말았다.

그렇게 나는 운동을 원래 잘하지도, 운동을 좋아하지도, 체력이 좋지도 않은 그런 아이였다. 그런데 지금의 나는 어딜 가든 주변 사람들에게 '강철 체력', '철의 여인'으로 불리고 있다. 지금의 나를 아는 사람들은 원래부터 내가 운동을 잘했고 원래부터 체력이 강한 줄로만 안다. 내가 아니라고 해도 믿을 수 없다고까지.

돌이켜 보면 25살 등산을 시작으로 삶에 활력이 생기자, 수영, 볼링, 배드민턴, 스쿼시, 탁구, 마라톤, 트래킹, 폴댄스, 크로스핏, 헬스, 홈트레이닝 등 각종 운동을 벌써 15년째 꾸준히 해오고 있다. 이제는 운동 없는 내 삶은 상상할 수 없게 되었다. 그렇게 나는 내가 못 하는 것, 나의 약점을 개선해 오히려 강점으로 만들었다. 체력이 약함으로 인해 오는 불편함에 적극적으로 직면하여 그것을 해결한 결과, 나는 더욱 나은 삶을 얻게 되었다. 강해진 체력으로 인해 내 삶의 질이 완전히 달라진 것이다.

퇴근 후 바로 휴식을 취해야 했던 24살의 어렸던 나보다도, 마흔인 지금의 내가 더욱 강인해졌다는 사실에 새삼 놀라지 않을 수 없다. 요즘의 나는 새벽 4시 기상을 시작으로 잠드는 시간 12시까지 매 시간이 정해진 일정들로 가득한 삶을 보내고 있다. 체력이 내 발목을 잡아 무거운 몸을 일으키며 땅으로 꺼지듯 발걸음을 내디뎠던, 그때의 나는 더 이상 찾아볼 수 없다. 체력이 강해진 만큼 여유 있고 가벼워진 발걸음은, 사람들이 내가 걷거나 등산할 때 내 발걸음을 표현하는 '사뿐사뿐'이란 의태어가 증명하듯 말해 준다.

인기 드라마 미생에 나온 대사가 떠오른다.

"네가 이루고 싶은 게 있다면 체력을 먼저 길러라. 네가 후반에 종종 무너지는 이유, 대미지를 입은 후에 회복이 더딘 이유, 실수한 후 복구가 더딘 이유, 다 체력의 한계 때문이야. 체력이 약하면 빨리 편안함을 찾게 되고 그러면 인내심이 떨어지고 그 피로함을 견디지 못하면 승부 따윈 상관없는 지경에 이르지. 이기고 싶다면 네 고민을 충분히 견뎌줄 몸을 먼저 만들어. 정신력은 체력의 보호 없이는 구호밖에 안 돼."

운동은 단순히 신체를 단련하는 것을 넘어, 어떤 어려움에도 흔들리지 않도록 나의 마음을 더욱 단단하게 해주었다. 운동을 통해 하루의 작은 성취를 이어가다 보면, 결국 나 자신을 믿는 힘이 더욱 강해지고 그 힘은 나를 더 큰 성취로 이끌어줄 수 있다. 삶의 모든 성취는 그 과정을 끝까지 인내할 체력이 먼저 뒷받침되어야 한다. 그 체력을 더 기르고 유지하기 위해 나는 오늘도 정해진 시간, 일정하게 운동한다.

처음부터 무리할 필요는 전혀 없다. 그리고 운동의 성과는 하루 아침에 나타나는 것이 절대 아니다. 현재 본인의 상태에서 꾸준히 할 수 있는 가장 작은 것부터 실천해 보길 바란다. 그 작은 실천을 성실히 이어갈 수만 있다면, 당신의 목표는 이미 달성된 것이다. 오늘 한 걸음의 작은 시도가 당신 인생의 또 다른 정상을 향한 시작임을 믿길 바란다.

1) 운동 관리

#새벽 운동 루틴

• 기지개 및 체중 변화 확인

    2년 전부터 나의 삶은 앞으로의 꿈과 목표들을 이루기 위한 일정들로 가득하다. 하루 4시간만 자는 일정으로, 많은 일을 소화해내는 데 필요한 것은 이를 충분히 견뎌줄 체력임을 지난날의 내 삶을 통해 더욱 깨달을 수 있었다. 나의 삶이 24시간이라는 주어진 시간 안에서 얼마나 더 많은 일을 해낼 수 있는지는 결국 내 몸이 이를 얼마나 버텨줄 수 있느냐에 달려 있다. 현재 내가 가장 중요하게 생각하는 것은 모든 일의 기본이 되는 이 체력을, 그리고 지금까지 15년에 걸쳐 만들어 온 이 체력을 잃지 않기 위해 노력하는 것이다. 그래야만 앞으로 내가 걸어가야 할 나만의 길 위에서 지치지 않고 끝까지 나아갈 수 있기 때문이다.

그래서 내 삶의 루틴에는 운동이 절대 빠지지 않는다. 하루 중 내가 하는 운동 루틴 또한 아침에 눈을 뜬 순간부터 자연스럽게 이어진다. 운동으로 여는 하루는 하루 중 나의 몸을 더욱 가볍고 유연하게 만들어 준다. 새벽 4시 머리맡에 놓인 핸드폰 알람이 먼저 울리면 침대에 누운 채로 양팔과 다리를 쭉 뻗어 밤새 굳어 있던 나의 관절과 근육도 함께 깨워 준다. 매우 간단한 동작이지만, 이렇게 기지개를 켜는 것과 켜지 않는 것의 차이는 매우 크다.

우리 몸은 밤새 잠을 자는 동안 움직임이 최소화되어 혈액 순환이 느려지고 몸은 자연스럽게 뻣뻣하게 굳어 있는 상태가 된다. 몸에 혈액이 원활히 공급되어야 필요한 에너지를 얻을 수 있고 굳어 있는 관절을 부드럽게 늘려 주어야 갑작스러운 움직임에 몸이 놀라지 않을 수 있는데, 이러한 역할을 새벽의 첫 동작인 기지개가 해줄 수 있다. 기지개를 켜는 그 짧은 순간에도 근육은 수축과 이완을 한다. 이에 따라 혈액 순환이 원활해져 하루를 시작하는 데 필요한 에너지를 더욱 효과적으로 얻을 수 있고 몸의 긴장을 풀어주어 더욱 안전하게 몸을 일으킬 수 있다.

그렇게 1분간 기지개를 켜고 나면 이어서 책상 위에 놓인 알람이 모두를 깨울 기세로 울리기 시작한다. 그 시끄럽게 울리는 알람을 끄기 위해 나는 바로 몸을 일으켜 침대에서 나올 수 있다. 새벽 기상을 계획했지만, 번번이 실패로 돌아가는 사람들이 있다면 나와 같이 몸을 일으키고 침대에서 나와야 하는 위치에 알람을 두는 방법을 추천한다. 그러면 알람을 끄고 다시 잠자리에 드는 일은 거의 발생하지 않을 것이다.

사람의 의지는 때로 아주 작고 사소한 유혹 앞에 무너지기 쉽다. 특히, 추운 겨울철 포근한 이불속은 더욱 달콤한 유혹이 되는데, 이 유혹을 이기고 시작하는 하루는 하루 전체에 매우 긍정적인 영향을 미친다. 팀 페리스의 "아침을 이기면 하루를 이길 수 있다."라는 말처럼, 새벽 기상과 이어지는 작은 루틴의 실천으로 하루 동안 이어지는 더 큰 일들도 거뜬히 해낼 수 있다는 자신감을 얻게 된다.

거실로 나와 몸의 신진대사를 높일 수 있도록 들기름 한 스푼을 섭취한 후, 나는 체중계에 올라 체중의 변화를 확인한다. 이렇게 매일 체중 변화를 확인하는 이유는 단순히 다이어트의 측면이 아닌,

체중 변화에 따라 내 삶의 리듬이 잘 유지되고 있는지를 점검하고 바로 대응하기 위함이다. 조금이라도 체중이 늘어나면 나는 평소보다 몸이 무겁고 피곤함을 느낀다. 이러한 몸의 변화는 마음과 정신에도 영향을 미쳐 모든 일에 의욕이 약해질 뿐 아니라, 하는 일에 집중력도 저하되어 하루 전반에 걸쳐 생산성이 크게 떨어지게 된다. 반면 체중이 너무 감소하면 평소보다 몸의 에너지가 부족함을 느끼는데, 이 상태가 장기적으로 이어진다면 건강에 안 좋은 영향을 미칠 수도 있다. 내 몸을 올바르게 파악하고 몸이 보내는 신호를 빠르게 알아차리기 위해 나는 매일 아침 체중계에 올라서는 이 루틴을 10년 이상 지속하고 있다.

체중계에 올라 내 몸과 소통하는 이 잠깐의 시간 동안 나는 하루의 운동과 식단을 상황에 맞게 조율하는 선택을 이어 나간다. 체중이 늘었다면 체중 감량에 효과적인 유산소 운동의 비중을 더욱 늘리고 하루 중 식단에서 탄수화물을 조금 줄이려는 노력을 의식적으로 하게 된다. 반면 체중이 감소했다면 유산소 운동 대신 근력 운동의 비중을 늘리고 식사량을 조금 늘려 다시 체중을 맞추기 위해 노력한다. 이렇게 체중계는 나에게 단순히 체중이라는 숫자만을 알려주는 것이 아니라, 오늘 하루를 어떻게 계획해야 하는지, 어떤 선택을 이어 나가야 할지를 순간적으로 알려 주는 나의 오랜 건강코치와도 같다.

하지만 체중만으로는 내 몸 상태를 정확히 파악할 수 없다. 몸의 구성 요소를 세부적으로 분석하기 위해서는 인바디 검사가 필요하다. 나의 경우, 오랜 경험 끝에 큰 변동이 없다는 것을 잘 알기 때문에 매일 새벽 하루를 계획하기 위한 용도로 간편하게 체중만을 확인한다. 하지만 보통의 경우, 운동을 계획할 때는 인바디를 통해 체중과 근육량, 체지방량을 모두 확인해야 한다. 그래야만 목적에 맞는 정확한 운동 방향을 설정할 수 있다.

인바디 분석에서 가장 중요한 요소는 체중, 근육량, 체지방량이며, 이 세 가지를 연결한 그래프의 형태를 보면 나의 몸 상태를 한눈에 파악할 수 있다. 인바디 그래프는 크게 C형, I형, D형 세 가지로 나뉜다. 처음 운동을 시작하는 사람 대부분은 근육이 부족하고 체지방이 많은 C자형(근육 부족, 체지방 과다형) 그래프를 갖는다. 꾸준한 운동을 통해 근육량이 증가하면 I자형(보통형)으로 변화하고, 최종적으로 체중과 체지방량이 감소하면서 근육량이 더욱 증가하면 D자형(강인한 근육형) 그래프가 된다.

현재 나의 인바디 그래프는 D자형을 이루고 있다. 근육량이 많을수록 기초대사량이 증가하고 기본 체력도 향상된다. 근육은 지방보다 무게가 많이 나가기 때문에 단순히 체중계의 숫자만으로는 근육과 지방의 변화를 알 수 없다. 체중이 늘었더라도 근육량이 증가하고 체지방이 줄어든 경우라면 긍정적인 변화지만, 반대로 체중이 줄었더라도 근육이 빠지고 체지방이 증가했다면 이는 오히려 잘못된 변화라고 볼 수 있다. 따라서 운동 방향을 위해서는 인바디를 통해 체성분을 정확히 확인해 보는 과정이 필요하다.

체중의 큰 변화 없이 유지하려는 노력은 단순한 숫자의 문제가 아니라, 내 건강과 체력을 유지하고 삶의 리듬과 균형을 잡아가는 과정이다. 체중 유지라는 하루의 작은 목표는 앞으로 내가 이루어야 할 꿈을 향한 여정에 매우 중요한 출발점이 된다. 이처럼 삶의 균형을 유지하려는 매일의 적은 노력과 실천이 뒷받침되어야만 큰 목표 또한 이룰 힘을 잃지 않음을 오랜 경험을 통해 깨달았다. 내 몸을 정확히 알고 상황에 맞게 운동과 식단을 조절하며 건강한 삶을 만들어 가는 것. 그것이야말로 지속적인 성장과 발전을 위한 가장 기본적인 출발점이 아닐까.

• 유산소 운동

나에게 취미가 뭐냐고 사람들이 물을 때면 이제 망설임 없이 운동이라고 답한다. 체력을 만들기 위해 등산을 시작하고 물 공포를 극복하기 위해 수영을 배우고 이후 볼링, 배드민턴, 폴댄스 등 각종 운동을 배우며 운동을 일상처럼 하다 보니, 어느새 운동이 취미가 되었다. 오랜만에 만난 사람들에게 "요즘도 운동해?" 혹은 "오늘도 운동했어?"와 같은 질문을 받을 때면 나는 어색함을 느낀다. 나에게 이 질문은 "요즘도 밥 먹어?" 혹은 "오늘도 밥 먹었어?"와 똑같은 질문으로 들리기 때문이다. 이렇게 나에게 운동은 일상이 되었다. 못하는 것을 잘하게 만들기 위해, 그리고 체력의 한계를 극복하기 위해 시작된 운동은 이제 단순한 취미를 넘어, 내 삶의 중요한 일부분이자 삶의 원동력이 되었다.

2년 전부터 새롭게 꿈과 목표를 향한 여정으로 지금과 같이 바빠지기 전에는 운동에 더욱 많은 시간을 할애했었다. 어떤 때는 새벽 5시에 실내 사이클 1시간, 점심때 직장에서 1시간 걷기, 퇴근 후 폴댄스 두 타임 연강 후 집에 와서 다시 근력 운동 30분 후 밖에 나가 1시간 러닝 그리고 마무리 스트레칭까지 하루 6~7시간을 운동하기도 했다. 또 수영을 배울 때는 새벽 5시에 수영 강습을 받고 이후 1시간 연습 후 출근했고, 퇴근 후에는 배드민턴 1시간 레슨이 끝나면 2시간을 연습하고 오곤 했다. 주말이면 7시간이 넘는 겨울 산행을 하기도 했고, 165리 신라의 달밤 걷기대회나 10km 마라톤 대회에 나가기도 했다. 지금은 나의 시간과 에너지를 대부분 꿈을 향한 여정에 쏟고 있으므로 예전처럼 따로 운동을 등록하고 다니지는 않는다. 하지만 하루 중 흘러가는 시간인 점심과 저녁 시간을 최대한 활용하여 걷거나 계단 운동 또는 등산하고, 새벽 기상 후 체력 유지용 운동을 하는 것을 루틴으로 실천하고 있다.

체력을 유지하기 위한 하루의 핵심 운동은 새벽 5시부터 6시까지 진행되는데, 유산소 운동과 근력 운동 그리고 마무리 스트레칭까지 1시간 동안 순차적으로 이어진다. 새벽에 하는 유산소 운동이나 근력 운동은 기상 후 확인한 체중 변화에 따라 그날 나에게 필요한 운동 계획을 조금씩 달리하여 조율한다.

아무리 바쁘더라도 나에게는 삶의 균형과 체력 유지, 컨디션 관리를 위해 운동이 꼭 필요하다. 바쁜 일상에서도 운동을 꾸준히 지속할 수 있는 것은 바로 집 안에서 할 수 있는 홈트레이닝과 실내 사이클을 타는 것으로 운동 루틴을 정했기 때문이다.

실내 사이클은 날씨나 시간의 제약을 받지 않고 집 안에서 마음만 먹으면 바로 시작할 수 있는 운동이기 때문에 큰 시간 부담 없이 운동을 꾸준히 이어갈 수 있다. 실내 사이클은 유산소 운동과 근력 운동을 동시에 할 수 있다는 점이 큰 장점이다. 그날의 컨디션이나 체중 변화에 따라 적합한 운동 강도를 설정하여 내 몸에 맞게 운동을 조절할 수 있다. 체중이 늘어난 날에는 유산소 운동에 더욱 초점을 맞추어 중강도로 운동 지속 시간을 더욱 늘려서 진행하는 반면, 체중이 감소한 날에는 근력 운동에 초점을 맞추어 고강도로 짧은 시간 사이클링한다.

유산소 운동으로 사이클링할 때는 주로 3분 동안 가볍게 페달을 밟으며 워밍업을 진행하고 이후 20분간 인터벌 구간을 갖는다. 1분 빠르게, 1분 천천히를 반복하는 인터벌 구간이 끝나면 3분 동안 쿨다운 시간을 가지며 호흡과 정신을 가다듬는다.

인터벌 운동은 고강도 운동과 저강도 운동 또는 휴식을 번갈아 수행하는 운동 방식으로, 시간 대비 효과가 매우 뛰어나 바쁜 아침 오랜 시간 운동을 할 수 없을 때 선택한다. 인터벌로 운동을 하면 같은 강도로 운동을 하는 것보다 체지방 감소에 더욱더 효과적이다. 또한, 심박수를 급격히 상승시키고 회복하는 과정을 통해 심폐 기능이 강화되어 체력 증진에도 뛰어난 운동 방식이다. 이러한 운동 방식은 운동이 끝난 후에도 높은 대사율을 유지하게 하여 운동 후에도 칼로리 소모가 지속되는 효과를 얻을 수 있다. 그래서 나는 같은 시간 운동을 한다면 더욱 운동 효과가 높을 수 있는 인터벌 방식을 선호한다.

인터벌 구간을 10분만 돌리기 시작해도 어느새 땀이 얼굴과 몸을 타고 흘러 흥건하게 옷을 적시는데, 이 엄청난 쾌감이 매일 새벽 나를 다시 사이클 위에 앉게 한다. 땀이 흘러내리는 동안 모든 스트레스가 해소되고 몸과 마음이 한결 가벼워짐을 느낀다.

운동을 하게 되면 흔히 행복 호르몬이라고 불리는 엔도르핀이 분비되어 기분을 좋게 만들어 주고 스트레스를 크게 줄여 준다. 세로토닌은 기분과 수면, 식욕 등을 조절하는 신경 전달 물질인데, 규칙적인 운동을 하게 되면 이 세로토닌의 영향으로 우울감과 불안을 줄일 수 있다. 우리가 운동 후 성취감과 만족감을 느끼는 것은 운동을 통해 동기부여와 보상, 즐거움과 관련된 호르몬인 도파민 분비가 촉진되기 때문이다. 이처럼 운동은 단순히 내 몸을 건강하게 지켜줄 뿐 아니라, 나를 행복하게 만들어 주는 활동이자 하루의 강력한 에너지원이 된다.

• 근력 운동

흥건하게 땀을 흘리며 실내 사이클을 타고 난 후, 이어서 요가 매트 위에서 근력 운동을 시작한다. 근력 운동의 세트와 횟수 또한 그날의 체중 변화와 컨디션에 따라 조율해서 결정한다. 체중이 늘어난 날에는 유산소인 사이클을 더 오랜 시간 타기 때문에, 근력 운동은 간단히 20개씩 1~2세트로 구성하고 체중이 감소한 날에는 사이클을 짧은 시간 타기 때문에 근육 운동을 본 운동으로 세트 구성과 횟수를 30개씩 3~4세트로 늘려서 진행한다.

출근 준비 전 1시간이라는 시간 제약 때문에 하고 싶은 만큼 충분히 운동을 다 하진 못하지만 스쿼트, 브리지, 플랭크 이 세 동작

만큼은 반드시 빠뜨리지 않고 진행한다. 근육량을 늘리기 위해서는 우리 몸의 대근육인 허벅지와 둔근을 키우는 것이 가장 효율적인데, 이때 좋은 것이 바로 스쿼트와 브리지 동작이다. 플랭크는 전신의 근육을 모두 사용하는 전신 운동으로 특히, 몸의 중심을 잡아주고 자세 유지에 필수적인 코어 근육을 효과적으로 단련할 수 있어 매우 중요한 운동이다.

스쿼트는 앉았다 일어섰다 하는 간단한 반복 동작만으로도 허벅지, 엉덩이, 종아리 근육뿐 아니라 척추 기립근, 복근과 같은 코어 근육까지 단련할 수 있어 매우 효과적이다. 스쿼트를 통해 하체 근육이 발달하게 되면 관절 통증 감소와 전반적인 건강 향상에 매우 도움이 되며 몸의 밸런스 유지에도 긍정적으로 작용한다.

운동할 때는 단 1개를 하더라도 올바르고 정확한 자세로 하는 것이 매우 중요하다. 잘못된 자세로 운동을 하게 될 경우, 운동 효과가 떨어지고 무릎이나 허리에 부상을 초래할 수 있어 먼저 정확한 자세를 익히는 것이 무엇보다 중요하다. 발을 어깨너비로 벌려 발끝은 약간 바깥쪽으로 향하게 한 다음, 엉덩이를 뒤로 빼면서 허벅지와 엉덩이가 수평이 될 때까지 앉는다. 이때 주의해야 할 점은 무릎이 발가락을 넘지 않도록 해야 한다. 시선은 정면을 응시하고 가슴과 어깨를 뒤로 젖히며 허리는 곧게 편 상태에서 진행해야 한다.

운동할 때는 호흡을 올바르게 유지해야 운동 효율이 극대화되어 더 오랫동안 운동을 지속할 수 있다. 스쿼트를 진행할 때도 마찬가지로 호흡을 참거나 동작과 호응을 맞추어 호흡하지 않으면 제대로 운동을 유지할 수 없다. 스쿼트 운동에서 호흡하는 방법은 엉덩이를 뒤로 빼면서 앉을 때 숨을 들이마시고 다시 제자리로 올라올 때 숨을 내쉬면서 진행해야 더욱 안정적으로 동작을 진행할 수 있다.

브리지 운동은 둔근 중에서도 특히, 대둔근을 효과적으로 강화할 수 있는 운동이다. 브리지 운동을 꾸준히 진행하면 흔히 말하는 아름다운 애플힙을 만들 수 있을 뿐 아니라, 코어 근육을 단련해 허리 통증 예방 및 척추의 안정성을 효과적으로 강화할 수 있다.

등을 대고 바닥에 누운 상태에서 무릎을 구부리고 발을 어깨너비로 벌린 다음, 엉덩이와 복부의 힘을 사용하여 골반을 천천히 들어 올려주는데, 어깨에서 무릎까지가 일직선이 되도록 유지하는 것이 가장 중요하다. 이때 허리를 이용해서 몸을 들어 올리는 것이 아닌, 둔근에 힘이 들어가는 것을 느끼며 진행해야 한다. 골반을 최대로 올린 상태에서 바로 내려오는 것보다 2~3초간 엉덩이 근육이 최대한 수축한 자세를 유지하는 것이 더욱더 효과적이다. 골반을 다시 바닥에 내려놓을 때도 둔근과 복부의 긴장을 끝까지 유지하며 천천히 동작을 마무리해야 한다.

브리지 동작 또한 올바른 호흡과 함께 호응을 맞추어서 진행해야 더 큰 운동 효과를 기대할 수 있다. 골반을 들어올리기 전에 숨을 깊게 들이마신 후, 골반을 들어 올릴 때 숨을 내쉬어야 한다.

마지막으로 플랭크 운동은 매우 짧은 시간 안에 전신의 근육을 단련할 수 있어 매우 효율이 높은 운동이다. 플랭크로 인해 복부 및 척추 근육을 강화하면 허리 통증을 완화하고 올바른 자세를 유지할 수 있어, 의자에 앉아 있는 시간이 긴 현대인들에게 꼭 필요한 운동 중 하나이다. 플랭크는 스쿼트와 브리지처럼 동적 운동이 아닌, 한 자세를 계속 지속하는 정적 운동으로 지구력 강화뿐만 아니라, 정신력 강화에도 매우 탁월한 운동이다.

바닥에 엎드린 상태에서 팔꿈치를 90도 각도로 구부려 어깨 바로 아래에 위치시키고 다리는 뒤로 곧게 뻗어 어깨너비보다 살짝 좁은 상태로 발끝을 세워 몸을 들어 올린다. 팔꿈치로 바닥을 강하게 밀어 몸을 지탱한다. 이때 발끝부터 머리까지 일직선이 되게 유지하고 엉덩이를 너무 높이 올리거나, 낮추지 않도록 주의해야 한다. 복부에 힘을 주어 코어를 단단히 고정하고 특히, 허리가 과도하게 휘어지지 않도록 자세에 신경 써야 한다.

플랭크 동작을 할 때는 복식 호흡에 집중하며 진행해야 자세를 더 오래 유지할 수 있고 몸의 긴장을 더욱 효과적으로 관리할 수 있다. 먼저 숨을 들이마시며 복부를 팽창시키고 내쉴 때는 복부를 가볍게 수축하며 자연스럽고 일정한 리듬으로 호흡을 이어간다. 플랭크 동작을 처음 시작할 때는 30초 정도부터 시작해서 점차 체력이 올라갈수록 1분, 1분 이상으로 지속시간을 늘리고 세트는 보통 3세트를 진행한다. 나는 1분 30초씩 3세트를 진행하고 있다.

이 플랭크 동작을 유지하는 동안 나는 복부 호흡에 특히 집중하며 내 몸과 마음의 소리에 귀 기울인다. 머리부터 발끝까지 일직선을 유지하며 복부에 힘을 주고 자세를 견디는 매 순간, 내 안의 집중력이 더욱 깊어짐을 느낀다. 1분 30초라는 짧지만 긴 시간 동안, 온몸의 긴장을 견디며 나는 자신과의 대화를 시작한다. '나는 할 수 있다. 나는 할 수 있다. 나는 뭐든 할 수 있다.' 그리고 마침내 플랭크를 마친 후, 코브라 자세와 차일드 자세로 부드럽게 몸을 이완하며 스트레칭을 한다. 이 30초간의 짧은 휴식 속에서 나는 마음을 가다듬고 다시금 다음 세트를 준비한다.

플랭크는 단순히 몸을 단련하는 것 이상의 의미를 지닌 소중한 운동이다. 1분 30초의 인내는 단순한 시간이 아닌, 나 자신을 더욱더 강하게 만드는 과정이다. 숨을 깊게 들이마시고 내쉬며 나는 이 힘든 여정을 내가 스스로 선택했다는 사실을 깨닫는다. 내일의 나를 더 나은 방향으로 이끌기 위해 오늘의 고통을 기꺼이 받아들이고 있는 나 자신을 다시 한번 발견하는 것이다.

운동이 거의 마무리되어 가는 이 시간, 나는 플랭크를 통해 몸뿐 아니라 마음까지 단련하며 하루를 시작한다. 오늘도 나는 이 과정을 통해 다시 깨닫는다. 힘든 과정을 견디고 인내해야만 비로소 달콤한 휴식과 성취의 보상이 따른다는 것을. 그리고 그만큼 더 강한 나를 만들어 갈 수 있다는 것을. 프리드리히 니체의 "힘든 과정은 결국 당신을 더 강하게 만든다."라는 이 문장은 내 운동 철학의 중심에 자리 잡고 있다. 새벽마다 나는 이 철학을 몸으로 실천하며 매일 한 걸음 더 나아가고 있다.

• 스트레칭

새벽의 핵심 운동인 유산소와 근력 운동이 끝나면, 반드시 15분간의 스트레칭으로 운동을 마무리한다. 이는 신체 회복과 바른 자세를 유지하기 위한 필수 과정이다. 깊은 호흡과 함께 진행되는 스트레칭은 혈액 순환을 촉진하고 운동으로 지친 근육에 산소와 영양분을 원활히 공급하여 회복 속도를 더욱 높여 줄 수 있다. 또한, 근육을 부드럽게 이완시키고 긴장된 부위를 풀어 줌으로써 운동 중 축적된 피로를 효과적으로 해소할 수 있게 도와준다.

또한, 스트레칭은 신체의 유연성을 향상하고 관절 가동 범위를 넓혀 부상을 예방할 뿐만 아니라, 자세 교정과 몸의 균형 유지에도 많은 도움을 준다. 스트레칭은 신체적인 이완뿐만 아니라, 정신적인 이완에도 매우 긍정적인 영향을 미친다. 힘든 운동을 마친 후, 깊고 느린 호흡과 함께 몸을 천천히 늘리는 과정은 운동의 스트레스와 긴장을 덜어내는 데 탁월하며 나아가 마음을 차분하게 정리할 시간을 제공한다. 이러한 스트레칭은 단순히 몸만을 위한 과정이 아니라, 몸과 마음을 모두 돌보는 종합적인 힐링의 시간이 된다.

이 스트레칭 시간 동안, 나는 전신 유연성 향상을 위한 스트레칭과 바른 자세를 위한 스트레칭을 나누어 진행한다.

먼저, 전신 유연성 향상을 위해 요가 매트 위에서 두 다리를 최대한 양옆으로 벌린 후, 상체를 천천히 좌측으로 기울여 다리에 닿게 하면서 오른쪽 손을 귀 옆에 닿도록 쭉 뻗는다. 이 자세를 10초간 유지한 뒤, 반대쪽도 같은 방식으로 진행한다. 좌우 각각 3회씩 반복하며 운동으로 지친 하체와 상체를 충분히 이완시키고 유연성을 한층 더 높여준다.

이어서 다리를 그대로 벌린 상태에서 상체를 앞으로 기울여 가슴이 바닥에 닿도록 천천히 내린다. 상체가 바닥에 닿으면 10초간 자세를 유지하며 양손도 머리 위로 길게 뻗어 바닥에 닿게 한다. 매우 높은 유연성을 요구하는 이 자세는 처음에는 쉽게 하기 어렵다. 나 역시 처음에는 상체를 바닥까지 닿게 하는 것이 불가능했지만, 매일 꾸준히 연습하면서 지금은 힘들이지 않고도 자연스럽게 바닥과 한 몸이 될 수 있게 되었다.

처음에는 몸의 뻣뻣함과 함께 찾아오는 극심한 고통 때문에 다시 상체를 일으키고 제자리로 돌아오는 과정을 여러 번 반복했다. 조바심을 내지 않고 현재 내가 할 수 있는 선에서 매일 조금씩만 더 나아가자란 생각으로 꾸준히 이어가다 보니, 어느 순간 바닥과 점점 가까워져 있는 내 모습을 발견했다. 이를 통해 나는 인내의 가치를 되새길 수 있었다. 절대 불가능할 것 같았던 동작이 어느새 자연스럽게 완성되는 경험을 통해 작은 변화의 힘이 얼마나 위대한지를 다시 한번 깨닫게 되었다. 이 동작은 결코 하루아침에 이루어지지 않는다. 근육을 천천히 이완시키며 매일 조금씩 나아지는 과정을 거쳐야만 한다. 꾸준한 연습과 인내를 통해 몸과 바닥이 완벽히 하나가 되는 순간, 나는 그동안의 노력이 가져온 성취감과 변화를 온몸으로 느낄 수 있었다. 빈센트 반 고흐의 "위대한 일은 충동으로 이루어지지 않고, 작은 일들이 모여 만들어진다."라는 말처럼, 매일의 적은 노력을 나는 간절히 믿는다.

전신 유연성 향상을 위한 스트레칭이 끝나고 나면, 나는 바른 자세를 유지하기 위한 스트레칭을 하나둘 이어 나간다. 물리치료사로 근무하던 시절, 나는 잘못된 자세로 인한 근육 불균형으로 통증을 호소하며 병원을 찾는 환자들을 많이 만나왔다. 현대인들은 하루 중 시간의 대부분을 직장 및 학교 내에서 앉아서 생활하고 컴퓨터나 스마트 폰의 사용이 필연적이기 때문에 일자목이나 거북목, 라운드 숄더, 척추측만증과 같은 생활 습관병을 흔히 얻게 된다. 의자 끝에 걸터앉아 등받이에 등을 비스듬히 기울이는 자세나 다리를 꼬고 앉는 자세, 스마트 폰을 보며 머리를 아래로 숙이는 동작 등 잘못된 자세를 장시간 지속하다 보면, 특정 부위에 과도한 긴장이 가해져 통증이 유발되고 더 나아가서는 체형이 점차 변화하여 만성적인 근골격계 질환으로 이어지는 결과를 초래한다.

한쪽 근육이 비정상적으로 긴장하거나 반대쪽 근육이 약화된 경우, 신체는 점점 정상적인 균형을 잃고 자연스러운 몸의 움직임이 제한되며 이에 따라 부상의 위험이 증가할 수 있다. 이러한 근육 간의 불균형은 단순히 몸의 피로나 통증을 넘어, 장기적으로는 체형의 변형 또는 더 큰 기능 장애로까지 이어질 수 있어, 미리 스트레칭과 바른 자세를 통해 자기 몸을 관리하는 것이 중요하다.

환자 중에는 간단한 스트레칭만으로도 통증이 크게 호전되거나 자세가 교정되는 경우가 많았지만, 이미 심각한 변형으로 인해 치료 기간이 더욱더 오래 필요한 환자들도 있었다. 이런 질환을 치료할 때 병원에서 의사의 약물 처방이나 물리치료사의 재활 치료보다 훨씬 더 중요한 것은 바로 일상생활 속에서 환자 자신의 꾸준한 노력이다. 환자 스스로가 매 순간 바른 자세를 유지하고 근육의 불균형을 바로 잡기 위한 운동을 지속해서 하지 않는다면, 병원에서의 치료는 일회성에 그치고 만다. 그래서 환자에게 스스로 할 수 있는 스트레칭 및 운동을 교육하고 이를 꾸준히 실천해야만 나을 수 있다는 것을 항상 주지시킨다. 오랜 병원 생활을 통해 건강의 중요성 및 몸의 작은 이상을 간과하면 더 큰 문제로 이어질 수 있음을 실감했기 때문에 평상시의 바른 자세 유지나 스트레칭과 같은 적은 노력에 더욱 집중하는 편이다.

장기간 잘못된 자세로 인한 체형 변화는 외관상으로 보기 좋지 않을 뿐만 아니라, 정서적인 측면에도 매우 큰 영향을 미친다. 바른 자세는 단순히 몸의 정렬을 바로잡는 것을 넘어, 자신감 있는 태도와 이로 인한 긍정 마인드를 더욱 강화할 수 있다. 가슴을 펴고 정면을 응시하면서 당당하게 걷는 사람과 고개를 푹 숙인 채 땅만 보며 걷는 사람 중 당연히 전자가 훨씬 더 자신감 있게 보일 것이다.

또한, 바른 자세가 단순히 외적으로 자신감을 보여주는 것만이 아닌, 실제로 뇌에 긍정적인 신호를 보내어 심리적 안정감과 자신감을 높이고 나아가 긍정적인 태도를 갖게 한다는 연구 결과도 있다.

긍정적인 태도는 앞으로 내가 나아가야 할 방향을 대함에 있어 매우 중요한 부분이다. 힘들고 어려운 순간에도 긍정적인 측면에 초점을 맞춰야만 이를 이겨낼 힘이 생기고, 무슨 일이든 도전하며 하나씩 이뤄나갈 수 있으므로 이를 더욱 강화할 수 있는 새벽의 이 과정을 매일 빼놓을 수 없는 것이다.

먼저, 매트 위에서 등 뒤에 폼롤러를 가로 방향으로 놓고 누운 다음, 천천히 폼롤러를 위아래로 굴려 견갑골(날개뼈)과 척추 주변의 근육들을 골고루 풀어준다. 이어서 폼롤러를 척추뼈 뒤에 세로 방향으로 놓고 그 위에 올라 눕는다. 손을 머리 위로 올린 상태에서 천천히 견갑골을 아래로 끌어 내린다는 느낌으로 팔이 'W'모양이 될 때까지 내려 몸통 옆에 붙인다. 최대로 팔을 끌어 내린 상태를 5초간 지속하고 이 동작을 10회 실시한다. 이어서 수영할 때 배영하는 자세처럼 양팔을 귀 옆에서부터 크게 뒤로 원을 그리며 돌려준다. 이 동작도 10회를 실시하고 반대 방향으로 이번에는 뒤에서 앞으로 크게 원을 그리며 돌려주는 동작도 10회 실시한다. 등 뒤에 폼롤러만큼의 공간이 있으므로 이렇게 스트레칭을 하는 동안, 평소 굽어 있던 등이 펴지고 어깨를 뒤로 활짝 젖힐 수 있다. 이는 자세를 교정하고 상체의 긴장을 풀어주는 데 매우 효과적인 스트레칭이다.

이어 폼롤러를 허리 밑에 가로로 두고 양쪽 다리를 구부린 채 좌우로 허리를 돌려 허리 주변의 근육들을 충분히 풀어준다. 이후 폼롤러를 치운 상태에서 오른쪽 다리를 90도로 구부린 채 왼쪽으로 돌려 바닥에 닿을 때까지 스트레칭하고 반대쪽도 똑같이 실시한다.

마지막으로 앉은 자세를 취한 후, 두 손바닥을 맞댄 상태에서 엄지를 이용하여 턱 끝을 바치고 머리를 뒤로 충분히 젖혀 밀어준다. 동작의 끝 범위에서 5초를 지속한 다음, 같은 동작을 3회 반복한다. 이는 일자목 교정 및 예방에 매우 탁월한 방법이다.

유산소 운동부터 근력 운동, 마무리 스트레칭까지 땀으로 물든 새벽의 모든 운동이 끝나고 나면, 온몸 구석구석 모든 세포가 비로소 다 깨어남을 느끼고 완전한 활력을 찾게 된다. 운동 후의 맑은 정신과 가볍고 유연해진 몸은 나를 더욱 긍정적인 상태로 이끌어 주고 어떠한 일도 해낼 수 있을 것 같은 자신감을 더해 준다. 매일 새벽 1시간 동안의 운동은 하루를 성공적으로 시작하는 나만의 의식이 되었고 이를 통해 비로소 하루를 시작할 모든 준비가 완료됨을 느낀다.

아직 아무도 깨어나지 않은 새벽의 고요 속에서, 나 자신과 마주하며 쌓아 올린 시간과 그 속에서 아무도 모르게 흘린 땀방울은 내가 내 인생의 주인공으로 살아갈 힘이 되어 주었다. 나는 매일 나 자신을, 그리고 내 인생을 내가 원하는 방향으로 만들어 가고 있다.

"삶은 자신을 발견하는 것이 아니라, 자신을 만들어 가는 것이다."- 조지 버나드 쇼

#일과 중 운동 루틴
• 점심시간 활용

직장에서 점심을 먹고 나면 대략 1시간의 시간이 남는다. 이 시간을 나는 온전히 나만을 위한 시간으로 만들어 자기 계발 시간으로 활용한 지 꽤 오래다. 1시간 동안 계절이나 날씨의 변화에 따라 실내 종합운동장에서 걷기 운동을 하거나 야외 산책로를 걸으며 힐링을 하기도 하고, 때론 직장 옆 산을 오르며 더욱 체력을 키우기도 한다. 이 시간은 단순한 운동을 넘어, 오전 중 업무에 지친 정신을 맑게 하고 다시 활력을 찾을 수 있는 시간이 된다. 이 시간이 더욱 소중한 이유는 혼자만의 자유로운 시간을 가지며 걷다 보면 새로운 아이디어나 통찰을 얻기도 하고 하루 중 해야 할 루틴들을 이 시간을 활용하여 생산적으로 할 수도 있기 때문이다.

특히, 요즘은 이 시간을 사색하며 걷고 글 쓰는 시간으로 활용한다.

책을 쓰기로 마음먹으면서 매일 필력을 키우기 위해 그날 아침 읽은 책 속에서 마음에 와닿는 문장이나 새벽마다 마음속에 새기는 명언을 바탕으로 한 편의 글을 써보는 시간을 갖는다. 첫 30분 동안은 사색의 시간을 가지며 자유롭게 걸은 후, 나머지 30분 동안 핸드폰 노션 앱에 500~1,000자 정도의 글을 작성한다. 이렇게 작성한 글은 다시 '인생 성장판'이라는 이름으로 운영 중인 인스타그램 계정에 올린다. 포스트잇에 정성스럽게 작성해 둔 명언과 함께 아침마다 받아보고 있는 모닝 갤러리 속 그림 10장을 조합해 잔잔한 음악과 함께 올린다.

이 과정을 마치고 사무실로 복귀하면 시계는 정확히 1시를 가리킨다. '점심때 걸으며 체력 유지, 매일 글 쓰며 필력 올리기, 인스타그램 1일 1릴스로 계정 키우기'라는 작은 목표들의 성취는 나에게 쾌감을 안겨줄 뿐 아니라, 자연에서의 힐링을 통해 다시 상쾌한 마음으로 오후를 맞이할 수 있게 해준다. 이렇게 매일 매일의 작은 성취를 이어가는 것은 내 삶을 주도적으로 만들어 나가는 과정일 뿐 아니라, 내 삶에 긍정적인 영향을 미쳐 앞으로 해 나갈 많은 일도 거뜬히 해낼 수 있다는 확신을 심어 준다. 단순히 흘러가게 둘 수 있는 점심시간을, 체력 유지를 위한 운동뿐 아니라, 나의 성장을 위한 또 하나의 의식을 행하는 시간으로 삼고 이를 꾸준히 실천함으로써 하루를 더욱 풍성하게 만들어 가고 있다.

무엇보다 걷기와 글쓰기를 병행하는 이 과정은 나를 더 창의적이고 생산적인 사람으로 만들어 주고 항상 새로운 자극을 부여한다. 걷는 동안 아이디어가 떠오르면 즉각 핸드폰에 메모해 두고 글감 소재로 활용한다. 또한, 앞으로 내가 나아가야 할 꿈과 목표를 더욱 구체화하는 데에도 많은 영감을 얻고 있다. 책을 집필하는 동안 매일 퇴근 후 도서관, 주말엔 온종일 도서관에서 하루를 보내고 있는데, 의자에 앉아서 글을 쓰는 시간보다 오히려 걸으면서 글을 쓸 때 더욱 빠른 속도로 쓸 수 있음을 느낀다. 걸으면서는 그만큼 많은 생각들이 스치고 더욱 자유로운 분위기 속에서 좋은 영감을 얻게 되기 때문이다.

　인스타그램 계정에 매일 글과 그림을 공유하는 과정은 단순히 나의 개인적인 기록을 남기는 공간을 넘어, 세상에 작은 영향력을 발휘하는 행위가 되기에 더욱 의미가 깊다. 특히, 긍정적인 사고를 강화하고 새로운 시도를 하는데 더욱 의지를 강화할 수 있는 콘텐츠를 올림으로써 조금이나마 변화의 기회를 부여하고자 했다. 이 과정을 통해 사람들의 반응이나 댓글을 확인하며 내가 올린 콘텐츠가 누군가에게 도움이 되고 작은 변화를 가져다줄 수 있다는 생각은 나를 매우 행복하게 만든다. 그리고 이를 통해 나 또한 같이 많은 힘을 얻고 있음을 느낀다.

매일의 점심시간 루틴은 단순히 하루 일부가 아니라, 결국 내가 원하는 삶을 설계하고 매일 조금씩 그 목표에 한 걸음 더 다가가는 여정이다. 앞으로도 나는 이 소중한 시간을 통해 나를 더욱 성장시키고 더 깊은 통찰과 넓은 시야를 얻음으로써 인생에서 더 많은 기회를 스스로 찾아 나갈 것이다. 오늘도 나는 이 시간을 통해 나만의 여정을 이어가며 더 나은 나를 만들어 나가고 있다.

"당신이 매일 하는 작은 행동들이 당신의 삶을 정의한다."
- 데일 카네기

• 저녁 시간 활용

야근을 위해 직장에 남아 있을 때면, 저녁 시간 6~7시 또한 종합운동장을 걸으며 온전히 나만의 시간으로 활용한다. 매일 저녁 6시가 되면, 내 카톡에는 30초짜리 짧은 영어 회화 영상이 도착한다. '데일리 쿠키'라는 카톡 회화 서비스는, 월요일부터 토요일까지는 내가 설정한 시간에 새로운 영상을 보내주고, 일요일에는 그 주의 내용을 정리한 복습용 텍스트를 제공한다. 초반 30분은 '데일리 쿠키' 영상을 보며 간단한 영어 회화 공부를 하고, 나머지 30분은 오디오북을 듣거나 경제 뉴스를 훑어본다. 모든 기사를 다 읽지는 못하더라도, 최소한 그날의 주요 헤드라인은 파악하려고 노력한다. 특히 관심이 가거나 중요한 기사 2~3개는 자세히 읽기도 하고 시간이 부족한 날에는 주로 헤드라인만이라도 챙겨본다. 이렇게 하는 것만으로도 전체적인 흐름을 이해하는 데 큰 도움이 되고 있다.

이렇게 점심과 저녁 시간을 걸으면서 온전한 나만의 시간으로 자기 계발 시간을 갖다 보면 어느새 워치의 걸음 수는 거의 2만 보가 된다. 퇴근 이후에도 움직임이 있거나 낮 동안 출장을 다녀온 날이면 2만 보 이상을 훨씬 넘는 때도 있다. 따로 운동하기 위해 걸은 것이 아닌, 직장 내에서 흘러가는 시간 동안을 활용했을 뿐인데 2만 보가 넘었다는 알림이 울릴 때면, '나 오늘도 열심히 살았구나, 오늘도 나의 하루에 최선을 다했구나.'라는 생각에 뿌듯함과 함께 다시 한번 깊은 성취를 맛본다.

누군가에겐 하루가 무심히 흘러가는 일상의 반복일 뿐이지만, 또 누군가에겐 의미 있는 변화의 씨앗이 되기도 한다. 같은 시간을 다르게 바라보는 시선이 결국 삶의 차이를 만든다. 단 1분 1초라도 그 작은 시간이 쌓이고 쌓이면 결국 의미 있는 시간이 될 수 있다는 것을 깨닫고 이를 지속해서 쌓아나가는 자세가 중요하다.

어떤 분야의 전문가가 되려면 최소 1만 시간 정도의 훈련이 필요하다는 '1만 시간의 법칙'처럼, 내 삶에도 결국 이런 작은 시간이 모여 큰 결과를 만들어낼 수 있음을 믿는다. 하루 중 매일 조금씩 쌓아나가는 점심과 저녁 시간의 활용은 단 하루의 일정으로 끝난다면 매우 작고 미미한 시간이지만, 이러한 순간들이 꾸준함이라는 무기와 만나 결국 1만 시간의 법칙을 이루는 기반이 되는 것이다.

지난 15년간 꾸준히 운동하며 길러온 체력 덕분에, 마치 하루가 48시간인 것처럼 많은 일정을 더욱 좋은 컨디션으로 소화할 수 있게 되었다. 시간을 가치로 환산한다면, 이 체력은 어떤 것과도 바꿀 수 없는 나의 가장 소중한 자산이다. 체력이 선사한 48시간이라는 선물을 통해, 나는 꿈과 목표를 향해 더욱 진심으로 나아갈 것이고, 매 순간을 더 의미 있고 풍성하게 채워나갈 것이다. 헨리 데이비드 소로우는 "우리가 가진 유일한 자산은 시간이다. 그것을 현명하게 쓰는 것이야말로 성공의 열쇠다."라고 말했다. 나 역시 흘러가는 시간을 붙잡아 가치 있게 쓰기 위해 매 순간 시간의 소중함을 되새기며 살아가고 있다.

2) 영양관리
#규칙적인 식사 계획
• 새벽 및 아침 식사 루틴

☞ 공복 들기름 1스푼 섭취
거실로 나와 가장 먼저 하는 루틴은 공복에 들기름 한 스푼을 섭취하는 일이다. 왜 하필 들기름인지, 올리브유는 안 되는지 궁금해할 수도 있다. 들기름과 올리브유 모두 식물성 지방으로, 몸에 좋은 불포화 지방산을 다량 함유하고 있다. 하지만 두 오일은 각기 다른 성분과 효능을 가지고 있어, 섭취 목적에 따라 적합한 오일을 선택하는 것이 중요하다.

들기름은 오메가3 지방산의 일종인 알파리놀렌산을 풍부하게 함유한 오일로, 전체 지방산의 60% 이상을 차지한다. 알파리놀렌산은 심혈관 건강과 혈압 조절을 도울 뿐 아니라, 기억력 증진과 알츠하이머 예방 등 뇌 기능 향상에 탁월한 효과가 있다. 반면, 올리브유는 오메가9 지방산의 일종인 올레산을 풍부하게 함유하고 있으며 강력한 항산화 작용과 항염 작용을 한다. 생으로 무치는 음식에는 들기름을, 샐러드나 중·저온 음식에는 올리브유를 사용하는 것이 효과적이다.

나는 한때 올리브유 섭취를 시도했지만, 특유의 맛과 향이 나와 맞지 않아 목 넘김이 쉽지 않았다. 그 결과, 습관으로 자리 잡지 못했지만, 이후 들기름의 효능을 알게 된 후 고소한 풍미 덕분에 무리 없이 섭취를 시작할 수 있었다. 현재는 들기름을 매달 정기구독해 꾸준히 섭취하고 있다.

음식마다 공복에 섭취할 때 효과적인 것과 식간이나 식후에 먹어야 더 좋은 것이 있다. 이를 알고 올바른 방식으로 섭취한다면 건강상의 이점을 더욱 극대화할 수 있다. 이러한 작은 습관 하나하나가 나를 더욱 소중히 여기는 마음으로 이어지고 나 자신을 돌보는 시간과 노력을 더 많이 투자하도록 만든다.

음식 섭취 시간과 방식을 신경 쓰고 해로운 음식을 절제하려는 노력은 단순히 건강을 지키는 것을 넘어, 내 몸과 마음에 귀를 기울이고 나를 더욱 사랑하는 일이다. 이런 적은 노력이 쌓여 나를 더 나은 방향으로 변화시키고 건강뿐 아니라, 삶 전반에서 내가 이루고자 하는 목표를 달성하는 데에도 큰 밑거름이 된다.

☞ 미지근한 물 250mL를 섭취

새벽 5시에서 6시까지의 운동 루틴을 마친 후, 가장 먼저 하는 일은 미지근한 물 한 잔을 천천히 마시는 일이다. 이는 운동 중 흘린 땀으로 인해 체내에서 배출된 수분과 전해질을 보충하기 위함이다. 미지근한 물은 체온과 유사하여 차가운 물보다 소화 기관에 부담을 덜 주고 전신의 혈액순환을 촉진해 운동 후의 피로를 효과적으로 줄여줄 수 있다. 그뿐만 아니라, 운동으로 인해 부족해진 체내 수분을 보충함으로써 다시 활력을 되찾고 땀과 함께 배출된 노폐물 제거에도 더욱더 효과적이다. 물 한 잔이라는 습관 하나가 내 몸에 필요한 균형을 되찾아 주는 시작점이 되는 것이다.

물을 마시며 한숨 돌리는 이 짧은 순간은 나에게 단순한 휴식 이상의 의미로 다가온다. 아직은 모두 잠들어 있는 고요 속에서, 나는 오늘 하루를 머릿속에 그리며 잠시 생각에 잠긴다. 요즘처럼 책을 집필하는 동안에는 이 짧은 순간이 창의적인 아이디어의 원천이 되곤 한다. 운동으로 맑아진 머릿속에는 다양한 생각과 영감이 떠오르고 이를 놓치지 않기 위해 핸드폰 메모장에 급히 몇 마디씩 적어두곤 한다. 이런 순간의 메모들이 쌓이고 쌓여 집필 작업에 소중한 재료가 되었고 이는 하루를 시작하는 나만의 작은 의식처럼 자리 잡았다.

메모들을 적어두다 보면 이어서 글을 쓰고 싶은 마음이 들 때가 많지만, 출근을 위한 다음 루틴들이 있기에 아쉽게도 잠시 미뤄 둔다. 하지만 이렇게 쌓인 메모와 생각들은 퇴근 후, 도서관 책상 앞에 앉았을 때 다시금 생생히 떠올라 글로 이어진다. 에크하르트 톨레의 "조용한 순간에 귀를 기울여라. 거기에서 가장 큰 진리가 속삭인다."라는 말처럼, 새벽의 열린 감성 속에 떠오른 많은 생각들은 나에게 더욱 특별한 영감을 준다. 그 짧은 시간이 쌓여 한 페이지, 한 페이지가 되었고 그 페이지들이 쌓여 결국 책이 되어가고 있다. 그리고 이 시간은 오늘의 내가 나아가야 할 방향 또한 더욱 선명하게 밝혀주는 소중한 시간이 된다.

☞ 아침 식사 루틴: 클린 주스, 사과, 삶은 달걀, 견과류

물 한 잔으로 부족해진 수분을 보충하고 잠시 명상의 시간을 갖고 나면, 새벽 루틴을 잘 실천했다는 보람과 성취가 나를 가득 채운다. 이렇게 하루의 작은 성취를 계속 쌓아나가다 보면, 이를 계속 지키는 나에 대한 신뢰가 더욱 커짐을 느낀다.

출근 준비를 위해 화장실로 향하기 전, 나는 식물성 단백질 섭취를 위해 검은콩두유를 직접 갈 준비를 한다. 물 1L에 검은콩 100g과 소금 반 스푼을 넣고 온열 믹서기에 넣고 갈면, 바쁜 아침 끓여서 갈기까지 한 번에 이루어져 매우 편리하다.

화장실 거울 앞에 서면 거울 속의 나 자신과 마주하게 되는데, 이때 나의 두 눈을 응시하며 "이은경, 오늘도 해냈어! 넌 앞으로도 모두 해낼 거야! 난 널 믿어." 이렇게 나 자신을 응원하고 격려한다. 이러한 긍정적인 자기 대화는 단순한 격려를 넘어, 나 스스로와의 굳은 약속이 된다. 이는 하루의 작은 목표를 차곡차곡 쌓아나가겠다는 결심으로 이어지고 나아가 나의 꿈과 목표에 한 걸음 더 다가가도록 힘을 실어주는 일이다. 결국, 어제보다 나은 오늘을 만들어 나가는 원동력은 내가 자신을 얼마나 아끼고 신뢰하느냐에 달려 있음을 다시 한번 깨닫는다.

화장실에서 씻고 나오면 검은콩두유가 완성됐다는 알림음이 온열 믹서기에서 울리기 시작한다. 이때는 두유가 매우 뜨거운 상태이므로, 나는 출근 준비를 마저 끝마치며 식을 시간을 준다.

화장하거나 머리를 말리는 시간에도 나는 시간을 헛되이 흘려보내지 않는다. 가족들이 아직 잠들어 있으므로 이어폰을 끼고 오디오 북을 듣거나 자기 계발 강의를 수강한다. 이렇게 흘러가는 시간을 잘 활용하면 단순히 준비 시간에 그치지 않고 나를 더욱 성장시키는 시간으로 만들 수 있다. 이는 단순히 생산성을 높이는 것에 그치지 않고 나 자신과의 약속을 지켜나가는 과정이 되어 더욱 의미 있을 뿐 아니라, 나의 하루를 더욱 풍요롭게 만들어 준다. 오디오 북에서 얻는 한 문장은 때로 나에게 큰 영감을 주기도 하고 강의는 새로운 정보와 지식을 제공해 준다. 이런 시간을 통해 강의를 반복 청취하면 강의 내용을 완전히 내 것으로 만들 수 있다.

출근 준비를 마치고 거실 시계를 바라보면 7시 20분을 가리킨다. 이때 나는 가볍게 아침 식사를 시작한다. 밤새 오랜 공복 후 먹는 첫 끼는 대단히 중요하다. 이때 어떤 음식을 내 몸에 채워주는지에 따라 건강 결과가 완전히 달라질 수 있다. 아침 식사는 주로 식이섬유가 풍부한 채소와 단백질로 구성하는 것이 좋다. 요즘의 내 아침 식사 루틴은 클린 주스, 사과, 달걀 2개, 견과류 1봉지다.

먼저, 클린 주스가 담긴 병에 유기농 발사믹 식초 1스푼을 넣고 충분히 흔들어 마신다. 주말 동안에 평일 마실 클린 주스를 미리 만들어 200mL 정도의 유리병에 담아 냉장 보관을 해둔다. 그러면 바쁜 아침 냉장고에서 한 병씩 꺼내 발사믹 식초 1스푼만을 넣고 시원하게 섭취할 수 있어 편리하다.

내가 만든 클린 주스의 재료는 조금씩 구성이 달라지기도 하지만, 그중에서 절대 빠지지 않는 주재료는 양배추, 당근, 사과, 비트 이렇게 4종이다. 때에 따라 토마토, 케일, 브로콜리 등을 첨가하기도 한다. 다만, 과일은 당도가 높아 갈아 마시게 될 경우, 혈당을 급격하게 올려 인슐린 저항성을 유발할 수 있으므로 생으로 씹어서 섭취하는 것이 더욱 좋다. 그래서 사과를 제외하고는 채소 위주의 재료를 선택하여 주스를 만든다.

모든 것은 목적에 따라 방법이 달라진다. 운동이 체력 증진, 근육량 증가, 체지방 감소 등 목적에 따라 접근 방법이 달라지는 것처럼, 음식도 섭취 목적과 재료 특성에 따라 최적의 방식을 선택해야 한다.

예를 들어, 일부 식재료는 익혀야 효능이 더욱 높아지는 것이 있고 다른 식재료는 생으로 섭취했을 때 효능이 높은 것이 있다. 한 가지만 고집하기보다, 생것과 익힌 것을 섭취 목적이나 재료 특성에 따라 알맞게 섭취하는 것이 가장 좋다. 생으로 씹어서 섭취했을 경우 소화가 천천히 진행되어 포만감이 오래 유지되고 영양소의 파괴 없이 섭취할 수 있으며 혈당 관리에도 유리하다. 반면, 채소를 삶아 갈아 만든 주스는 흡수율이 90%까지 높아져 영양소 섭취 효율이 극대화된다. (생채소 5%, 삶은 채소 60%, 삶아 갈아 만든 주스 90%)

그래서 주로 과일들은 씹어서 생으로 섭취하고 채소는 흡수율이 가장 높은 형태인, 삶아서 갈아 만든 주스로 조화롭게 섭취하고 있다. 이는 해독 효과가 있어 체내 독소 배출에 도움을 줄 뿐 아니라, 천연 당 성분으로 아침에 에너지 수준을 높여주고 피로 해소에도 매우 좋다. 또한, 항산화 및 항염증 효과가 있어 피부 건강에도 좋으며 면역력을 높여 질병에 대한 저항력도 기를 수 있다.

클린 주스는 대부분 채소로 이루어져 맛이 강하지 않지만, 여기에 건강에 좋은 발사믹 식초를 추가하면 상큼한 맛이 더해져 맛있게 섭취할 수 있다. 클린 주스를 1병 마신 후에는 내가 제일 좋아하는 과일인 사과를 씹어서 섭취하고 삶은 달걀 2개로 단백질을 보충해 준다. 아침마다 사과 먹는 이 시간이 너무 행복해 더욱 일찍 눈을 뜨던 기억도 있다. 새벽 기상에 도전할 때 자신이 좋아하는 작은 즐거움을 새벽 시간에 배치하면, 더욱 쉽게 새벽 기상에 성공할 수 있다. 매일 아침 사과를 섭취하는 습관 때문에 우리 집에는 1년 365일 사과가 떨어지는 날이 없다.

과거에는 단백질과 식이섬유가 풍부한 아침 식사를 차려 먹고 출근하던 때도 있었다. 하지만 2년 전부터 출근 후 8시에서 9시 사이를 모닝 독서 시간으로 정하면서, 아침 시간을 더욱 효율적으로 활용할 수 있도록 간단하면서도 꾸준히 건강을 챙길 수 있는 식사 루틴으로 변경했다.

클린 주스를 마시며 내 몸이 가볍고 건강해지는 기분을 느끼고 내가 좋아하는 사과를 먹으며 행복을 만끽할 수 있어 이 아침 루틴을 더욱 꾸준히 이어갈 수 있다. 오늘도 시작부터 내 몸에 좋은 선택을 했다는 만족감은 남은 하루에도 긍정적으로 작용해 더 나은 선택을 이어나갈 힘을 준다.

7시 30분, 집을 나서며 일상에서 떠오르는 생각이나 책 속의 깊은 문장을 공유하는 라이브 방송을 들으며 출근길을 시작한다. 흘러가는 시간을 활용해 매일 좋은 강연을 들으며 함께 생각하고 삶의 지혜를 더해 가는 순간들은 내게 큰 힘이 된다. 강연을 들으며 출근하는 동안, 마지막 아침 식사 루틴인 견과류를 천천히 씹으며 하루의 활력을 더한다.

• 점심 식사 루틴: 외식보다는 균형 잡힌 회사 식당 선호
대부분의 외식 음식은 맛을 위해 몸에 좋지 않은 다양한 화학 첨가물이 들어가 있다. 이에 따라 나트륨 및 당 함량이 높아지고 과식

으로 이어질 가능성이 커지기 때문에 외식을 자주 하는 것은 건강을 위협하는 안 좋은 습관 중 하나라고 할 수 있다.

회사 식당에서 제공하는 식사 또한 완전한 건강식은 아니라 할지라도, 외식을 통한 메뉴보다는 그날그날의 신선한 재료와 영양 균형을 고려한 식단 구성으로 이루어져 있다. 회사 메뉴에 생선이 나오는 날에는 생선을 좋아하지 않는 사람들이 많아 외식하는 인원이 늘고 그로 인해 회사 식당은 한산해진다. 그러나 나는 오히려 이런 날에 회사 식당에서의 식사를 더 선호한다. 평소 생선보다는 고기를 더 자주 섭취하게 되기 때문에 회사에서 생선이 나올 때만큼은 건강을 생각해 더욱 생선을 챙겨 먹으려 하는 것이다.

밥은 혈당을 급격히 올리는 흰쌀밥보다는 소화가 천천히 진행되는 현미밥을 선택하고 건강에 좋은 단백질이나 채소 반찬은 더 많이 담아온다. 반면, 떡볶이처럼 탄수화물이나 양념 소스가 과한 반찬은 되도록 피한다. 또한, 국물에는 염분이 많아 국과 찌개의 국물은 섭취하지 않고 건더기만 먹는 편이다. 이렇게 매 순간 몸에 더 좋은 선택을 하기 위해 신경 쓰며 하루하루 건강한 식습관을 유지하려 노력한다. 이러한 작은 선택들이 쌓여 내 몸에 장기적으로 긍정적인 영향을 미친다는 사실이 나에게 큰 동기부여가 된다.

회사 식당 밥을 선호하는 또 다른 이유는 시간을 가장 효율적으로 활용할 수 있기 때문이다. 외식 후 회사로 돌아오면 시간이 훌쩍 지나버려 바로 오후 업무를 시작해야 하는 상황이 된다. 반면, 회사 식당에서 식사를 마친 후에는 1시간의 걷기 및 힐링 타임을 가질 수 있다. 걷는 동안 몸과 마음이 모두 가벼워지며 자연스럽게 오전의 스트레스가 모두 풀린다. 이 시간은 나에게 매우 소중한 루틴이 되었고 이를 통해 하루의 건강을 챙길 뿐 아니라, 오후의 업무에도 더 큰 활력을 불어넣을 수 있다.

• 저녁 식사 루틴: 고구마나 바나나, 삶은 달걀, 검은콩두유
때로는 샐러드 및 샌드위치

어느덧 하루의 저녁이 되었다. 약속이 있는 날을 제외하고는 저녁은 간단히 먹으려고 노력하는 편이다. 잘 안될 때도 많지만, 매 순간 건강한 음식을 선택하려고 의식적으로 노력한다. 오후 5시 정도가 되면 아침에 집에서 챙겨온 고구마나 바나나, 삶은 달걀, 검은콩두유 등을 배고프지 않을 정도로 섭취한다.

건강한 식습관을 위해, 그리고 느리게 나이 드는 식습관을 위해, 언제나 건강한 음식을 적당량 먹고 싶다는 마음으로 살아간다. 하지만 좀 더 만족스러운 맛을 추구하며 하루의 피로를 풀고 싶다는 욕구가 들 때도 많다. 그럴 때면 퇴근 후, 한 끼를 조금 더 여유 있게 즐기며 만족감을 얻기도 하지만, 그런 다음 날은 언제나 '다시 건강하게'

라는 다짐을 되새긴다. 그리고 몸과 마음의 균형을 맞추려 평소의
루틴을 어김없이 이어가며 변화에 적절히 대응하는 선택을 한다.

결국, 매일 조금씩 나아가면서 건강한 식습관을 유지하고 내 몸
과 마음이 만족할 수 있는 방향으로 조화를 이루어 가는 것이 더욱
중요하다고 생각하게 된다. 그리고 건강은 단지 몸만의 문제가 아니
라, 나의 삶 전체를 균형 있게 만들어 주는 중요한 열쇠라는 걸 항상
기억하려 한다.

"하루하루 최선을 다하며 사는 것이 결국 삶의 가장 큰 기쁨이
다."라고 헨리 데이비드 소로가 말했듯, 나 역시 매 순간 더 나은 선
택을 하기 위해 노력하며 때로 실수가 있더라도 새로운 하루를 맞
이하는 마음으로 꾸준히 건강한 삶을 이어가려 한다.

건강한 식습관 형성
• 건강한 식습관의 중요성

내가 먹는 것이 곧 나라는 말이 있다. 이 말은 건강한 식습관의
중요성을 잘 표현하며 우리가 어떤 음식을 어떻게 먹어야 할지 다
시 한번 생각하게 만든다. 매 순간의 작은 선택들이 모여 더욱 건강
한 나를 만들 수도 있고, 반대로 정반대의 결과를 초래할 수도 있
다. 정보를 모르고 선택하는 것보다는 알고 선택하는 것이 더 나은

결과를 가져올 확률이 높다. 그러나 몸에 안 좋은 음식은 강한 중독성을 가지고 있어, 해롭다는 것을 알면서도 끊어내기가 매우 어려운 것이 사실이다. 하지만 올바른 정보를 알고 있다면, 음식 앞에서 본능적인 선택보다는 의식적으로 본능을 거스르는 노력을 할 수 있다. 그래서 건강 관련 지식을 끊임없이 배우고 이를 실천하려는 태도가 무엇보다 중요하다.

나에게 건강한 식단은 단순히 체중 조절의 개념을 넘어, 삶에서 더 큰 의미가 있다. 나는 오래도록 건강한 체력을 유지하며 최대한 느리게 나이 들어가고 싶다. 이를 위해서는 균형 잡힌 생활이 필수적인데, 그중에서도 건강한 식습관은 삶의 가장 중요한 기반이라 할 수 있다. '밥이 보약'이라는 말처럼, 내가 무엇을 먹느냐에 따라 내 몸과 마음의 건강이 좌우된다.

사실, 나는 한때 주변에서 알아주는 대식가였다. 혼자서 피자 한 판이나 치킨 한 마리를 거뜬히 먹고도, 마음만 먹으면 이후 다른 음식까지 계속 먹을 수 있었다. 햄버거 다섯 개를 한 번에 먹거나, 식빵 두 통과 우유 1L를 단숨에 해치운 적도 있다. 이런 나를 두고 주변에서는 '스타킹 위'나 '먹깨비'라는 별명을 붙이기도 했지만, 이런 식습관이 늘 지속된 것은 아니었다. 주로 마음이 편한 주말, '오늘은 마음껏 먹어야지.'라고 작정한 날만 그렇게 먹었다. 지금도 원한다면 그렇게 먹을 수 있지만, 과식이 몸에 미치는 부담을 알기에 이제는 자연스럽게 절제하는 습관이 생겼다. 과식 후에는 몸이 무거워지고 다음 날 피로가 풀리지 않는 경험을 하면서 단순히 많이 먹는 것이 아니라, 몸이 필요로 하는 만큼 섭취하는 것이 중요하다는 사실을 깨닫게 되었다. 본능적인 선택보다는 의식적으로 음식의 양과 질을 조절하며 균형 잡힌 식습관을 유지하려고 매 순간 노력한다.

물론 요즘도 가끔은 마음껏 먹을 때가 있다. 하지만 그럴 땐 나만의 응급처치 방법으로 빠르게 다시 균형을 찾기 위해 노력한다. 16시간, 때로는 20시간 정도 공복을 유지하며 남은 칼로리를 소진하기 위해 유산소 운동을 병행한다. 이후 첫 식사는 탄수화물을 제한하고 채소와 단백질 위주의 식단을 선택하면 대부분 컨디션이 회복되고 몸 상태도 원래대로 돌아온다. 이렇게 의식적인 식습관을 통해 나는 단순한 체중 관리를 넘어, 건강을 지키며 지속 가능한 균형을 유지해 가고 있다.

2022년 겨울의 어느 주말 아침, 평소처럼 노태산을 걸으며 건강 관련 영상을 듣고 있었다. 영상에서는 "사람은 평생 먹을 음식의 양이 정해져 있다."라는 흥미로운 내용을 담고 있었다. 처음에는 무심코 들었지만, 점점 귀를 기울이게 되었고 내용은 이랬다. "사람은 태어날 때부터 평생 먹을 식복을 정해 가지고 온다. 대식이나 폭식을 하면 그만큼 수명이 줄어든다. 평생 먹을 양을 30년 만에 다 먹으면 30년밖에 못 살고 100년에 걸쳐 나눠 먹으면 100년을 살게 된다."

이 영상의 내용은 하루, 온종일 내 머릿속을 맴돌았다. 나는 평소 건강과 체력 관리에 관심이 많아 꾸준히 운동하고 몸에 좋은 음식이라면 맛이 없어도 일부러 챙겨 먹는 사람이었다. 하지만 이런 모든 노력에도 음식의 양을 조절하지 않으면, 결국 내 수명을 스스로 단축하는 것이나 다름없다는 생각이 들었다. 그날 이후, 소식을 철저히 실천하지는 못하더라도 최소한 폭식만큼은 하지 말자고 다짐하게 되었다.

프랑스 철학자 장 자크 루소는 "자연은 우리에게 건강한 몸을 주었지만, 우리는 이를 망치는 데 너무 큰 노력을 기울인다."라고 말했다. 우리가 하는 모든 선택이 결국 우리의 미래를 결정한다. 더 건강하고, 더 젊고, 더 나은 삶을 위해 오늘 어떤 음식을, 어떻게 먹을지를 신중히 선택하길 바란다.

• 혈당 스파이크를 막아라

혈당은 우리 몸의 에너지원으로 중요한 역할을 하지만, 제대로 관리하지 않으면 건강에 치명적인 영향을 미칠 수 있다. 특히, 식사 후 혈당이 급격히 상승하는 현상인 혈당 스파이크는 우리가 무심코 지나치기 쉬운 문제 중 하나이다. 하지만 이는 결코 가볍게 여겨서는 안 되는 위험 신호임을 알아야 한다. 혈당 스파이크는 단순히 당 수치가 일시적으로 높아지는 데 그치지 않는다. 자주 반복될 경우, 심뇌혈관 질환, 암, 치매 등의 위험을 증가시킬 수 있으며 나아가 당뇨병의 주요 원인이 되기도 한다. 이러한 만성 질환의 발병은 결국 노화를 가속하는 주범이므로, 건강한 젊음을 오래 유지하고 싶다면 반드시 혈당 스파이크를 피하려는 노력을 기울여야 한다.

식후 혈당이 오르는 것은 자연스러운 현상이다. 그러나 식후 혈당이 급격히 상승하게 되면, 췌장에서 혈당을 조절하는 호르몬인 인슐린이 과도하게 분비되어 다양한 부작용을 초래할 수 있다. 인슐린은 혈액 속의 포도당을 지방으로 전환하는 역할을 하는데, 인슐린 분비가 잦아질수록 우리 몸에 축적되는 지방의 양도 함께 많아지게된다. 이에 따라 체중은 더욱 증가하고 다양한 대사 문제로 이어지는 악순환이 반복된다.

혈당 스파이크는 당뇨 환자들에게만 해당이 되는 문제가 아니다. 건강하다고 생각되는 사람들도 단순당과 정제 탄수화물, 즉 흰쌀밥, 흰 빵, 밀가루 면, 과일 주스 등을 자주 섭취할 경우, 인슐린 분비가 과도해져 같은 위험에 처할 수 있다. 이는 몸이 인슐린에 대해 둔감해지는 인슐린 저항성을 유발하며 체중 증가를 더 쉽게 일으키는 체질로 변화시킨다. 결국 이는 건강뿐만 아니라, 체형 관리에도 악영향을 미친다. 따라서 당뇨 환자들뿐만 아니라, 모든 이들은 혈당 스파이크를 예방하기 위한 생활 속 작은 실천들이 필요하다.

혈당 스파이크를 예방하기 위해서는 간단히라도 아침을 챙겨 먹는 것이 좋다. 아침을 거르면 점심이나 저녁에 폭식하게 될 가능성이 더욱 커지고 이는 혈당 스파이크를 유발할 뿐만 아니라, 전반적인 식습관에도 부정적인 영향을 미친다. 또한, 식후 30분 이상 유산소 운동은 식후 혈당을 효과적으로 낮추는 데 많은 도움을 준다. 걷기와 같은 간단한 활동만으로도 혈당 관리에 큰 차이를 만들 수 있다.

음식 섭취 순서 역시 혈당 관리에 중요한 역할을 한다. 이 사실을 알지 못했을 땐 식사를 할 때 주로 밥을 먼저 먹고 이후 반찬을 섭취했지만, 이제는 식이섬유가 풍부한 채소에 먼저 손이 가고 그다음 단백질을, 마지막으로 탄수화물 순으로 먹게 된다. 그래야 혈당의 급격한 상승을 막아 인슐린 저항성을 예방할 수 있다. 채소는 혈당을 점진적으로 올려주기 때문에 식사의 첫 단계로 적합하며 단백질은 포만감을 오래 유지하게 해주고 탄수화물은 혈당을 빠르게 올리기 때문에 가장 마지막에 섭취하는 것이 좋다.

대학 시절, 그 작은 고시원 방에서도 나는 밥솥을 들여 밥을 해

먹었다. 자취생 하면 흔히 혼자 지내다 보니, 식사를 제대로 챙겨 먹지 못한다는 인식이 강할 것이다. 매일 라면으로 끼니를 때우는 모습을 떠올리기 쉽지만, 그래서 나는 오히려 그러한 식습관을 만들지 않으려 노력했다. 간혹 라면을 진짜 먹고 싶어서 먹을 수는 있지만, 단순히 끼니를 때우기 위해서 라면을 선택하는 것은 스스로 허용하지 않았다. 이는 지금도 마찬가지다. '먹고 싶어서 먹는 것'과 '그냥 한 끼를 해결하기 위해 먹는 것'은 분명 다르며, 후자는 건강을 상하게 하는 길이라고 생각했기 때문이다. 또한, 간혹 라면을 먹게 되더라도 염분이 높은 국물은 되도록 먹지 않는다. 이러한 작은 선택들이 쌓여 결국 내 건강을 지키는 바탕이 되었다.

단순당과 정제 탄수화물을 제한하고 균형 잡힌 식단을 유지하려는 노력은 결국 나의 건강을 지키는 첫걸음이다. 이러한 작은 선택 하나하나가 쌓여 내 몸을 더욱 건강하게 만들고 일상에서 더 나은 삶을 만들어 줄 것이라 믿는다.

• 당류를 체크하는 습관

혈당 스파이크를 피하고 건강한 식습관을 만들기 위해서는 당류 섭취를 줄이려는 노력이 필요하고 특히, 하루 당류 섭취량을 의식적으로 체크하는 습관을 들이는 것이 매우 중요하다.

당류는 그 구조에 따라 크게 단당류(포도당, 과당 등), 이당류(설탕, 엿당 등), 그리고 다당류(녹말, 글리코겐 등)로 나뉜다. 우리가 흔히 섭취하는 곡물, 과일, 채소 등 자연식품에도 당류가 포함되어 있지만, 음료, 과자, 빵 등 가공식품에는 훨씬 더 많은 양의 당류가 들어 있어, 하루 중 섭취하게 되는 당류는 생각보다 훨씬 많다. 특히, 구조가 단순한 단당류와 이당류는 섭취 시 몸에 더욱 빠르게 흡수되어 혈당을 급격히 상승시키므로, 이를 의식적으로 제한하려는 노력이 필요하다.

콜라와 사이다를 마시지 않게 된 지 벌써 10년이 넘어간다. 예전에는 회식 자리에서 술 대신 사이다를 마시곤 했었다. 그런데 콜라와 사이다는 설탕물이라는 사실을 알게 된 후부턴 더 이상 내 몸에 넣을 수가 없었다. 각설탕 1개에는 약 3g의 당류가 들어 있는데, 500mL 콜라에 포함된 당류는 54g이다. 이는 각설탕 18개에 해당하는 양이다. 그 이후로는 모든 탄산음료를 마시지 않게 되었고 현재까지도 음료 선택에 있어 매우 신중한 편이다.

그뿐만 아니라, 나는 커피와 주스도 마시지 않는다. 과일은 좋아하지만 과일 주스 형태로는 거의 섭취하지 않는다. 단, 토마토나 당근 주스처럼 채소 주스는 마시지만, 오렌지 주스와 포도 주스처럼 액상 과당이 높은 주스는 피하는 편이다. 되도록 음료는 생수나 차 외에는 마시지 않으며 차도 카페를 가야 하는 상황에서 커피 대안으로 선택하는 것이지, 평소에는 주로 생수를 마신다. 하루에 물을 3L 정도는 마시는 것이 습관처럼 자리 잡았다.

세계보건기구(WHO)는 성인의 1일 당류 섭취를 하루 에너지 섭취량의 5~10% 이내로 제한할 것을 권장한다. 이는 하루 2,000kcal를 기준으로 했을 때, 약 100~200kcal에 해당하는 양이며 하루 최대 25~50g 이내로 당 섭취를 줄여야 한다는 의미다. 하지만 가능한 한 25g 이내로 관리하는 것을 목표로 삼는 것이 더욱 바람직하다.

음료, 과자, 디저트, 소스와 양념류 등에는 생각보다 훨씬 많은 양의 당류가 포함되어 있다. 문제는 우리가 당류를 인지하지 못하는 사이 섭취하게 되는 경우가 너무 많다는 점이다. 대표적인 예가 음료, 소스, 양념류 등이다. 콜라 속에 들어 있는 18개의 각설탕을 그냥 섭취하라고 한다면 당연히 거부감이 들겠지만, 콜라로서는 쉽게 들이킬 수 있을 것이다. 여기에 피자나 치킨, 햄버거를 같이 곁들인다면 칼로리 폭탄은 물론 설탕물 과다로 혈당 스파이크의 위험은 더욱 커지게 된다.

또한, 건강이나 체중 조절을 위해 샐러드나 샌드위치를 선택하는 경우, 소스에 함정이 있음을 알아야 한다. 소스나 양념들은 액상과당이 다량 함유되어 있어 칼로리가 매우 높다. 신선하고 건강한 샐러드에 칼로리가 높은 소스를 과하게 뿌려 먹는다면, 건강 식단이라고 착각할 뿐 실질적으로는 혈당과 칼로리를 모두 높이는 결과를 초래한다. 이를 예방하기 위해 소스는 제공된 양을 전부 사용하기보다, 옆에 두고 조금씩 찍어 먹는 형태가 섭취량을 조금이라도 줄일 수 있다. 올리브 오일과 발사믹 식초를 이용하여 집에서 직접 소스를 만들어 먹는 것이 가장 좋은 방법이다.

당류 섭취를 줄이기 위한 또 다른 방법은 식품 구매 시 영양 성분표를 확인하는 습관을 들이는 것이다. 당류 함량을 체크하여 1일 권장 섭취량을 넘지 않도록 관리하면 건강을 지키는 데 큰 도움이 될 수 있다. 단순히 제품을 구매할 때뿐만 아니라, 탄산음료 대신 물이나 블랙커피를 선택하고 커피에 시럽이나 설탕을 넣지 않는 작은 실천들이 결국 큰 차이를 만들 수 있다. 또한, 간식으로 과자나 디저트 대신 신선한 과일이나 채소를 선택하고 요리할 땐 설탕이나 조미료 대신 배, 사과, 양파 등 천연 재료로 단맛을 내는 것이 좋다.

이처럼 당류 섭취를 줄이려는 일상 속 작은 실천들은 단순한 식습관의 변화가 아니라, 내 몸을 스스로 돌보는 하나의 태도이자 건강한 삶을 위한 장기적인 투자다. 지금의 선택이 쌓여 시간이 흐를수록 더 가볍고 활력 있는 몸을 만들 것이며 궁극적으로는 노화 속도를 늦추고 건강한 삶을 오래도록 유지하는 기반이 될 것이다.

• 간헐적 단식의 활용

오토파지(Autophagy)는 1960년대부터 알려진 개념이지만, 구체적인 작동 원리는 2016년 일본의 오스미 요시노리 교수가 이를 규명하면서 과학적으로 주목받기 시작했다. 오토파지는 '스스로(auto)'와 '먹는다(phagy)'라는 의미의 그리스어에서 유래한 단어로, 우리말로는 자가포식이라고 한다. 이는 우리 몸이 불필요한 성분들을 스스로 분해하여 에너지원으로 재활용하는 과정을 의미한다.

우리 몸의 세포는 끊임없이 분열과 합성을 반복하며 교체된다. 이 과정에서 자가 소포체와 리소좀은 불필요하거나 손상된 세포 성분들을 제거하고 재활용할 수 있는 물질로 전환하는 역할을 담당한다. 오토파지 시스템 덕분에 세포 내 불필요한 성분들은 제거되고 필요한 재료들은 재활용되어, 우리 몸은 효율적으로 유지되는 것이다.

이러한 오토파지 시스템은 단순히 세포 찌꺼기를 제거하는 데 그치지 않는다. 체중 감량, 노화 방지, 염증 개선, 암 예방 등의 놀라운 효과가 있으며 현재 난치병 치료 연구에도 활용될 만큼 중요한 개념으로 자리 잡고 있다. 이를 통해 건강한 몸을 만들고 다이어트가 목적인 사람들은 체중 감량을 성공적으로 이뤄낼 수도 있다.

우리가 흔히 알고 있는 간헐적 단식은 공복 시간을 유지함으로써 체내 오토파지 시스템을 활성화하는 데 많은 도움을 준다.

이 시스템은 마지막 식사 후, 약 16시간부터 활성화되기 시작해 72시간(3일)에 효과가 최고조에 달한다. 1일 단식하면 지방 연소가 활성화되기 시작하고, 2일 단식하면 자가포식 작용으로 오래된 세포를 제거해 염증이 개선되고 노화 방지 효과가 나타난다. 3일 단식하면 성장 호르몬 분비가 극대화되어 근육 성장과 면역력 상승, 항노화 효과를 볼 수 있다. 이처럼 단계별로 나타나는 효과는 단순히 체중 감량뿐만 아니라, 몸의 전체적인 컨디션을 개선하고 노화 방지 및 질병 예방에도 긍정적인 영향을 미친다.

이러한 효과를 직접 경험하기 위해, 나는 작년부터 1년에 1회 3일 단식을 실천하기로 마음먹었다. 회사 업무로 단식이 어려운 평일을 피해 금요일 하루 연차를 내고 금·토·일 3일 동안 단식을 진행한다. 이 과정은 몸의 컨디션을 재정비하고 건강을 한층 끌어올리는 중요한 시간이 된다. 다만, 단식은 과유불급이라는 점을 유의해야 한다. 3일을 넘겨 진행할 경우, 오히려 체지방 감소율이 떨어지고 근 손실로 이어질 수 있다. 따라서 단식은 최대 3일(72시간) 내에서 마무리하는 것이 바람직하며 횟수 또한 1년에 1~2회 정도가 적당하다.

3일 단식을 연 1~2회 진행한 뒤에는 일상에서 간헐적 단식을 유지하며 효과를 극대화할 수 있다. 나는 평상시 16시간 공복 유지와 8시간 식사의 시간 비율을 실천하려고 노력한다. 직장 내에서 시간을 지킬 수 없는 경우가 많지만, 최소 12시간의 공복은 유지하려고 하는 편이다. 특히, 식사 시간을 자유롭게 조절할 수 있는 주말이나 전날 평소보다 과한 음식을 먹은 다음 날만큼은 반드시 16시간 공복을 지킨다. 이렇게 평소 간헐적 단식을 생활화하면 체중 관리뿐만 아니라, 건강 전반에 걸쳐 매우 긍정적인 효과를 기대할 수 있다.

- **외식 때 선택하는 메뉴 및 피하는 메뉴**

외식은 고칼로리 및 다량의 화학 첨가물을 섭취하게 되기 때문에 되도록 회사 식당에서 식사하거나 집에서 스스로 좋은 재료 또는 나트륨 및 당 함량을 조절해 섭취하는 편이다. 하지만 가끔 외식이 불가피하거나 외식이 하고 싶을 때도 있으므로 그럴 땐 주로 이런 메뉴들을 선택한다. 주로 단백질이나 채소 섭취를 많이 할 수 있는 메뉴를 고른다.

＊월남쌈: 월남쌈은 다양한 채소와 단백질을 섭취할 수 있어, 외식하면서도 건강하게 먹을 수 있는 최고의 메뉴이다. 라이스 페이퍼 대신 상추나 깻잎에 익힌 채소와 고기를 싸 먹어, 되도록 탄수화물 섭취를 줄이고 채소 섭취를 늘리는 편이다. 이때, 소스는 나트륨 및 당 함량이 높으므로 소량만을 찍어 먹는다.

＊회: 회는 지방 함량이 낮고 단백질 함량이 높은 음식이다. 다만,

횟집에서 제공되는 다양한 스끼다시는 칼로리가 높거나 건강상 안좋은 음식들도 함께 나오기 때문에 그중 밀가루 위주인 튀김류와 부침개 등은 되도록 피하고 회 자체만을 즐기는 것이 좋다.

＊서브웨이: 패스트푸드점이지만 서브웨이는 재료와 소스를 직접 선택할 수 있어, 비교적 건강한 외식이 가능하다. 주로 저녁에 외식할 경우, 선택하는 메뉴로 내가 항상 선택하는 메뉴는 '터키 베이컨 아보카도'이다. 빵은 통밀빵인 위트를 선택하고 절임류 3종(할라피뇨, 올리브, 피클)은 염분 함량이 높아 제외하며 대신 신선한 토마토와 오이는 보통보다 더 많이 요청한다. 여기에 단백질 함량을 더 채우기 위해 달걀을 1개 추가하고 소스는 올리브 오일, 레드와인 식초, 소금, 후추로 드레싱 한다. 언제나 이 메뉴의 이 조합으로 선택하기 때문에 서브웨이 특성상 다양한 선택을 해야 하지만, 나는 고민의 여지 없이 주문한다.

＊족발: 족발은 주로 배달시켜 먹는 경우 선택하는 메뉴로, 삶아서 조리되기 때문에 기름과 같이 눈에 보이지 않는 칼로리 걱정을 덜 수 있다. 특히, 돼지 다리 살은 지방 함량이 적고 단백질이 풍부한 고단백 부위이기 때문에 근육량 유지에 관심이 많은 나에게 더욱 적합한 음식이다. 다만, 양념 족발은 당 및 염분 함량이 높아 피하고 살코기 위주로 채소와 함께 섭취하는 것이 더욱 포만감을 높일 수

있어, 언제나 쌈과 함께 싸 먹는 편이다.

＊구운 치킨: 치킨을 먹고 싶을 때, 기름에 튀긴 일반 치킨보다 오븐에 구워낸 치킨을 선택하려고 하는 편이다. 구운 치킨은 칼로리가 상대적으로 낮아 늦은 시간만 아니라면 부담 없이 먹을 수 있다. 양념 소스는 당 및 염분 함량이 높아 찍어 먹지 않는다.

＊구이 고기류: 단백질을 공급할 수 있는 목살, 다리 살, 갈매기살 등 비교적 지방 함량이 적은 고기 부위를 선택하면 건강에 좋다. 양념 된 갈비보다는 기본 구이로, 소스는 소금이나 후추를 활용해 담백하게 즐긴다. 후식으로 냉면과 같은 탄수화물 음식은 되도록 피하는 편이다.

＊오리고기: 오리고기는 불포화지방산이 풍부한 음식으로, 체내에 축적되지 않고 배출되는 건강한 지방을 제공한다. 노화 방지에도 매우 효과적이며 부추와 양파를 함께 섭취하면 더욱 맛있고 건강하게 즐길 수 있다.

반면, 아래와 같은 음식들은 되도록 피하고 싶은 메뉴다. 회식 메뉴로 잡혔다거나 불가피한 상황에서는 어쩔 수 없지만, 내 의지로 선택할 수 있는 상황에서는 선택하지 않는 메뉴들이다.

＊찌개류: 찌개에는 지방 함량이 높은 돼지고기나 각종 고칼로리 재료가 자주 사용된다. 여기에 소금, 간장, 고추장, 된장 등의 양념이 더해져 나트륨 섭취량이 급격히 증가할 수 있다. 이는 심혈관 건강에 나쁜 영향을 주고 짠맛으로 인해 밥을 더 많이 먹게 만들어, 자연스럽게 과식으로 이어질 수 있다. 되도록 먹지 않는 편이지만, 먹어야 하는 상황이라면 국물보다는 건더기만 건져 먹는다.

＊중화요리: 짜장면, 짬뽕, 볶음밥, 탕수육 등으로 대표되는 중화요리는 대개 튀기거나 볶는 방식으로 조리되어 건강상 이롭지 않다. 더구나 염분과 당을 과도하게 포함하고 있는 소스로 뒤덮여 칼로리 또한 매우 높다. 특히, 짜장면과 짬뽕은 면 요리로 탄수화물 섭취량이 많아지고 짬뽕 국물의 짠맛과 기름기는 자극적인 맛으로 건강에 더욱 해롭다. 불가피하게 중화요리를 먹어야 하는 상황이라면 마파두부 덮밥을 선택한다.

＊밀가루 음식: 빵, 과자, 라면, 국수, 피자, 떡볶이 등 세상에는 너무나도 많은 밀가루 음식이 존재한다. 이 음식들은 대체로 맛있고 중독성이 강해 한번 먹게 되면 쉽게 손에서 놓기 어렵다. 밀가루 음식은 정제 탄수화물로, 섭취 시 혈당 스파이크를 유발한다. 이에 따라 인슐린 저항성을 초래할 수 있어, 건강에 매우 좋지 않은 음식이다. 또한, 장 건강과 피부 건강에도 악영향을 미치기 때문에 섭취를

줄이는 것이 좋다. 다른 음식들은 건강에 해롭다고 판단되면 쉽게 멀리할 수 있었지만, 빵만큼은 좋아하는 메뉴이기 때문에 외면하기 쉽지 않았다. 그러나 밀가루 빵 대신 상대적으로 건강한 대체 빵을 찾는 방법을 선택하며 새로운 균형을 찾기 위해 노력한다. 밀가루를 사용하지 않고 두부나 현미를 주재료로 만든 건강한 빵집을 방문하거나, 집에서 직접 건강한 재료로 당근 빵이나 고구마 빵 등을 만들어 먹곤 한다. 탄수화물 중독은 초반 몇 주간의 의식적인 노력을 기울이면 끊어낼 수 있다. 시간이 지나면 점차 자연스럽게 건강한 입맛으로 회복되어, 밀가루 음식에 대한 갈망도 점차 사라진다. 물론, 간혹 다시 생각날 때가 있지만, 이럴 때는 억누르기보다 적당히 즐기는 편이 오히려 심리적 만족감을 주어 정신 건강에 더욱 긍정적인 영향을 준다. 중요한 것은 이런 음식 섭취를 평소보다 자주 하지 않고 스스로 건강한 균형을 찾기 위해 노력하는 것이다. 또한, 면 요리를 먹어야 하는 상황에서는 밀가루면 대신 메밀국수나 쌀국수를 선택한다.

• 나를 만드는 선택의 힘

삶의 모든 순간은 선택의 연속으로 이루어진다. 하루에도 우리는 무수히 많은 선택을 이어 나간다. 큰 결정부터 작은 선택에 이르기까지, 어떤 선택을 하는지에 따라 다른 결과를 가져온다. 무심코 지나칠 수 있는 작은 선택들도 결국 그 선택들이 쌓여 지금의 나를 만들고 내일의 나를 준비시킨다. 내가 무엇을 먹고, 어떻게 움직이며, 어떤 마음가짐을 가지는가는 곧 나의 미래를 결정짓는 강력한 힘이 된다.

어떤 날은 유혹에 흔들리고 어떤 날은 나약한 마음이 들 수도 있다. 내가 오늘 어떤 선택을 했는지도 중요하지만, 그보다 더 중요한 것은 내일 다시 어떤 선택을 하려고 노력할 것인지다. 우리는 매일 아침이 되면 다시 새로운 기회를 맞이하고 어제의 부족함을 채울 힘을 가지고 깨어난다. 내가 선택한 작은 습관과 행동들이 결국 나를 조금씩 변화시키고 그 변화는 언젠가 눈에 보이는 결실로 반드시 이어진다.

음식과 건강한 습관에 대한 나의 선택은 곧 나 자신을 아끼고 사랑하는 일이다. 오늘도 나는 나를 위한 적은 노력을 선택했고 그 선택이 쌓여 나의 내일을 더 나은 방향으로 만들어 줄 것임을 믿는다. 존 드라이든의 "작은 변화가 큰 변화를 만든다. 습관이 건강을 만들고 건강이 삶을 만든다."라는 말처럼, 지금, 이 순간의 선택들이 곧 나의 삶을 더 빛나게 만들어 주고 있다는 것을 기억하며 오늘도 나 자신을 위해 더 나은 선택을 이어 나간다. 내일 아침의 내가 오늘의 나에게 고맙다고 말할 수 있도록. 그리고 미래의 나에게 부끄럽지 않도록.

04

일상 속 체력 유지 습관

1) 엘리베이터 대신 계단 이용

헬스를 즐기는 사람이라면 한 번쯤 들어왔을 단어, 바로 천국의 계단. 지금은 헬스장에 다닐 시간을 절약해 집에서 혼자 운동하고 있지만, 헬스장에 다니던 때 짧은 시간 고효율 운동 효과를 낼 수 있는 이 천국의 계단을 가장 좋아했었다. 천국의 계단 위에서 10분만 계단을 오르더라도 어느덧 온몸에서 땀이 비 오듯 쏟아져, 운동 후 개운함과 성취감이 더욱 컸다. 그래서 늦은 밤, 운동할 시간이 부족할 땐 언제나 천국의 계단을 선택했다.

계단 운동은 유산소와 근력 운동을 동시에 포함하고 있어, 체력 향상에 더없이 좋은 운동이다. 계단을 오르는 동안 심박수와 호흡량을 증가시켜 심혈관 기능이 개선되고 하체 및 둔근의 근력 강화에 매우 효과적이다. 특히, 계단을 2칸씩 오르면 힙업 효과를 기대할 수 있어 같이 가는 사람이 없을 땐, 2칸씩 오르기도 한다. 나이가 들수록 하체 근육 손실이 더욱 심해지고 복부는 비만해져 팔다리만 가늘어지는 ET 체형으로 변화되는데, 꾸준히 계단을 오르면 이런 체형을 예방할 수 있다. 또한, 계단 운동은 평지 걷기의 약 3배에 달하는 에너지 소모량을 가지고 있어 체지방 감소에 뛰어나고 기억력과 인지 능력을 향상해 치매나 알츠하이머병 같은 뇌 질환 예방에도 긍정적인 영향을 미친다.

일상에서 조금만 노력하면 따로 시간을 들이지 않고도 이렇게 효과 좋은 계단 운동을 언제 어디서든 실천할 수 있다. 우리 집은 6층, 사무실은 5층에 있는데, 언제나 엘리베이터 대신 계단을 이용한다. 누군가와 같이 가야 해서 꼭 엘리베이터를 타야 하는 상황을 제외하고는 일부러 계단을 찾아다닌다. 가끔 서울을 방문할 때 전철을 타러 가는 그 높은 계단 앞에서도, 나는 서슴없이 에스컬레이터 대신 계단을 선택한다. 에스컬레이터를 빼곡히 가득 채운 사람들 속에서 혼자 계단을 선택하며 건강과 여유를 동시에 얻는다. 저 많은 사람 가운데 정말 몇 안 되는 사람만이 그 높은 계단을 오르는 모습과 그 몇 안 되는 사람들 가운데 한 명이 '바로 나'라는 사실은 그 어떤 보상보다 크게 다가온다. 어떤 날은 단숨에 계단을 오르기도 하고 어떤 날은 발걸음이 무겁기도 한데, 이를 통해 몸의 컨디션도 빠르게 파악할 수 있다.

계단을 오르며 쌓은 적은 노력이 결국에는 큰 변화를 만들어낸다는 것을 알기 때문에, 나는 그 일상적인 선택을 더 자주 이어 나가고 점점 더 즐기게 된다. 주말 서울의 바쁜 거리에서 또는 평일 집과 사무실 계단을 오가며 그리고 하루를 마무리하고 집으로 돌아오는 마지막 순간까지, 나는 매 순간 엘리베이터 대신 계단을 선택하며 내가 할 수 있는 최선의 건강을 지켜가고 있다는 느낌을 받는다. 이는 나에게 단순한 운동을 넘어 일상의 작은 승리이자, 나와의 약속을 철저히 지켜나가는 나 자신을 보면서, 나를 더욱 신뢰하게 되는 계기가 된다.

2) 가까운 거리 걷기

체력을 키우고 건강을 관리하는 데 있어 무엇보다 가장 중요한 것은 하루아침에 큰 변화를 시도하는 것이 아니라, 작은 습관들을 꾸준히 쌓아나가는 것이라고 믿는다. 과거 체력이 약했던 시절, 주말마다 인근의 가벼운 산을 꾸준히 오르며 어느새 체력이 어떤 일을 하는 데 있어, 걸림돌이 되지 않을 정도로 많이 향상되었다. 그리고 그렇게 길러진 체력은 큰 노력 없이도 일상 속 작은 습관들로 꾸준히 유지해 나가고 있다.

5년 전, 코로나로 실내 운동이 제한되며 답답한 시기를 겪었다. 걷는 것을 일상처럼 매우 사랑하게 된 것도 바로 이때부터다. 코로나로 인해 일상의 많은 부분이 바뀌었고 코로나에 직접 대응해야 했던 직업 특성상 정신적 스트레스도 최고조에 달했다. 매일 새벽 퇴근과 주말 근무가 반복되는 급박한 환경 속에서 잠시 신선한 바깥 공기를 마시며 걷는 시간은 나에게 큰 행복이었다. 그리고 이 행복한 시간을 조금씩 늘리기 위해 코로나 대응 체계가 잡히고 업무 여건이 조금씩 개선되면서, 나는 아침과 저녁 출퇴근 시간을 이용해 1시간씩 걷기 시작했다. 습관을 들이기 위해 걸어서 1시간 정도의 거리에 차를 세워두고 집에 걸어 들어갔고 다음 날 아침이면 일찍 일어나 1시간을 걸어 차를 찾아 출근했다. 주말에 등산이나 트레킹을 하면서가 아닌, 평일 동안에 가장 많이 걸었던 때가 바로 이 코로나 시절이다. 이때 평일 하루에도 4만 보씩을 걸었던 기억이 난다. 아침 출근 시간에 1시간, 점심이나 저녁 시간을 이용해 남은 시간을 걸었고 또 퇴근 후 1시간을 걸었다.

고등학교 시절, 나주의 시골길을 걸어야만 했던 상황은 선택이 아닌 필수적인 일이었다면, 코로나 시절 걷기를 사랑하게 된 것은 걷는 자체에서 힐링을 느꼈기 때문에 스스로 내린 선택이었다. 걷는 시간이 나에게 너무 행복했고 그 활동이 자연스럽게 지금까지 이어져 일상의 중요한 부분으로 자리 잡았다.

코로나 이후 이사를 하고 이제는 직장이 걸어서 30분 거리에 있어 초반에는 매일 아침, 저녁 30분씩을 걸어 출퇴근했다. 하지만 2년 전부터는 출근 후 1시간의 모닝 독서 시간을 가지기 위해 차를 이용하고 있다. 그 외에도 주말 당직 근무나 특별 근무를 나갈 때, 마트나 도서관처럼 가까운 곳에 외출할 때는 여전히 걷기를 생활화하고 있다.

전 국민이 모두 답답함을 경험했던 코로나 시절, 걷기가 아니었다면 더욱 스트레스가 심했을 것이다. 다행히 나만의 건강한 해소 방법을 찾았고 그것은 지금까지 나를 행복하게 만들어 주고 있다. 그때 만든 작은 습관 하나가 이제는 더 큰 의미가 있으며 사색을 통한 생각 정리와 글쓰기 등 다양한 힐링의 시간을 나에게 선물해 주고 있다.

3) 틈새 시간 활용 근력 운동

내 화장대 앞에는 의자가 없다. 3년 전 이사를 하면서 의도적으로 의자 없이 서서 화장하고 머리를 말릴 수 있는 위치에 화장대 거울을 설치했다. 이렇게 얻어진 짧은 틈새 시간을 활용해 스쿼트, 발뒤꿈치 들었다 내리기, 제자리 걷기, 한쪽 무릎씩 90도로 들어올리기 등 서서 할 수 있는 간단한 근력 운동을 한다. 직장인들은 하루 중 앉아서 보내는 시간이 가장 많을 수밖에 없는데, 오래 앉아 있는 생활 자체가 자세 및 신체 건강에 매우 좋지 않다. 그래서 일상에서 자주 움직일 수 있는 여건을 의식적으로 만들어내려고 노력해야 한다. 꼭 스쿼트나 발뒤꿈치 들었다 내리기 등 근력 운동을 추가하지 않더라도, 서 있는 자체만으로도 자세 개선과 근육 활성화, 에너지 소비 측면에서 긍정적인 효과를 얻을 수 있다.

또한, 회사에서 점심 후 양치하는 동안에도 잠깐 사이 스쿼트를 하기도 하고 일부러 계단을 오르내리기 위해 언제나 같은 층의 화장실 대신 다른 층 화장실을 이용한다. 이렇게 하루 중 의식적으로 움직임을 더 만들 기회들을 일부러 찾아 하나씩 실천한다.

결국 운동은 큰 결심을 하고 힘들게 시작하는 것이 아닌, 일상에서 작은 습관을 실천하려는 자세가 중요하다. 바쁜 일정 속에서도 꾸준히 체력을 유지할 수 있는 이유는 바로 이런 일상 속 작은 습관들이 하나씩 차곡차곡 쌓였기 때문이다. 이런 작은 선택들이 나를 더 건강하고 활기찬 삶으로 이끌어 주고 있다.

4) 바른 자세 유지

우리 몸의 기둥이라 불리는 척추는 신체에 없어서는 안 될 매우 중요한 부위이다. 척추는 단순히 몸을 지탱하는 역할뿐만 아니라, 신체 각 부분의 움직임과 균형을 조율하는 핵심 역할을 하며 척추가 건강해야 일상생활의 다양한 활동을 원활하게 할 수 있다. 이처럼 중요한 척추에 한 번 문제가 생기면 원래 상태로 되돌리기까지 상당한 시간이 소요되기 때문에, 미리 관리하고 예방하는 것이 무엇보다 중요하다.

현대인들은 대부분 직장이나 학교에서 오랜 시간 앉아서 생활한다. 특히, 컴퓨터나 스마트폰을 장시간 사용하면서 잘못된 자세를 지속하게 되면, 다양한 근골격계 질환 및 거북목과 같은 체형 변화를 초래하게 된다. 이러한 체형 변화는 결국 만성적인 목과 어깨 통증을 유발하거나, 척추측만증으로 이어져 허리와 골반 통증으로 이어질 수 있다.

척추 변형으로 인한 질환은 단순히 통증을 유발하는 것에 그치지 않는다. 이는 삶의 질을 크게 떨어뜨리고 우리를 예민하게 만들 수 있다. 또한, 외관상으로도 보기 좋지 않고 이에 따라 자신감마저 저하될 수 있다. 따라서 척추의 건강을 지키는 것은 우리의 신체적, 정신적 건강을 위해 매우 중요한 일이다. 이를 위해 평소 바른 자세를 유지하는 습관을 들여야 한다. 장시간 앉아있는 상황을 의식적으로 피하고 적어도 1시간에 한 번은 짧은 휴식과 함께 스트레칭을 통해 경직된 근육을 풀어주는 것이 좋다.

스트레칭은 실내에서도 간편하게 할 수 있는 운동으로, 근육을 이완시키고 자세 교정에도 매우 효과적이다. 이에 따라 신진대사와 혈액 순환을 원활하게 하고 스트레스 해소 및 피로 해소에도 많은 도움을 준다. 무엇보다 몸의 유연성을 향상해 신체 나이를 더욱 젊게 유지할 수 있다.

나는 평소 의자에 앉아 있을 때나 서 있을 때 그리고 걸을 때 바른 자세를 유지하기 위해 의식적으로 노력한다. 의자에 앉아 다리를 꼬는 습관은 척추의 균형을 무너뜨려 척추측만증을 유발할 수 있는 매우 나쁜 습관이므로 이를 의도적으로 피한다. 서 있을 때는 양쪽 다리에 무게 중심을 균일하게 유지하고 짝다리 짚는 습관을 피하려고 한다. 그래서인지 주변 사람들로부터 자세가 바르다는 얘기를 자주 듣는다.

몸의 중심이 되는 척추의 중요성은 아무리 강조해도 지나치지 않다. 잘못된 습관으로 척추의 좌우 균형이 깨지면 척추뿐만 아니라, 몸의 전반적인 균형이 무너질 수밖에 없다. 그래서 항상 바른 자세를 유지하는 것이 무엇보다 중요하다고 생각한다. 하지만 아무리 바른 자세를 의식한다고 해도 척추를 앞뒤로 바로 잡아주는 코어 근육이 약하면, 바른 자세를 오래 유지하기가 쉽지 않다. 그래서 평소 코어 근육을 단련할 수 있도록 매일 새벽 루틴으로 5분(1분 30초씩 3세트) 정도의 플랭크 동작을 빼놓지 않는다.

결국, 좋은 자세와 척추 건강을 유지하는 데 필요한 것은 의식적인 노력과 꾸준한 습관이다. 매일 조금씩이라도 운동과 스트레칭을 통해 건강을 지키고 신체의 균형을 유지할 수 있다. 이러한 습관이 결국 몸과 마음을 건강하게 하는 중요한 열쇠가 된다고 믿는다.

"당신의 몸은 당신의 집이다. 그 집을 잘 관리하지 않으면, 그 집은 오래가지 않는다."라는 마하트마 간디의 말은 내 몸을 어떻게 대하고 관리해야 하는지를 잘 말해 주고 있다. 집이 단단해야 오랜 시간 더 안전하고 편안하게 머물 수 있는 것처럼, 내 몸 역시 잘 관리되고 건강해야 더 젊고 오랫동안 행복한 삶을 유지할 수 있는 것이다.

바른 자세를 유지하고 꾸준한 운동을 하는 것은 몸을 관리하는 가장 기본적인 방법이다. 내가 평소 취하는 자세, 앉거나 서 있는 방식 그리고 운동 습관이 모여 건강이라는 큰 집의 기초를 이룬다. 잘못된 자세나 운동 부족으로 인한 신체 불균형은 마치 집에 균열이

가거나 집을 방치한 결과와 같고 결국 건강의 붕괴로 이어질 수 있다.

따라서, 나의 몸을 내 집처럼 소중히 여기는 마음을 가지고 작은 습관부터 실천해 나가는 것이 중요하다. 매일 아침 5분의 플랭크 동작, 1시간마다 간단한 스트레칭, 앉을 때 다리를 꼬지 않으려는 의식적인 노력, 이런 작은 행동들이 쌓여 내 몸을 지탱하는 큰 기둥을 더욱 튼튼히 세우는 과정이 된다. 신체의 균형을 유지하려는 매일의 적은 노력은 그 자체로 내 몸이라는 집을 잘 관리하는 일이고 이는 시간이 지나면서 나의 가장 큰 자산이 될 것이라 믿는다.

4장. 건강

핵심 키워드 운동 루틴 · 식사 루틴 · 회복력 · 생활 습관

❋ 실천 확언

내가 무엇을 먹고, 어떻게 움직이며, 어떤 마음가짐을 가지는가는
곧 나의 미래를 결정짓는 강력한 힘이 된다.

❋ 오늘부터 실천

① 하루 30분 이상 유산소 운동, 15분 근력운동, 15분 스트레칭하기
② 하루 2리터 이상 물 마시기
③ 외식 줄이고 건강한 음식 섭취하기

❋ 오각형 HEALTH 점검 (1~5점)

① 매일 최소한의 운동을 실천 중이다.
② 야식을 줄이고 건강식 위주로 먹는다.
③ 스트레스를 몸으로 해소하는 방법을 알고 있다.
④ 수면 시간을 일정하게 유지한다.
⑤ 체력 관리가 삶의 필수 과제라고 믿는다.

변화를 위한 다짐 및 계획

05

[WORK]

지배할 것인가 지배당할 것인가 일

"

왜 살아야 하는지를 아는 사람은 그 어떤 것도 견딜 수 있다.
- 프리드리히 니체 -

성공은 행복으로 가는 길이 아니다.
행복이 성공으로 가는 길이다.
- 앨버트 슈바이처 -

감사는 우리가 가진 것에 대한 기쁨을 극대화하고
없는 것에 대한 불만을 최소화한다.
- 멜로디 비티 -

"

01

일의 중요성

　나는 지금까지 한 번도 오랫동안 일을 쉬어 본 적이 없다. 고등학교 때 아르바이트를 시작으로, 대학을 졸업한 이후에도 이직 사이의 짧은 공백을 제외하면 늘 일을 해왔다. 쉼 없이 달려왔고 앞으로도 나는 계속 일을 할 것이다. 하지만 단순히 일을 지속하는 것이 중요한 것이 아니다. 경제적 자유를 이루어 더 이상 일을 하지 않아도 되는 순간이 오더라도, 나는 나의 가치를 실현할 수 있는 일을 지속할 것이다. 진정으로 의미 있는 삶을 살아가기 위해서, 그리고 일을 통해 성장하고 행복을 찾기 위해서다. 어떤 일이든 무엇을 하느냐보다 더 중요한 것은 어떤 마음가짐과 태도로 그 일에 임하느냐가 더욱 중요하다. 같은 일을 하더라도 어떤 사람은 힘들고 지루하게 여기지만, 어떤 사람은 그 속에서 의미를 찾으며 즐겁게 해 나간다.

내게 깊은 인상을 남긴 앤젤라 더크워스의 『그릿』이라는 책에는 세 명의 벽돌공 이야기가 나온다. 같은 벽돌을 쌓고 있는 세 사람이지만, 그 일이 그들에게 의미하는 바는 전혀 달랐다. 무엇을 하고 있느냐는 질문에 첫 번째 벽돌공은 단순히 벽돌을 쌓는다고 했고, 두 번째 벽돌공은 교회를 짓고 있다고 말했다. 하지만 세 번째 벽돌공은 하느님의 성전을 짓고 있다고 대답했다. 같은 일을 하면서도 각자의 태도와 관점에 따라 그 일이 갖는 가치는 전혀 달라질 수 있음을 잘 보여주는 사례다. 어떤 사람에게 일은 단순한 생계 수단일 수도 있고, 어떤 사람에게는 직업이자 커리어일 수 있으며, 또 어떤 사람에게는 자신의 신념과 맞닿은 천직일 수도 있다. 물론, 모든 사람이 자신의 꿈과 완벽하게 일치하는 일을 하며 살아갈 수는 없을 것이다. 하지만 단순히 돈을 벌기 위한 노동으로서의 일일지라도, 그 일을 대하는 태도에 따라 삶은 완전히 달라질 수 있다.

과거 나의 경험을 돌아보면, 대학교 방학 동안 했던 참치 공장 아르바이트는 단순노동 이상의 의미를 내게 주지 못했다. 하루, 온종일 반복되는 작업과 높은 노동 강도는 힘겨웠지만, 나는 그 일을 해야만 했기에 버텼다. 주변 친구들은 하루 이틀 만에 그만두었지만, 나는 책값 및 생활비를 위해 방학 동안 일을 지속해야만 했다. 그 당시에는 일의 의미보다는 그저 주어진 환경 속에서 해야 할 일을 해내는 것이 전부였다.

미대에 가고 싶었지만, 현실적인 선택으로 물리치료과에 진학했고 이후 물리치료사가 되었다. 처음에는 원하던 길이 아니었지만, 환자들의 재활을 돕고 그들의 삶의 질을 개선해 주는 과정에서 점차 의미를 발견했다. 단순히 치료를 제공하는 것이 아니라, 누군가의 삶을 건강하게 변화시키는 역할을 한다는 사실이 내게 보람이 되었다. 이후 공무원이 되어서는 더 많은 사람에게 영향을 미치는 일을 하고 있다. 예전에는 개별적인 환자들을 치료하는 것이 나의 일이었다면, 지금은 더 많은 시민의 건강과 편의를 위해 일하며 사회적으로 더 크게 기여할 수 있는 길을 걷고 있다. 직업이 바뀌었지만, 결국 나의 일은 본질적으로 '사람을 돕는 일'이라는 공통된 가치를 가지고 있다.

그러나 나의 여정은 여기서 끝이 아니다. 이제 나는 더 나아가 내가 진정으로 원하는 일을 통해 세상에 긍정적인 영향을 미치는 사람이 되고자 한다. 과거에는 주어진 환경 속에서 의미를 발견하며 일을 해왔다면, 이제는 나 스스로 의미 있는 일을 만들어 나가고 싶다.

이를 위해 끊임없이 배우고 성장하며 나의 일을 통해 나 자신을 실현해 나가고자 한다. 이제 내가 하고 싶은 일은 내가 살아가는 이유가 되었고, 이는 나의 사명이자 앞으로 나아가야 할 방향이다. 이를 위해 지금, 현재는 어떤 일을 하든 주어진 자리에서 최선을 다하며 스스로 성장해 나가는 삶을 지향하고 있다. 그리고 나는 믿는다. 일이 지옥이 아닌 즐거운 여정이 될 수 있게 만드는 것은 결국 나의 태도에 달려 있다는 것을.

이러한 경험을 통해 나는 일을 바라보는 태도가 얼마나 중요한지를 깨닫게 되었다. 자신이 원하는 일을 하며 살아가는 것이 이상적이겠지만, 현실적으로 모든 사람이 그렇게 할 수 있는 것은 아니다. 그러나 어떤 환경에서도 나의 일에서 의미를 찾고 성장의 기회로 삼는다면 일은 더 이상 고통스럽거나 지루함이 아니라, 삶을 더욱 풍요롭게 만드는 요소가 될 수 있다.

일이 지옥이 되지 않고 즐겁게 지속할 수 있으려면 우리에게는 몇 가지 태도가 필요하다. 첫째, 현재의 일에서 의미를 찾는 노력이 필요하다. 처음에는 생계 수단으로 시작한 일이라도, 그것이 사회에 기여하고 있는 바가 무엇인지, 자신의 성장에 어떤 영향을 주는지 고민해 본다면, 분명 새로운 가치를 발견할 수 있을 것이다. 둘째, 일하는 과정에서 작은 목표를 설정하고 성취감을 느끼는 것이 중요하다.

막연한 성공을 꿈꾸기보다, 오늘 하루 내가 배울 수 있는 것, 발전할 수 있는 부분을 찾고 실천한다면 일은 지루한 의무가 아닌, 성장의 과정이 될 수 있다. 셋째, 자기 자신을 끊임없이 계발하려는 태도를 지녀야 한다. 현재의 일에 만족하지 못하더라도, 새로운 기회를 위해 필요한 역량을 기르고 준비하는 것은 자기 자신에게 동기를 부여하는 중요한 요소가 된다.

프리드리히 니체는 말했다. "왜 살아야 하는지를 아는 사람은 그 어떤 것도 견딜 수 있다." 일도 마찬가지다. 일의 의미를 아는 사람은 어떤 어려움이 닥쳐도 흔들리지 않는다. 단순히 생계를 위한 노동이 아니라, 우리의 삶을 풍요롭게 만들고 세상에 의미를 부여하는 과정으로서 일을 바라본다면, 우리는 더 나은 삶을 향해 나아갈 수 있을 것이다. 나의 일에서 의미를 찾고 그것을 발전시켜 나가는 것. 그것이 우리가 더욱 충만한 삶을 살아가는 길이라고 믿는다.

2008년 3월, 물리치료사로 사회에 첫발을 내디딘 후, 올해로 직장
생활 17년 차에 접어들었다. 물리치료사로 시작해 현재 공무원으로
일하기까지, 나는 단 한 번의 공백도 없이 꾸준히 일을 해왔다. 돌이켜
보면, 대학에 다니며 돈을 버는 시기를 늦추는 것조차 나에게는 큰 부
담이었다. 빨리 졸업하고 취업해 경제적으로 안정되는 것이 우선이
었기에, 초반에는 근무 환경보다 급여를 가장 중요한 요소로 고려할
수밖에 없었다. 그래서 첫 직장은 평일에는 저녁 7시까지, 토요일에
도 오후 4시까지 근무하는 병원이었지만, 경력 5~6년 차에 해당하는

급여를 받을 수 있었기에 주저 없이 선택했다. 당시 나는 병원 내 유일한 물리치료사였고 보조해 주시는 선생님이 계셨지만, 치료 업무는 온전히 나의 몫이었다. 병원의 공식적인 여름휴가 3일을 제외하고는 개인 연차도 없는 환경에서 쉼 없이 일해야 했다. 매일 아침 출근하면 숨 돌릴 틈도 없이 환자들을 치료했고 하루가 끝나면 집으로 돌아가 녹초가 되기 일쑤였다. 그렇게 2년 가까이 연차 없이 일만 하다 보니, 몸과 마음이 지쳐가는 것은 너무나 당연했다. 그 시기 나는 체력의 한계를 느꼈고 무언가 변화를 주지 않으면 지속할 수 없겠다는 생각이 들었다. 그때부터 나는 등산을 시작하며 체력을 키워나간 것이다. 체력이 강해지면서 자연스럽게 마음의 여유도 찾아갔다.

이후 물리치료사가 여러 명 있는 병원으로 이직하면서 근무 환경도 한층 나아졌다. 이제는 돌아가면서 연차를 낼 수 있었고 나 혼자만의 부담에서 벗어나 조금 더 안정적인 일상을 보낼 수 있었다. 나는 평소 기억력이 좋은 편이라 환자들의 이름과 치료 부위를 차트 확인 없이도 자연스럽게 외우고 있었다. 환자분들이 문을 열고 들어오시면 늘 환하게 맞이하며 "○○○ 님 오셨어요! 오른쪽 어깨 치료하러 온 거 맞으시죠?"라며 아픈 부위까지 정확히 기억했고 바로 치료 자리를 안내했다. 이 작은 차이가 환자들에게는 큰 감동으로 다가갔다. 그들의 고통과 불편을 기억하고 관심을 기울이는 태도는 환자들의 신뢰를 얻는 데 중요한 역할을 했다. 같은 치료법을 적용하더라도, 환자들은 나에게 더 편안함을 느꼈는지, 나를 찾는 환자분들이 많았다. 나 역시 이러한 환자들의 반응을 보며 보람을 느끼고 내가 하는 일의 의미를 더욱 깊이 이해할 수 있었다.

하지만 병원 생활 10년 차를 넘어서면서, 나는 매너리즘에 새로움이 필요하다는 것을 절실히 느끼고 있었다. 그동안 등산을 비롯한 다양한 취미 활동으로 일상에 새로운 변화를 만들어 보았지만, 일에서의 성장에 대한 갈증은 쉽게 해소되지 않았다. 한편으로는 물리치료사가 신체적으로 강도가 높은 직업이기에, 정년까지 지속하기에는 한계가 있을 것이라는 현실적인 고민도 함께했다. 결국, 더 늦기전에 새로운 도전을 시작하는 것이 나의 미래를 위해 필요하다고 결심했다. 그렇게 나는 관련 직렬인 보건직 공무원 시험에 도전하기로 했다. 오랜만에 책을 잡고 공부하는 과정은 쉽지 않았지만, 반드시 합격하겠다는 목표가 있었기에, 철저한 계획을 실천하며 준비를 해 나갔다. 그리고 결국 합격의 문을 통과하며 새로운 길을 걷게 되었다.

하지만 현실은 또 다른 도전의 연속이었다. 동기들보다 많게는 10살 차이가 나는 상황에서 신입으로서 새롭게 직장 생활에 적응해야 했다. 업무 또한 병원에서의 실무와는 완전히 다른 보건 행정 중심의 일이었고 완전히 새로운 환경에서 새로운 업무에 적응해야 했다. 게다가 입사한 지 두 달도 채 지나지 않아 코로나19가 발생하며 보건소는 비상사태에 돌입했다. 아직 본부서의 업무 환경 및 담당 업무를 제대로 시작해 보기도 전에, 직원 대부분이 코로나 대응을 위한 비상 대책 추진단에 투입되었다. 전례 없는 상황 속에서 아직 체계가 갖춰지기 전이었기에, 우리는 매일 밤샘 근무를 하고 주말도 반납하며 대응해야 했다. 그러나 시간이 지나면서 점차 대응 체계가 정비되고 인력이 충원되면서 상황은 조금씩 안정되어 갔다. 확진자가 발생하면 확진자 후송부터 사전 역학조사, 현장 역학조사, 접촉자 분류, 자가격리 관리까지 체계적인 시스템 속에서 움직였다.

1년이 지나, 화이자와 아스트라제네카 등 코로나 백신이 도입되면서 또다시 새로운 국면을 맞이했다. 예방접종 대응 추진단이 새로 꾸려졌고 나는 이 추진단에 배치되었다. 이제는 시민 전체를 대상으로 백신 접종을 시행하는 과정에서 접종센터 설치, 백신 수급 문제, 접종 일정 조율, 수많은 민원 응대 등 끊임없이 새로운 과제들이 쏟아졌고 모든 일정은 급박하게 흘러갔다. 특히, 백신 접종 시기가 차등 적용되면서 "왜 우리는 아직 못 맞느냐."는 항의가 빗발쳤고 전화 응대와 현장 운영까지 모두가 정신없이 바쁜 나날을 보냈다. 하지만 이러한 과정을 거치면서 전 직원이 하나가 되어 코로나 대응을 해 나갔고 결국 모두가 힘을 합쳐 그 위기를 극복했다는 사실이

자랑스럽게 다가왔다.

그렇게 2년이 흐르고 코로나 대응이 점차 안정화되면서 나는 시청으로 발령을 받았다. 긴박했던 보건소 시절과는 달리, 비교적 안정적인 환경에서 3년이란 시간을 보내며 또 다른 경험을 쌓고 있다. 물리치료사로 시작했던 내 직장 생활은 공무원으로 전환됐고 그 과정에서 나는 끊임없이 성장해 나가고 있다. 물리치료사로 환자들과 직접 소통하며 느꼈던 보람과 보건직 공무원으로서 시민의 건강을 지키기 위해 일했던 경험들은 모두 나의 소중한 자산이 되었다.

변화는 때로 두렵지만, 그 안에서 배우고 적응하는 과정이 곧 나를 더 단단하게 만든다고 믿는다. 앞으로도 나는 현재의 자리에 안주하지 않고 새로운 배움과 성장을 향해 나아갈 것이다. 인생은 끊임없는 선택과 변화의 연속이며 그 속에서 우리는 성장한다. 지금까지 걸어온 나의 길이 그러했듯이, 나는 앞으로도 도전을 멈추지 않는 삶을 살 것이다. 직장을 발판 삼아 더 나은 미래를 만들어 나가며 새로운 꿈을 향해 한 걸음씩 나아가고 있다. 그리고 나는 앞으로 펼쳐질 나의 또 다른 모습이 기대된다.

03

나의 길을 걷자

코로나라는 전례 없는 상황 속에서 2년간 비상근무를 이어온 후, 시청의 새로운 부서로 발령받으면서 나는 비로소 정상적인 업무 흐름 속에 일할 수 있었다. 공무원이 되었지만, 입사 직후 보건소에서의 일반적인 근무는 경험하지도 못한 채, 곧장 코로나 대응 추진단에 파견되어 정신없는 시간을 보냈다. 그리고 그렇게 2년이 흘렀다.

시청의 새로운 부서에서 다시금 운동과 취미 생활을 시작하며 비교적 안정적인 1년을 보내고 있었다. 그러던 어느 날, 한 모임에서

"정년을 채울 거야?"라는 뜻밖의 질문을 받았다. 공무원은 정년이 보장된 직업이었다. 정년까지 일해야 한다면 더욱 안정적으로 다닐 수 있는 공무원이 미래를 위해 더 나은 선택이라는 판단하에 이 길을 택했다. 직장 생활이 답답하긴 했지만, 당연히 정년까지 다닐 계획이었다. 나는 정년을 채울 거라고 대답했지만, 이상하게도 그날 이후 그 질문이 계속 마음에 남았다.

그 무렵, 우연히 유튜브에서 경제적 자유를 이룬 사람들의 영상을 접했다. 그들은 하나같이 책 읽기를 강조했고 나 또한 책을 펼쳐 들기 시작했다. 처음에는 단순한 호기심이었다. 하지만 도서관에서 성공학, 경제, 경영, 재테크, 부동산, 사업, 마케팅 등의 책들을 마주하자, 나는 이 세계를 알아가고 싶다는 강렬한 욕구에 사로잡혔다. 그렇게 3개월 동안 50권의 책을 읽어나갔다. 그리고 경제적 자유라는 개념이 더 이상 막연한 꿈이 아니라, 현실이 될 수도 있음을 깨달았다. 그중에서 송 사무장님의 『엑시트』라는 책은 이 세계를 알아만 가던 나를 실행으로 이끌었다. 그 시점까지만 해도 내 계획은 단순했다. 직장에 다니면서 재테크를 통해 부를 쌓고 정년을 채우면서 경제적 풍요를 이루는 것이었다. 하지만 다양한 책을 100권, 200권 읽어나가면서 나는 점점 더 내면의 소리에 집중하게 되었다. 나는 과연 언제 행복한가? 나는 어떤 삶을 원하는가? 내가 진짜 원하는 것은 무엇인가? 나는 어떤 존재가 되고 싶은가?

책을 통해 나 자신에게 끊임없이 질문을 던지면서, 나는 나를 알아가기 시작했다.

그리고 마침내, 나는 깨달았다. 나는 누군가의 지시를 받으며 일하는 것보다, 나 스스로 계획하고 실행하는 일을 할 때 가장 행복하다는 사실을. 내 안의 강력한 동기가 일어나는 일을 해야 더욱 잘 해낼 수 있는 사람이라는 것을. 내가 원하는 시간, 원하는 장소에서, 원하는 사람들과 함께, 원하는 일을 하며 살아갈 수 있다면 그것이 나에게 진정한 자유이고 행복이라는 것을 말이다. 어릴 적부터 꿈속에서 하늘을 나는 장면이 자주 나왔던 것도 결국 자유와 성장을 향한 갈망이었음을 이제야 이해할 수 있었다.

병원 근무 시절, 엄마에게 전화가 걸려 오는 날이면 나는 항상 가슴이 철렁했다. 한겨울, 눈길에 미끄러져 팔이 부러졌다는 소식을 들었을 때, 직장에 양해를 구하고 한걸음에 달려갔던 날들이 떠오른다. 공무원이 된 후에도 직장에 얽매여 시간을 마음대로 쓸 수 없는 현실은 변함이 없었다. 엄마가 코로나에 걸려 1주일 동안 주간보호센터의 돌봄을 받지 못하고 집에 계셔야 했을 때, 언니와 나는 돌아가며 3일씩 연차를 쓰며 엄마를 돌봤다. 그러다 우리까지 코로나에 걸려 1주일을 집에서 보내야 하기도 했다. 지금은 주간보호센터 선생님들의 보호 아래 직장에 있는 동안 조금 더 안심할 수 있지만,

나는 여전히 자유로운 시간이 절실했다. 직장에 아쉬운 소리를 하지 않고도 엄마에게 내가 필요할 때, 언제든 자유롭게 갈 수 있는 자유 말이다.

처음에는 힘들게 시험을 치르고 들어온 공무원이기에 정년까지 다니는 것은 당연하다고 여겼다. "들어왔으면 정년이지." 이렇게 공식처럼 생각했다. 하지만 점점 그 생각이 바뀌었다. 정년 이후에 내가 원하는 삶을 사는 게 아니라, 그 시기를 앞당길 수 있다면 그렇게 하고 싶었다. 그리고 안전한 울타리를 벗어나야 더 큰 성장이 가능하다는 것을 깨달았다.

"교육이란 삶을 위한 준비가 아니라, 그 자체가 삶이다."라는 존 듀이의 말처럼, 나는 단순히 미래를 위해 배우는 것이 아니라, 배우고 성장하는 과정 자체를 소중히 여기며 살아가고 있다. 정해진 길을 따라가기보다는, 배움을 통해 나를 깊이 이해하고 나만의 길을 개척해 나가고 싶다. 직장의 안정 속에서 안주하는 것이 아니라, 배움과 경험을 통해 더 큰 가능성에 도전하는 삶을 선택하려 한다. 현실적인 이유로 선택했던 과거와 달리, 이제는 나의 진정한 꿈과 내가 원하는 삶을 위해 선택할 것이다. 내가 배우고 도전하는 모든 과정과 나의 길을 걷기로 한 이 결심이, 나를 더욱 성장시킬 것임을 믿는다. 오늘도 나는 변함없이 나만의 길을 걷는다.

04

나의 길을 위한

준비와 성장

『엑시트』라는 책을 읽은 후, 나는 곧바로 내가 현재 할 수 있는 일부터 실행하기 시작했다. 가장 먼저 실천한 것은 철저한 긴축재정을 통해 경제적 자유로 나아가기 위한 초기 자본을 마련하는 것이었다. 이때까지만 해도 나의 목표는 단순히 경제적 자유를 이루는 것이었다. 하지만 더 많은 책을 읽고 다양한 분야에서 인사이트를 얻으면서 나의 길을 더욱 명확히 확립할 수 있었다.

나에게 가장 중요한 것은 2030년 나만의 일을 해 나가기 위한 기반을 다지는 일이었다. 그 과정에서 필요한 것은 자본 형성과 끊임없는 배움을 통한 성장이다. 경제적 자유는 내 꿈을 실현하기 위한 디딤돌이었기에, 우선은 이를 이루는 것이 일차적인 과제였다. 나는 주로 책을 통해 배움을 얻었다. 하루도 빠짐없이 아침마다 1시간씩 독서를 했고 주말에는 더 많은 시간을 책에 투자했다. 지금처럼 책을 집필하고 애드센스를 운영하며 무인 편의점을 관리하는 등 실행력을 높이기 전에는 대부분의 남는 시간을 독서에 집중했다. 책을 읽는다고 모두가 성공하는 것은 아니지만, 성공한 사람들은 하나같이 독서를 생활화했다는 공통점이 있었다. 나는 그 사실을 믿고 철저히 실행했다. 책을 통해 얻은 수많은 배움과 깨달음은 내 길을 확립하는 데 중요한 밑거름이 되었다.

나는 주말이나 연차를 활용해 박람회나 강연회에 참석하며 새로운 인사이트를 얻었다. 취미 활동과 불필요한 모임은 모두 정리했지만, 유일하게 독서 모임만큼은 매주 수요일 꾸준히 참석했다. 독서 모임에서도 나는, 나만의 역할을 스스로 만들어 갔다. 매일 새벽 5시, 포스트잇에 적은 명언을 단톡방에 공유하며 회원들에게 하루의 동기부여를 제공했다. 점점 나의 명언을 읽으며 하루를 시작하는 회원들이 늘어났고 나의 새벽 루틴이 모두의 루틴이 되어갔다. 독서 모임에서 감사의 박수를 받을 때마다, 내가 할 수 있는 일로 누군가에게 도움을 줄 수 있다는 사실이, 나 자신에게 또 다른 동기부여가 되었다.

나는 내가 이루려는 일들을 주변에 말하지 않는다. 나 또한 처음에는 단순히 경제적 자유를 이루는 일조차 믿지 않았기에, 지금과 같은 더 큰 꿈을 주변에 이야기한다면 비현실적이라며 부정 섞인 시선을 받을 것이 뻔했다. 그러나 독서 모임만큼은 달랐다. 같은 방향을 향해 나아가는 사람들과 함께하는 공간이었기에, 유일하게 나의 길을 솔직하게 이야기하고 경험을 공유하며 성장할 수 있었다. 이 길을 걷는 동안 겪었던 고독한 순간들은 독서 모임을 통해 해소할 수 있었다. 회사 내 모임과 겹쳐도 나는 독서 모임을 우선순위로 두었고 부서 회식이 아닌 이상, 다른 모임에는 참석하지 않았다. 나에게 중요한 것은 철저한 자기 성장과 목표 실현이었기 때문이다. 무언가를 이루기 위해서는 일정 기간의 몰입이 필요하다고 믿었기에, 어떤 순간에도 흔들림 없이 나의 길을 걸어 나갔다.

나는 하고 싶은 일과 해야 할 일은 반드시 해내지만, 불필요하거나 의미 없는 일에는 시간을 허비하지 않는 성향이 강하다. 내 안의 동기가 가장 중요한 원동력이었고 그 동기를 기반으로 철저히 성장에 초점을 맞춘 시간을 보냈다. 퇴근 후와 주말에는 도서관에서 자기 계발 강의 및 책을 읽으며 시간을 보냈다.

재정적으로는 긴축재정이 완전히 습관으로 자리 잡자, 나는 부수입을 만들기 위한 자기 계발에 집중했다. 전자책 제작, 온라인 코칭,

무인 편의점 운영 등을 통해 다양한 경험을 쌓으며 미래를 향한 초석을 다져갔다. 작가로서 더욱 성장하기 위해서는 점심 식사 후 걷는 시간 동안 책 속의 인사이트나 명언을 기반으로 한 편의 글을 써보는 습관을 들였다. 또한, 매일 저녁 6시가 되면 자동으로 도착하는 짧은 영어 회화 영상을 들으며 하루 한 문장씩이라도 익히는 습관을 만들었다. 이는 세계적으로 나의 영향력을 뻗어나간다는 꿈을 실현하기 위한 작은 실천이었다.

그리고 이 모든 것을 실현하기 위해서는 체력이 필수였다. 매일 새벽 4시 기상을 시작으로, 먼저 마인드 관리를 끝낸 이후는 1시간 동안 유산소 30분, 근력 운동 15분, 스트레칭 15분을 그날의 상황에 맞게 맞춤형으로 수행하며 체력을 유지했다. 점심 식사 후에는 언제나 걸으며 신체적 건강뿐 아니라, 정신적 건강까지 추구했다. 또한, 맵고 짠 음식, 탄산음료, 과자, 라면 등 몸에 해로운 음식을 멀리하고 검은콩두유, 삶은 달걀, 견과류, 바나나, 사과와 같은 건강한 간식 섭취를 통해 건강을 지키고자 매 순간 노력했다.

명언을 통해 마인드를 강화하고, 긍정 확언과 시각화로 의지를 더욱 불태우며, 책과 자기 계발 강의를 통해 끊임없이 성장하고, 체력과 건강을 관리하며, 경제적 자유를 위해 절약하고 수익화를 실천하는 것. 이 모든 과정이 나의 꿈을 향해 나아가는 중요한 중심축이 되었다. 그리고 이 여정에서 직장의 안정적인 수입은 나에게 큰 힘이 되어 주고 있다.

준비 없는 성급한 퇴사는 위험할 수 있지만, 철저한 준비와 계획을 통해 맞이하는 2030년은 더 큰 가능성을 열어줄 것이다. 나는 직장을 나의 성장과 도약을 위한 발판으로 삼아, 조금씩 나의 길로 나아갈 것이다. 2030년을 목표로 설정했지만, 만약 직장이 나의 성장을 제한하는 순간이 온다면, 혹은 새로운 가능성이 찾아온다면, 그 시기는 더욱 앞당겨질 수도 있다. 중요한 것은 시기가 아니라, 내가 어떻게 준비하고 결국 어떤 사람이 되어 있느냐 하는 것이다.

이 순간, '코이'라는 물고기가 떠오른다. 이 물고기는 작은 어항에서는 5~8cm밖에 자라지 못하지만, 더 넓은 연못에서는 15~25cm까지 성장할 수 있고 강에서는 120cm까지 거대하게 성장한다. 환경이 성장의 크기를 결정한다면, 나는 더 이상 한정된 공간에 머무를 수 없다. 스스로 한계를 설정하는 순간 그 한계를 넘지 못한다는 말처럼, 나는 나의 한계를 스스로 정하지 않을 것이다. 사람은 자신이 처한 환경을 자신의 의지로 얼마든지 바꿀 수 있다. 반대로 환경이 사람을 바꿀 수도 있다. 나는 나에게 주어진 환경 속에서 살아가는 사람이 아니라, 환경을 뛰어넘어 내 길을 개척하는 사람이다.

만약 현재의 환경이 나의 성장 속도를 늦춘다면, 나는 더 넓은 세상으로 나아갈 것이다. 해야 하는 일을 하는 삶에 머무르지 않고 내가 원하는 일을 하는 삶을 선택할 것이다. 결국, 나의 길은 철저한 준비와 끊임없는 성장 속에서 더욱 단단해지고 있다. 나는 내 인생의 주인이며 나의 가능성은 무한하다. 나의 길을 묵묵히 걸어가는 동안, 나의 꿈도 점점 현실이 되어가고 있다.

05

감사하는 마음으로

　꿈을 글로 적고 공개적으로 선언하면 그것은 단순한 바람이 아니라, 반드시 이루어질 목표가 된다. 나는 이 법칙을 믿는다. 그리고 지금, 나의 꿈을 세상에 선언한다.

　["나는 꿈을 현실로 바꾸는 꿈 코치 강연가이자, 세상의 모든 긍정과 희망을 그리고 표현하는 화가이자, 자기 계발·부자·성공학 분야의 베스트셀러 작가이자, 나만의 가치를 담은 브랜드를 구축하여 전국적, 세계적으로 뻗어나가는 성공한 CEO이다."

2030년, 나는 제주도 오션 뷰가 보이는 8층짜리 건물을 소유했다. 그 건물은 단순히 상업 공간이 아니라, 내 철학과 꿈이 녹아 있는 특별한 장소로 만들어졌다. 1층에는 건강 디저트 전문점, 2층에는 카페가 자리 잡고, 3층에는 노년층을 대상으로 한 미술 학원이 운영되고 있다. 4층~6층은 서점으로 꾸며지되, 4층은 북카페 겸 서점, 5층은 전시 공간을 겸한 서점, 6층은 강연 공간으로 활용하여 내가 주기적으로 서점에 온 손님들과 소통할 수 있는 장으로 만들었다. 7층은 어린이 경제 교실을, 8층은 운동 센터를 운영하며, 건물 전체가 다양한 세대를 아우르는 창조적이고 활기찬 공간으로 만들어졌다. 제주도 본점을 시작으로 2호점, 3호점…. 전국적으로 무한히 확장하며 나의 비전을 더욱 넓혀나가고 있다. 이 공간에서 시작된 나의 영향력은 세계적으로 뻗어나간다. 이미 모든 것이 다 이루어졌다. 감사합니다.]

2025년 구정 새벽, 눈이 많이 내려 평소 가던 노태산이 새하얀 눈으로 뒤덮였다. 많은 눈으로 인해 일출 여부와 상관없이, 나는 내가 자주 가는 노태산을 걸으며 위와 같은 글을 마음에 새기며 다시 적었다. 나는 언제나 꿈을 시각화하며 마치 이미 이루어진 것처럼 기록한다. "소유할 것이다."가 아니라 "소유했다."로. 이는 단순한 긍정 확언이 아니라, 내가 가야 할 방향을 더욱 확고히 하는 방법이었다. 오랜 시간 동안 나는 이 꿈을 더욱 구체화하고 다듬어왔다.

그리고 앞으로도 계속 수정하고 확장해 나갈 것이다. 그리고 남은 기간 더욱 세부적인 것들을 하나씩 정해 나가야 한다. 건강 디저트 전문점의 메뉴 개발이나, 학원과 경제 교실의 프로그램 개발, 각각의 사업 브랜드명 등.

제주도 오션 뷰의 건물에 각 층의 사업 구상, 층별 배치는 단순히 순간적으로 이루어진 것은 아니다. 그동안의 모든 경험과 인사이트, 나의 내적 동기가 어우러져 하나씩 확장되었고 어떤 연령층을 대상으로 어떤 사업을 할지 점점 구체화 되었다. 그리고 나는 이 여정 속에서 가장 중요한 가치를 배웠다. 그것은 바로 '감사'다.

2023년 9월 1일, 나는 출근길에서 느낀 감정을 블로그에 다음과 같이 기록했다.

[새로운 9월의 첫날, 미라클 모닝 206일째다. 아침 출근길 현관문을 열자, 엊그제 주문한 『그릿』이 도착해 있었다. 책을 보는 순간 설렘과 흥분이 밀려왔다. 바로 읽고 싶지만, 현재 읽고 있는 책을 먼저 다 읽고 조심스럽게 『그릿』의 첫 장을 넘기려 한다. 아침저녁으로는 부쩍 선선해진 요즘, 오늘따라 그 선선함에 가을의 기분을 더욱 만끽하면서 왔다. 회사 건물을 보자마자, 아침마다 이렇게 다닐 수 있는 직장이 있다는 사실에 '감사'라는 감정이 밀려왔다. 그래서

문득, 오늘은 무슨 주제로 글을 쓸지 고민하다 '감사'라는 주제로 글을 써야겠다고 회사 입구를 들어서며 결심했다. 2030년 1월 1일 완전한 독립을 목표로 하기 전에는 이 직장을 정년까지 계속 다니려고 했었다. 지금은 비록 진정한 자유를 찾아 나설 생각이지만, 그런데도 이 과정에서 현재의 직장을 발판 삼아 나아 가야 하기에, 나에게 안정적인 기반이 되어 주는 이 직장이 있다는 사실에 오늘따라 무척 감사함을 느끼며 회사에 들어섰다. 매 순간 우리는 감사함을 느껴야 한다. 많이 가졌을 때 감사함을 느끼는 것은 어찌 보면 당연한 일이지만, 아무것도 없는 상황에서도 감사함을 느낄 줄 안다면 그 속에서 행복감을 느낄 수 있다. 무슨 일이든 마음먹기에 달려 있고 우리의 생각에 따라 달라진다. 힘들다고 느끼면 진짜 힘들어지는 것이고 괜찮다고 느끼면 거짓말처럼 괜찮아지는 것을 살면서 많이 경험했을 것이다. 오늘 하루도 나의 삶을 매 순간 '감사'라는 단어로 채우며 이를 통해 행복한 하루를 보내려 한다.]

이때 나는 출근 후, 흘러가는 시간을 활용해 30분 동안 블로그에 그날의 주제를 정해 글을 써보는 시간을 가졌다. 이 시기는 정년까지 직장을 다니려고 했던 시기를 지나, 경제적 자유를 이루고 2030년 1월 1일 완전한 자유를 이룬다는 계획을 설정했던 시기다. 이와 동시에 긴축재정의 습관이 완전히 자리 잡고 이제는 수익화 단계로 들어가면서 애드센스 승인 과정의 어려움을 거치고 있었던 것으로 기억한다. 그런 와중에 나는 직장이 주는 안정성과 성장의 기회에 큰 감사함을 느꼈다.

많은 사람은 원하는 것을 얻었을 때 감사함을 느낀다. 하지만 진정한 감사는 아무것도 없는 상황에서도 그것을 발견하는 능력에서 온다. 나는 회사 입구에 들어서며 이곳이 내게 주는 가치를 새삼 깨달았다. 경제적 안정뿐만이 아니라, 이곳이 있기에 나는 더 큰 꿈을 꾸고 도전할 수 있었다. 만약 직장이 없었다면 나의 배움과 성장, 실패와 도전은 더욱 큰 위험을 감수해야 했을 것이다. 현재의 모든 과정이 내게 주어진 선물임을 알았고 감사하는 마음속에서 더욱 행복해질 수 있음을 깨달았다. 그리고 나는 이 과정을 즐기기로 했다. 감사하는 마음을 가질 때, 모든 순간이 더욱 의미 있게 다가온다.

"성공은 행복으로 가는 길이 아니다. 행복이 성공으로 가는 길이다."라는 앨버트 슈바이처의 말처럼, 나는 다시 한번 감사의 마음을 되새긴다. 그날 회사에 들어서며 직장에 감사함을 느꼈던 순간은 하루를 더없이 행복하게 만들었다. 현재 상황이 어떻든지 우리는 감사를 선택함으로써 행복해질 수 있다. 결과만이 아닌 과정에서 더욱 깊은 행복을 느낄 수 있는 것이다.

"감사는 우리가 가진 것에 대한 기쁨을 극대화하고 없는 것에 대한

불만을 최소화한다." – 멜로디 비티

무사히 책 집필을 마친 지금, 이 순간, 나는 더없이 큰 감사를 느낀다. 그리고 앞으로도 모든 여정 속에서 나는, 감사함으로 가득 찬 삶을 살아갈 것이다. 이미 모든 것이 다 이루어졌다. 감사합니다.

5장. 일

핵심 키워드 | 일의 의미 · 태도 · 나의 길 · 감사와 행복

✱ 실천 확언

일의 의미를 아는 사람은 어떤 어려움이 닥쳐도 흔들리지 않는다.

✱ 오늘부터 실천

① 오늘 일에서 보람 1가지 찾아 메모하기
② 일을 통해 추구하고 싶은 가치 생각하기
③ 일에서 발전할 수 있는 부분 찾아 실천하기

✱ 오각형 인간 WORK 점검 (1~5점)

① 지금 하는 일에서 의미를 발견하려 한다.
② 일과 생활의 균형을 의식하며 조율한다.
③ 일에 치이지 않고 내가 주도권을 쥐고 있다고 느낀다.
④ 나는 무엇을 할 때 가장 행복한 사람인지 알고 있다.
⑤ 일에 대한 앞으로의 구체적인 변화를 위한 다짐 및 계획이 있다.

변화를 위한 다짐 및 계획

오늘도 오각형 인간은 조용히,
단단하게 나아간다.

모든 꿈은 작은 발걸음에서 시작된다. 아주 사소한 선택, 눈을 뜨고 기지개를 켜는 순간, 새벽 공기를 가르는 첫걸음, 오늘 하루를 어떻게 살아갈지 결정하는 그 찰나의 순간들. 이 작은 반복들이 쌓여 어느새 나의 삶을 결정짓는다.

나는 믿는다. 삶은 내가 매일 반복하는 것들의 총합이라는 사실을. 단단한 마인드는 하루하루 쌓여 만들어지고 강한 체력은 꾸준한 실천을 통해 길러진다. 흔들리지 않는 목표 의식과 경제적 기반은 결코 하루아침에 이루어지는 것이 아니다. 이 모든 것은, 내가 얼마나 하루를 성실히 살아내는지에 달려 있다.

돌이켜보면, 나의 삶은 불완전함의 연속이었다. 때로는 실패했고, 때로는 길을 잃었다. 하지만 나는 다시 일어섰다. 이유는 단 하나, 포기하지 않았기 때문이다. 나는 부족함을 인정했고 더 나아지기 위해 불편함을 선택했다. 어제보다 나은 오늘을 만들기 위해, 내면의 소리를 따라 끊임없이 도전했다.

그리고 당신도 그럴 수 있다. 당신의 꿈이 아직 멀게만 느껴진다면, 그래도 괜찮다. 꿈은 어느 날 갑자기 손에 쥐어지는 것이 아니라, 매일의 노력이 쌓여 어느 순간 현실이 되는 것이다. 지금 당신이 쌓아가는 하루들은 결코, 사소하지 않다. 당신이 선택한 루틴, 당신이 흘린 땀방울, 당신이 포기하지 않은 많은 시간이 결국 당신을 꿈꾸던 그곳으로 데려다줄 것이다.

나는 종종 "거위의 꿈"을 반복적으로 들으며 두 주먹을 불끈 쥔다.

난 난 꿈이 있었죠.
버려지고 찢겨 남루하여도
내 가슴 깊숙이 보물과 같이 간직했던 꿈

혹 때론 누군가가 뜻 모를 비웃음

내 등 뒤에 흘릴 때도 난 참아야 했죠.

참을 수 있었죠. 그날을 위해

늘 걱정하듯 말하죠. 헛된 꿈은 독이라고

세상은 끝이 정해진 책처럼

이미 돌이킬 수 없는 현실이라고

그래요. 난 난 꿈이 있어요.

그 꿈을 믿어요. 나를 지켜봐요.

저 차갑게 서 있는 운명이란 벽 앞에

당당히 마주칠 수 있어요.

언젠가 난 그 벽을 넘고서

저 하늘을 높이 날 수 있어요.

이 무거운 세상도 나를 묶을 순 없죠.

내 삶의 끝에서

나 웃을, 그날을 함께해요.

세상은 때때로 묻는다. 헛된 꿈은 독이라고, 현실은 돌이킬 수 없
다고. 그 말이 맞을지도 모른다. 꿈을 향해 걷는 길은 고되고 때로는
외롭다. 하지만 가슴 깊숙이 품어온 꿈이야말로 나의 길을 밝혀주는
빛이라는 사실을 알고 있다. 운명이란 벽 앞에 나는 당당히 마주 설

것이다. 때로는 벽이 너무 높아 보여도, 넘을 수 없을 것 같아도, 나는 끝내 넘어설 것이다. 그리고 마침내 하늘을 향해 날아오를 것이다. 세상의 무게가 나를 묶으려 해도, 나의 의지까지 가둘 순 없다.

우리는 모두 저마다의 길을 걷고 있다. 누군가는 이제 막 첫발을 내디뎠고, 누군가는 길 한가운데에서 갈림길을 마주하고 있다. 하지만 분명한 것은 끝까지 걷는 사람만이 목적지에 도달할 수 있다는 것이다. 이 책을 통해 내가 전하고 싶었던 것은, 성공이라는 결과가 아니다. 평범한 내가 하루하루를 성실히 쌓아가며 꿈을 현실로 만드는 과정, 그리고 그 과정이 당신에게도 가능하다는 믿음이다.

이제 당신의 시간이 왔다. 더 이상 완벽한 날을 기다릴 필요도, 모든 것이 준비되길 기다릴 필요도 없다. 바로 지금, 이 순간, 꿈을 향한 당신의 하루가 시작된다. 그리고 그 하루들이 쌓여 당신이 원하던 삶이 될 것이다. 우리는 계속 나아간다. 어제보다 나은 오늘을 향해, 꿈을 현실로 만들기 위해.

나는 믿는다.

당신이 끝까지 걸어가리라는 것을. 그리고 그 길의 끝에서 우리는 웃으며 마주하리라는 것을.

"누구라도 꿈을 이룰 수 있다. 꿈을 꾸고, 그 꿈을 이룰 수 있다고 믿고, 노력한다면 말이다. 노력하는 일 역시 그다지 어렵지 않다. 왜냐하면 그 과정이 너무 즐거워서 내가 노력하고 있다는 기분이 들지 않기 때문이다." - 월트 디즈니